Einführung in die Allgemeine Betriebswirtschaftslehre

Das Übungsbuch

Prof. Dr. Thomas Straub

Einführung in die Allgemeine Betriebswirtschaftslehre

Das Übungsbuch

Higher Education
München • Harlow • Amsterdam • Madrid • Boston
San Francisco • Don Mills • Mexico City • Sydney
a part of Pearson plc worldwide

Bibliografische Information der Deutschen Nationalbibliothek

Die Deutsche Nationalbibliothek verzeichnet diese Publikation in der Deutschen Nationalbibliografie;
detaillierte bibliografische Daten sind im Internet über *http://dnb.dnb.de* abrufbar.

Die Informationen in diesem Buch werden ohne Rücksicht auf einen
eventuellen Patentschutz veröffentlicht.
Warennamen werden ohne Gewährleistung der freien Verwendbarkeit benutzt.
Bei der Zusammenstellung von Texten und Abbildungen wurde mit größter
Sorgfalt vorgegangen. Trotzdem können Fehler nicht ausgeschlossen werden.
Verlag, Herausgeber und Autoren können für fehlerhafte Angaben
und deren Folgen weder eine juristische Verantwortung noch irgendeine Haftung übernehmen.
Für Verbesserungsvorschläge und Hinweise auf Fehler sind Verlag und Autor dankbar.

Es konnten nicht alle Rechteinhaber von Abbildungen ermittelt werden. Sollte dem Verlag
gegenüber der Nachweis der Rechtsinhaberschaft geführt werden, wird das branchenübliche
Honorar nachträglich gezahlt.

Alle Rechte vorbehalten, auch die der fotomechanischen Wiedergabe und der
Speicherung in elektronischen Medien.
Die gewerbliche Nutzung der in diesem Produkt gezeigten Modelle und Arbeiten
ist nicht zulässig.

Fast alle Produktbezeichnungen und weitere Stichworte und sonstige Angaben,
die in diesem Buch verwendet werden, sind als eingetragene Marken geschützt.
Da es nicht möglich ist, in allen Fällen zeitnah zu ermitteln, ob ein Markenschutz besteht,
wird das ®-Symbol in diesem Buch nicht verwendet.

10 9 8 7 6 5 4 3 2 1

14 13 12

ISBN 978-3-86894-135-7

© 2012 by Pearson Deutschland GmbH
ein Imprint der Pearson Education Deutschland GmbH,
Martin-Kollar-Straße 10-12, D-81829 München/Germany
Alle Rechte vorbehalten
www.pearson.de
A part of Pearson plc worldwide
Lektorat: Martin Milbradt, mmilbradt@pearson.de; Alice Kachnij, akachnij@pearson.de
Korrektorat: Birgit Mühlbauer
Einbandgestaltung: adesso 21, Thomas Arlt, München
Herstellung: Elisabeth Prümm, epruemm@pearson.de
Satz: Nadine Krumm, mediaService, Siegen (www.mediaservice.tv)
Druck und Verarbeitung: GraphyCems, Villatuerta

Printed in Spain

Inhaltsübersicht

Vorwort 11

Teil I	**Grundlagen**	**17**
Kapitel 1	Einleitung in die Betriebswirtschaftslehre	19
Kapitel 2	Strategisches Management	31
Teil II	**Primäre Funktionen**	**43**
Kapitel 3	Marketing	45
Kapitel 4	Sales	55
Kapitel 5	Materialwirtschaft, Logistik und Supply Chain Management	67
Kapitel 6	Produktion	81
Kapitel 7	Finanzwirtschaft	97
Teil III	**Unterstützende Funktionen**	**115**
Kapitel 8	Rechnungswesen	117
Kapitel 9	Controlling	137
Kapitel 10	Organisation	157
Kapitel 11	Wissensmanagement und Informationssysteme	179
Kapitel 12	Human Resource Management	197
Kapitel 13	Leadership	215

Die Autoren 237

Inhaltsverzeichnis

Vorwort   11
     Inhalte und Struktur 11
     Aufbau des Buches: Die Funktionen eines Unternehmens 11
     Danksagungen 15
     Co-Autorenverzeichnis 15

Teil I   Grundlagen   17

Kapitel 1   Einleitung in die Betriebswirtschaftslehre   19

1.1   Hauptthema des Kapitels 20
1.2   Aufgaben 20
     1.2.1   Aufgaben aus dem Lehrbuch 20
     1.2.2   Ergänzende Aufgaben 20
     BWL praxisnah 22
1.3   Lösungen 23
     1.3.1   Lösungen zu den Aufgaben aus dem Lehrbuch 23
     1.3.2   Lösungen zu den ergänzenden Aufgaben 25

Kapitel 2   Strategisches Management   31

2.1   Hauptthema des Kapitels 32
2.2   Aufgaben 33
     2.2.1   Aufgaben aus dem Lehrbuch 33
     2.2.2   Ergänzende Aufgaben 33
     BWL praxisnah 34
2.3   Lösungen 36
     2.3.1   Lösungen zu den Aufgaben aus dem Lehrbuch 36
     2.3.2   Lösungen zu den ergänzenden Aufgaben 38

Teil II   Primäre Funktionen   43

Kapitel 3   Marketing   45

3.1   Hauptthema des Kapitels 46
3.2   Aufgaben 47
     3.2.1   Aufgaben aus dem Lehrbuch 47
     3.2.2   Ergänzende Aufgaben 47
     BWL praxisnah 47

3.3	Lösungen	48
	3.3.1 Lösungen zu den Aufgaben aus dem Lehrbuch	48
	3.3.2 Lösungen zu den ergänzenden Aufgaben	51

Kapitel 4   Sales   55

4.1	Hauptthema des Kapitels	56
4.2	Aufgaben	57
	4.2.1 Aufgaben aus dem Lehrbuch	57
	4.2.2 Ergänzende Aufgaben	57
	BWL praxisnah	58
4.3	Lösungen	59
	4.3.1 Lösungen zu den Aufgaben aus dem Lehrbuch	59
	4.3.2 Lösungen zu den ergänzenden Aufgaben	63

Kapitel 5   Materialwirtschaft, Logistik und Supply Chain Management   67

5.1	Hauptthema des Kapitels	68
5.2	Aufgaben	69
	5.2.1 Aufgaben aus dem Lehrbuch	69
	5.2.2 Ergänzende Aufgaben	69
	BWL praxisnah	70
5.3	Lösungen	71
	5.3.1 Lösungen zu den Aufgaben aus dem Lehrbuch	71
	5.3.2 Lösungen zu den ergänzenden Aufgaben	75

Kapitel 6   Produktion   81

6.1	Hauptthema des Kapitels	82
6.2	Aufgaben	83
	6.2.1 Aufgaben aus dem Lehrbuch	83
	6.2.2 Ergänzende Aufgaben	84
	BWL praxisnah	86
6.3	Lösungen	87
	6.3.1 Lösungen zu den Aufgaben aus dem Lehrbuch	87
	6.3.2 Lösungen zu den ergänzenden Aufgaben	90

Kapitel 7   Finanzwirtschaft   97

7.1	Hauptthema des Kapitels	98
7.2	Aufgaben	99
	7.2.1 Aufgaben aus dem Lehrbuch	99
	7.2.2 Ergänzende Aufgaben	100
	BWL praxisnah	101
7.3	Lösungen	102
	7.3.1 Lösungen zu den Aufgaben aus dem Lehrbuch	102
	7.3.2 Lösungen zu den ergänzenden Aufgaben	108

Teil III   Unterstützende Funktionen   **115**

Kapitel 8   Rechnungswesen   117

8.1 Hauptthema des Kapitels 118
8.2 Aufgaben 120
    8.2.1 Aufgaben aus dem Lehrbuch 120
    8.2.2 Ergänzende Aufgaben 121
    BWL praxisnah 125
8.3 Lösungen 126
    8.3.1 Lösungen zu den Aufgaben aus dem Lehrbuch 126
    8.3.2 Lösungen zu den ergänzenden Aufgaben 130

Kapitel 9   Controlling   137

9.1 Hauptthema des Kapitels 138
9.2 Aufgaben 139
    9.2.1 Aufgaben aus dem Lehrbuch 139
    9.2.2 Ergänzende Aufgaben 140
    BWL praxisnah 144
9.3 Lösungen 146
    9.3.1 Lösungen zu den Aufgaben aus dem Lehrbuch 146
    9.3.2 Lösungen zu den ergänzenden Aufgaben 149

Kapitel 10   Organisation   157

10.1 Hauptthema des Kapitels 158
10.2 Aufgaben 160
    10.2.1 Aufgaben aus dem Lehrbuch 160
    10.2.2 Ergänzende Aufgaben 160
    BWL praxisnah 162
10.3 Lösungen 164
    10.3.1 Lösungen zu den Aufgaben aus dem Lehrbuch 164
    10.3.2 Lösungen zu den ergänzenden Aufgaben 169

Kapitel 11   Wissensmanagement und Informationssysteme   179

11.1 Hauptthema des Kapitels 180
11.2 Aufgaben 181
    11.2.1 Aufgaben aus dem Lehrbuch 181
    11.2.2 Ergänzende Aufgaben 181
    BWL praxisnah 184
11.3 Lösungen 185
    11.3.1 Lösungen zu den Aufgaben aus dem Lehrbuch 185
    11.3.2 Lösungen zu den ergänzenden Aufgaben 190

Kapitel 12   Human Resource Management — 197

- 12.1 Hauptthema des Kapitels 198
- 12.2 Aufgaben 199
    - 12.2.1 Aufgaben aus dem Lehrbuch........................... 199
    - 12.2.2 Ergänzende Aufgaben 200
    - BWL praxisnah 201
- 12.3 Lösungen 205
    - 12.3.1 Lösungen zu den Aufgaben aus dem Lehrbuch 205
    - 12.3.2 Lösungen zu den ergänzenden Aufgaben 208

Kapitel 13   Leadership — 215

- 13.1 Hauptthema des Kapitels 216
- 13.2 Aufgaben 218
    - 13.2.1 Aufgaben aus dem Lehrbuch........................... 218
    - 13.2.2 Ergänzende Aufgaben 219
    - BWL praxisnah 220
- 13.3 Lösungen 222
    - 13.3.1 Lösungen zu den Aufgaben aus dem Lehrbuch 222
    - 13.3.2 Lösungen zu den ergänzenden Aufgaben 225

Die Autoren — 237

Vorwort

Dieses **europäische** Werk prüft betriebswirtschaftliches Grundwissen in kompakter, prägnanter und didaktischen Form. Das Übungsbuch „Einführung in die Betriebswirtschaftslehre" soll **Basiswissen** bezüglich der unterschiedlichen Unternehmensfunktionen, welche innerhalb eines Unternehmens existieren, prüfen und üben.
Die Unterteilung des Buches in die *Teile primäre* und *unterstützende Unternehmensfunktionen* basiert auf der Logik der Wertschöpfungskette.
Das vorliegende Übungsbuch greift den Stoff der 1. Auflage des Lehrbuches „Einführung in die Allgemeine Betriebswirtschaftslehre" (2012) kapitelweise auf und regt Studierende zu einer aktiven Auseinandersetzung mit Fragestellungen aus dem Lehrbuch an. Um die Verweise auf das Lehrbuch eindeutig zu gestalten, wurden diese mit „LB" gekennzeichnet.
Am Anfang eines jeden Kapitels steht eine Zusammenfassung, es folgen unterschiedliche Aufgaben und Lösungshinweise. Für einen optimalen Lernerfolg empfehle ich, die Aufgaben zunächst selbstständig zu lösen und daraufhin mit den Musterlösungen abzugleichen. Das eigene Wissen wird somit jederzeit überprüfbar und lässt sich gegebenenfalls ergänzen.
Für Dozenten bietet das Übungsbuch einen reichhaltigen Fundus an Aufgaben, die sich in der Unterrichtspraxis bewährt haben, und unterstützt sie bei der Konzeption von Lehrveranstaltungen und Übungen.
Zwar bietet das Übungsbuch eine ideale Ergänzung zum Lehrbuch, doch lässt es sich auch unabhängig von diesem in Kombination mit anderen Werken nutzbringend verwenden. Über Rückmeldungen und Anregungen aus dem Leserkreis würde ich mich sehr freuen und wünsche Ihnen viel Spaß und Erfolg beim Üben.

Inhalte und Struktur

Jedes Kapitel verfügt über **folgende Inhalte** und **Struktur** bezüglich der jeweiligen Unternehmensfunktion:

- **Kernthema des Kapitels**
- **Aufgaben aus dem Lehrbuch**
- **Ergänzende Aufgaben**
- **BWL praxisnah**

Aufbau des Buches: Die Funktionen eines Unternehmens

Eine gängige und übersichtliche Gliederung unterteilt die Betriebswirtschaft nach einzelnen Unternehmensfunktionen. Vor diesem Hintergrund folgt der Aufbau des vorliegenden Buches dem Modell der Wertschöpfungskette oder Wertkette *(Value Chain)* eines Unternehmens nach *Michael E. Porter* (1985) wie in Abbildung 1 veranschaulicht wird. Wir verstehen hierbei ein Unternehmen als Teil eines Systems (Unternehmensumwelt), in dem es sich bewegt und mit dem es sich in einer Austauschbeziehung befindet. Die Wertschöpfungskette ist ein Managementkonzept, das eine Organisation als eine Ansammlung von Funktionen und Tätigkeiten erklärt. Die einzelnen Unternehmensfunktionen schaffen Werte, verbrauchen Ressourcen und sind durch Prozesse miteinander verbunden. Eine Zuweisung zu primären oder unterstützenden Unternehmensfunktionen kann **nicht immer trennscharf** vorgenommen werden und variiert in Theorie und Praxis.

Laut *Porter* ist jedes Unternehmen *„eine Ansammlung von Tätigkeiten, durch die sein Produkt entworfen, hergestellt, vertrieben, ausgeliefert und unterstützt wird. All diese Tätigkeiten lassen sich in einer Wertkette darstellen"*.

Primäre Funktionen sind die Tätigkeiten, die einen direkten wertschöpfenden Beitrag zu der Erstellung eines Produktes oder einer Dienstleistung liefern. In unserem Buch gehen die Kapitel *Marketing (Kapitel 3), Sales (Kapitel 4), Materialwirtschaft, Logistik und Supply Chain Management (Kapitel 5), Produktion (Kapitel 6)* und *Finanzierung (Kapitel 7)* darauf ein.

Zu **unterstützendem Funktionen** werden diejenigen Tätigkeiten gezählt, die für die Ausübung der primären Aktivitäten die notwendige Voraussetzung bilden. Sie liefern somit einen indirekten Beitrag zur Erstellung eines Produktes oder einer Dienstleistung. In unserem Buch gehen die Kapitel *Rechnungswesen (Kapitel 8), Controlling (Kapitel 9), Organisation (Kapitel 10), Wissensmanagement und Informationssysteme (Kapitel 11), Human Resource Management (Kapitel 12)* und *Leadership (Kapitel 13)* darauf ein. Die Wertkette eines Unternehmens ist mit den Wertketten der Lieferanten und Abnehmer verknüpft. Gemeinsam bilden sie das Wertschöpfungskettensystem einer Branche.

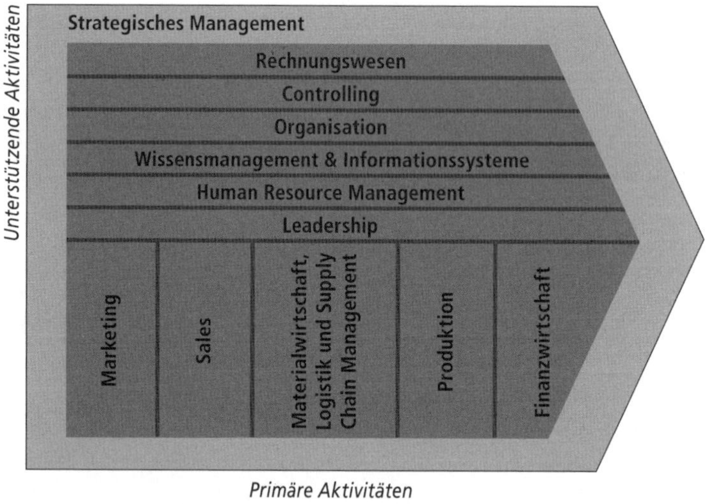

Abbildung 1: Aufbau des Buches und betriebliche Funktionen
Quelle: Straub (2011) in Anlehnung an Porter (1985).

Das **Strategische Management** (*Kapitel 2 LB*): Diese Funktion ist für die Steuerung, Leitung und Lenkung der gesamten Organisation, für die Schaffung von organisatorischen Rahmenbedingungen und schließlich für die Ausrichtung der Organisation auf gemeinsame Ziele verantwortlich. Diese Funktion wird daher häufig auch **Unternehmensführung** genannt.

Primäre Funktionen

Die primären Funktionen werden von rechts nach links, sprich **von dem Kunden her beschrieben**. In Bezug auf die Wertschöpfung gibt es keine festgelegte Abfolge der einzelnen Funktionen. Die Abfolge ist in Wirklichkeit ein iterativ-paralleler und **kein sequenzieller Prozess**.

- **Marketing** (*Kapitel 3 LB*): Diese Funktion ist eine organisierende Funktion und ein Prozessbündel, um Mehrwerte für die Kunden der Organisation derart bereitzustellen, zu kommunizieren und Kundenbeziehungen herzustellen, dass die Organisation und ihre Stakeholder davon profitieren.
- **Sales** (*Kapitel 4 LB*): Diese Funktion beschäftigt sich mit dem Verkauf der her- und bereitgestellten Produkte und Dienstleistungen. Sie richtet sich an diejenigen Kunden, deren Bedürfnisse befriedigt werden sollen. Jene werden letztendlich die finanziellen Mittel aufbringen, um entstandene Kosten zu decken und Gewinne zu erzielen. Diese Funktion ist ebenfalls verantwortlich für die Kundengewinn und die Kundenbindung.
- **Materialwirtschaft, Logistik und Supply Chain Management** (*Kapitel 5 LB*): Diese Funktionen sind als Beschaffungs- und Transformationsprozess zu verstehen und umfassen die Beschaffung der Inputfaktoren und sämtliche betriebsinterne Veränderungen derselben, wie Rohstoffe und Halbfabrikate, um die Herstellung des Produkts, die Verpackung und Lagerung und schließlich die Überführung des Produkts zum Käufer. Dieser Transformationsprozess fängt bereits bei dem Lieferant an und endet bei dem Kunden.
- **Produktion** (*Kapitel 6 LB*): Bei dieser Funktion handelt es sich um den eigentlichen Leistungserstellungsprozess. Genauer gesagt handelt es sich hierbei um die Planung, Organisation, Koordination und die Kontrolle aller organisatorischen Prozesse und Ressourcen, die zur Herstellung von Gütern im Unternehmen benötigt werden. In diesem Sinn ist das Produktionsmanagement als Führungsaufgabe zu verstehen, welche sich mit der Koordination menschlicher Ressourcen, Maschinen, Technologien und Informationen befasst.
- **Finanzierung** (*Kapitel 7 LB*): Hier wird das Management von Geldströmen behandelt. Dies beinhaltet vor allem die ökonomische Optimierung der Beschaffung und der Verwendung von Geld. Es handelt sich hierbei also um die Planung, Organisation und Beschaffung von finanziellen Ressourcen, welche zu einer Leistungserstellung benötigt werden.

Unterstützende Funktionen

- **Rechnungswesen** (*Kapitel 8 LB*): Diese Funktion hat zum Ziel, den verschiedenen Stakeholdern zweckdienliche und verständliche Informationen zu liefern. Diese Informationen sollten Angaben zu sämtlichen Prozessen in all den anderen Unternehmensfunktionen, wie Marketing, Produktion, Finanzwesen bis hin zum Verkauf enthalten, um dem Wirtschaftlichkeitsprinzip entsprechen zu können.
- **Controlling** (*Kapitel 9 LB*): In immer komplexer werdenden Organisationen nimmt das Controlling als Unterstützungsfunktion der Unternehmensführung eine Schlüsselrolle ein. Das Controlling unterstützt die Managementaufgaben von Planung und Kontrolle unter anderem durch Definition und Messung von Kennzahlen und ist damit eine wesentliche Ergänzung zu der unternehmerischen Intuition. Um diese

Aufgabe sinnvoll ausfüllen zu können, unterstützt das Controlling durch Methoden und Werkzeuge des betrieblichen Informationsmanagements. Auf diese Weise leistet das Controlling Hilfe zur Umsetzung der Organisation im Unternehmen und zur Überwachung der Effizienz.

- **Organisation** (*Kapitel 10 LB*): Wir betrachten Organisation im Sinne von Struktur stets im Kontext zu der Strategie und Kultur einer Unternehmung. Dem Prinzip der Wirtschaftlichkeit folgend hat diese Funktion zum Ziel, bestmögliche Prozesse anhand von Strukturen und Kultur für ein effizientes Funktionieren eines Unternehmens zu schaffen.
- **Wissensmanagement und Informationssysteme** (*Kapitel 11 LB*): In Firmen stellen Information und Wissen das Kapital von Kompetenzen dar, die Individuen in unterschiedlichen Unternehmensbereichen besitzen und die essentiell für das Überleben der Organisation sind. In diesem Zusammenhang beschäftigt sich diese Funktion im Wesentlichen mit der Identifikation, Akquisition, Bildung, Verteilung und der Anwendung von Wissen und Information.
- **Human Resource Management** (*Kapitel 12 LB*): Diese Funktion stellt eine entscheidende Komponente zur Sicherstellung der Wettbewerbsfähigkeit und der Nachhaltigkeit einer Organisation in Bezug auf ihre Wettbewerbsposition dar. Das Human Resource Management entwickelt sich dabei von einer stark administrativen und passiven Rolle hin zu einer zunehmend strategischen Rolle für das Unternehmen. Die wesentliche Aufgabe des Human Resource Management besteht darin, die Zielsetzungen bzw. den Sinn und Zweck der Organisation (Bedarf an Personal oder an Kompetenzen) und die Erwartungen bzw. Wünsche und Interessen der Mitarbeiter unter bestimmten Zwangsbedingungen (politische, gesetzliche, wirtschaftliche) in Einklang zu bringen.
- **Leadership** (*Kapitel 13 LB*): Im unternehmerischen Sinne wird Leadership dann notwendig, sobald im Unternehmen ein gewisser Grad an Arbeitsteilung vorherrscht. Unternehmenseinheiten, Abteilungen oder Gruppen müssen koordiniert werden, um flüssige Arbeitsabläufe zu schaffen und eventuelle Ausfälle zu kompensieren. Die Arbeitszeiten sollten hierbei ebenfalls überwacht werden. Leadership sorgt des Weiteren auch dafür, dass Mitarbeiter motiviert und fähig sind, die von ihnen erwartete Leistung für die Organisation zu erbringen.

In der Praxis ist die Abgrenzung in einzelne Unternehmensfunktionen nicht immer trennscharf, da gewisse **Grauzonen** existieren. Häufig geben diese Grauzonen in Bezug auf die Zuständigkeiten einer Unternehmensfunktion Anlass zu unternehmensinternen Konflikten. Bevor eine Restrukturierung oder ein Wandel ansteht, versuchen Unternehmensfunktionen oft so viel Verantwortung wie möglich an sich zu ziehen, um dadurch an Wichtigkeit im Unternehmen zu gewinnen. Auf diese Weise kann beispielsweise eventuellen Kürzungen im Budget entgangen werden.

Entscheidungen oder Aktivitäten, die in einer Unternehmensfunktion getroffen oder ausgeführt werden, wirken sich oft direkt oder indirekt auf andere Unternehmensfunktionen aus. Diese Erkenntnis unterstreicht die Wichtigkeit einer guten und permanenten Kommunikation zwischen den einzelnen Unternehmensfunktionen.

Danksagungen

Ein solch komplexes Projekt wäre ohne die Unterstützung einer Vielzahl von Personen und Organisationen nicht möglich gewesen.

Mein größter Dank gilt dem Verlag Pearson Studium im Allgemeinen und Herrn Milbradt, Programmleiter für Lehrbücher der Bereiche BWL und VWL in München, für das in mich gesetzte Vertrauen und die Zusammenarbeit, um ein solch umfangreiches Buchprojekt zu realisieren.

Einen weiteren großen Dank möchte hierbei dem Team der Co-Autoren (siehe *Co-Autorenverzeichnis*) zukommen lassen. Ohne deren Fachwissen und Expertise in ihrer jeweiligen Fachrichtung wäre das Buch nicht in dieser umfassenden Form zustande gekommen.

Ein großes Dankeschön geht an sämtliche in diesem Buch erwähnte Firmen und Personen für die Bereitstellung von Unterlagen.

Meinen Freunden und Kollegen gebührt ebenso Dank. Sie haben mich während der geraumen Zeit beim Schreiben dieses Buches begleitet und unterstützt.

Schließlich danke ich meiner Familie, insbesondere meinem Bruder Anton Straub, sowie meiner Freundin Sud für ihre Nachsicht und Unterstützung.

Co-Autorenverzeichnis

Folgende Co-Autoren haben in enger Zusammenarbeit mit mir zum Entstehen dieses Buches beigetragen:

Teil I: Grundlagen

1. **Einleitung in die Betriebswirtschaftslehre**
2. **Strategisches Management**

Teil II: Primäre Funktionen

3. **Marketing**
   Walid Shibib, Hautes Etudes Commerciales (HEC), Universität Genf, Schweiz.
4. **Sales**
5. **Materialwirtschaft, Logistik und Supply Chain Management**
   Christian Gahm, Universität Augsburg, Deutschland.
   Ramin Sahamie, Universität Augsburg, Deutschland.
6. **Produktion**
   Christian Gahm, Universität Augsburg, Deutschland.
   Ramin Sahamie, Universität Augsburg, Deutschland.
7. **Finanzwirtschaft**
   Olaf Meyer, HES-SO, Hochschule für Wirtschaft Freiburg, Schweiz.

Teil III: Unterstützende Funktionen

8. **Rechnungswesen**
   Jürg Rösti, HES-SO, Hochschule für Wirtschaft Freiburg, Schweiz.

9. **Controlling**
   Jürg Rösti, HES-SO, Hochschule für Wirtschaft Freiburg, Schweiz.

10. **Organisation**
    Walid Shibib, Hautes Etudes Commerciales (HEC), Universität Genf, Schweiz.

11. **Wissensmanagement und Informationssysteme**
    Stefano Borzillo, SKEMA Business School, Paris, Frankreich.
    Walid Shibib, Hautes Etudes Commerciales (HEC), Universität Genf, Schweiz.

12. **Human Ressource Management**
    Florence Villesèche, Hautes Etudes Commerciales (HEC), Universität Genf, Schweiz.

13. **Leadership**
    Florence Villesèche, Hautes Etudes Commerciales (HEC), Universität Genf, Schweiz.

Thomas Straub
Genf, im Juli 2012

TEIL I

Grundlagen

1 **Einleitung in die Betriebswirtschaftslehre**............... 19

2 **Strategisches Management** 31

Einleitung in die Betriebswirtschaftslehre

1.1 Hauptthema des Kapitels.......................... 20
1.2 Aufgaben 20
    1.2.1 Aufgaben aus dem Lehrbuch..................... 20
    1.2.2 Ergänzende Aufgaben 20
    BWL praxisnah....................................... 22
1.3 Lösungen... 23
    1.3.1 Lösungen zu den Aufgaben aus dem Lehrbuch 23
    1.3.2 Lösungen zu den ergänzenden Aufgaben 25

1 Einleitung in die Betriebswirtschaftslehre

1.1 Hauptthema des Kapitels

Täglich werden wir in den Wirtschaftsmedien damit konfrontiert, dass sich Unternehmen internationalisieren, sich restrukturieren, dass Unternehmen Mitarbeiter entlassen, neue Produkte oder Dienstleistungen entwickeln und vertreiben, wachsen, fusionieren, andere Unternehmen aufkaufen oder aber auch bankrott gehen. Handeln Unternehmen, so wirtschaften sie. Das Wirtschaften in und von Unternehmen ist Gegenstand und Erkenntnisobjekt der **Betriebswirtschaftslehre (BWL)**.

Wenn wir von dem Begriff *Betriebswirtschaftslehre* sprechen, sollten wir dies nicht tun, ohne auch den Begriff **Volkswirtschaftslehre (VWL)** zu erwähnen. Beide Begriffe stehen in engem Zusammenhang und ergänzen sich gegenseitig. Beiden liegt dasselbe Erkenntnisobjekt, die Wirtschaft als solche, zugrunde.

Die Volkswirtschaftslehre befasst sich mit der gesamten Wirtschaft und mit den darin stattfindenden Interaktionen von Betrieben und Branchen. Sie stellt Ableitungen von ökonomischen Gesetzmäßigkeiten an, welche wiederum dazu dienen, die Wirtschaft möglichst sinnvoll zu steuern und zu lenken.

Die **Betriebswirtschaftslehre** hingegen befasst sich mit den Betrieben selbst. Hierbei liegt der Fokus auf der Ableitung von Gesetzmäßigkeiten bezüglich Interaktionen, Verhalten und Entwicklungen. Diese Erkenntnisse dienen dazu, ein Unternehmen oder eine Organisation bestmöglich zu managen und tragen dazu bei, deren Leistungsziele zu erreichen. Ein Unternehmen ist eine wirtschaftliche und juristische Einheit, bestehend aus einer einzigen Betriebsstätte oder aber auch aus mehreren Betriebsstätten. Begriffe wie *Unternehmen*, *Organisation*, *Betrieb* oder *Firma* werden in diesem Buch als Synonyme verwendet. Aus juristischer Perspektive stellt ein Unternehmen eine erwerbswirtschaftliche Einheit dar.

1.2 Aufgaben

1.2.1 Aufgaben aus dem Lehrbuch

1. Erklären Sie knapp die wesentlichen Funktionen eines Unternehmens und deren Beitrag für den Leistungsprozess in einem Unternehmen. Diesbezüglich sei auf den Abschnitt *„Aufbau des Buches: Die Funktionen eines Unternehmens"* im Vorwort LB[1] verwiesen.
2. Beschreiben Sie die vier Träger nach der Art der von ihnen her- und bereitgestellten Güter.
3. Erörtern Sie die wesentlichen Vor- und Nachteile der unterschiedlichen Rechtsformen von Unternehmen.
4. Nennen Sie die Ziele eines Unternehmens und erörtern Sie deren Wichtigkeit.

1.2.2 Ergänzende Aufgaben

1. Grenzen Sie die Begriffe *Betriebswirtschaft* und *Volkswirtschaft* voneinander ab. Womit befassen sich die jeweiligen Disziplinen?
2. Was ist ein Bedürfnis? Welche Arten von Bedürfnissen gibt es?

---

[1] Verweise, die mit „LB" gekennzeichnet sind, beziehen sich immer auf das 2012 erschienene Lehrbuch „Einführung in die Allgemeine Betriebswirtschaftslehre" ISBN 978-3-86894-046-6.

3. Die Standortauswahl eines Unternehmens geht aus der Analyse der Standortfaktoren hervor. Nennen sie in diesem Zusammenhang die 4 wesentlichen Faktoren.
4. Die Firma Bayer in Köln erlaubt es Ihren Mitarbeiter im Gegensatz zu starren Arbeitszeiten, flexible Arbeitszeiten zu haben. Mit welchem Prinzip des betriebswirtschaftlichen Denkens und Handelns könnte diese Entscheidung begründet werden?
5. Nennen sie drei Beispiele für Politische, wirtschaftliche und soziale Rahmenbedingungen, welche von Bedeutung sind bei der Standortwahl einer Unternehmung?
6. Was sind freie Güter?
7. Bedürfnisse können unterschiedlicher Natur sein. Nennen sie ein Beispiel für ein typisches Bedürfnis nach Sicherheit eines Unternehmens und begründen Sie kurz warum es sich dabei um ein Sicherheitsbedürfnis handelt.
8. Was sind knappe Güter?
9. Kerstin hat zum Geburtstag Geld für einen Flug von Ihren Großeltern erhalten über das sie frei verfügen kann. Sie möchte gerne in eine Stadt reisen, in der sie noch nie zuvor war. Folgende Angebote stehen zur Auswahl:
    a) Einen Flug mit der Fluggesellschaft Swiss, von Zürich nach Wien in Österreich (ca. 580 km) für 300.- €.
    b) Einen Flug mit der Fluggesellschaft Air France von Zürich nach Moskau in Russland (ca. 2'200 km) ebenfalls für 300.- €.
    c) Und schließlich ein Flug mit der Fluggesellschaft Lufthansa von Zürich nach Buenos Aires in Argentinien (ca. 11'300 km) für 700.- €.

    Für welchen Flug wird sich Kerstin entscheiden wenn sie gemäß des Optimum Prinzips handeln würde?
10. Nennen sie die vier Kategorien, nach denen man die Träger der Wirtschaft einteilen kann.
11. Welche Aussage ist am zutreffendsten? Das Minimal-Prinzip bedeutet, ...
    a) dass mit geringstmöglichem Mitteleinsatz (Aufwand) ein bestimmtes Ergebnis (Erfolg bzw. Ertrag) erreicht werden soll.
    b) dass bei gegebenem Mitteleinsatz (Aufwand) ein größtmögliches Ergebnis (Erfolg bzw. Ertrag) erzielt werden soll.
    c) dass ein möglichst günstiges Verhältnis zwischen Mitteleinsatz (Aufwand) und Ergebnis (Erfolg bzw. Ertrag) erreicht werden soll.
    d) dass mit geringstem Mitteleinsatz (Aufwand) ein maximales Ziel erreicht werden soll.
12. Welche Aussage ist am zutreffendsten?
    a) Güter sind Bedürfnisse. Die Vielzahl menschlicher Bedürfnisse oder Wünsche entspricht demnach einer genau so großen Vielfalt an Gütern.
    b) Güter befriedigen Bedürfnisse. Die Vielzahl menschlicher Bedürfnisse oder Wünsche entspricht demnach einer genau so großen Vielfalt an Gütern.
    c) Bedürfnisse befriedigen Güter. Ihre Vielzahl ist begrenzt.
    d) Weder Bedürfnisse noch Güter haben Bezug zur BWL.
13. Welche Aussage ist am zutreffendsten?
    a) Märkte beschreiben Unternehmen, die Güter herstellen und produzieren. Märkte können je nach Produkt unterteilt werden.

b) Märkte beschreiben die Gesamtheit von Gütern eines Wirtschaftsraumes. Ein Markt steht somit synonym für die Summe von Gütern einer bestimmten Region.

c) Ein Markt ist ein eigenständiger Akteur in einem bestimmten Wirtschaftsraum. Es besteht nur eine sehr geringe Beziehung zu Angebot oder Nachfrage.

d) Märkte beschreiben die Gesamtheit von Wirtschaftsakteuren, die Güter anbieten und nachfragen, welche sich wechselseitig ersetzen können. Ein Markt beschreibt somit das geregelte Zusammentreffen von Angebot und Nachfrage von Gütern.

14. Welche Aussage ist am zutreffendsten? Laut *Coase* besteht der Grund für die Existenz von Unternehmen im…

   a) harmonischen Zusammenspiel von Angebot und Nachfrage.

   b) effizienteren Wirtschaften im Vergleich zum Markt.

   c) Willen der Menschen an Zusammenarbeit.

   d) Streben nach politischer Anerkennung.

15. Welcher Satz ist am richtigsten?

   a) Die Betriebswirtschaftslehre befasst sich mit der gesamten Wirtschaft und mit den darin stattfindenden Interaktionen von Betrieben und Branchen.

   b) Das Wirtschaften in und von Unternehmen ist Gegenstand und Erkenntnisobjekt der Betriebswirtschaftslehre.

   c) Die Betriebswirtschaftslehre befasst sich mit nur einem Teil der gesamten Wirtschaft und den darin stattfindenden Interaktionen von Betrieben und Branchen.

   d) Das Wirtschaften zwischen und ausserhalb von Unternehmen ist Gegenstand und Erkenntnisobjekt der Betriebswirtschaftslehre.

16. Welcher Satz ist am richtigsten? Das Uno-actu-Prinzip besagt, dass …

   a) Dienstleistungen dem Sekundärsektor zuzuordnen sind.

   b) Dienstleistungen dem Primärsektor zuzuordnen sind.

   c) Bei Dienstleistungen die komplette Herstellung zu einem früheren Zeitpunkt stattfindet als die Produktion.

   d) Bei Dienstleistungen die Herstellung und der Konsum zusammenfallen.

BWL praxisnah

1. Identifizieren Sie in Ihrer Stadt fünf verschiedene Unternehmen, für welche Sie Zugang zu relevanten Informationen haben.

   a) Beschreiben Sie kurz, inwiefern sich diese Unternehmen in Bezug auf Standort, Branche, Rechtsform, Unternehmensgröße und räumlicher Struktur unterscheiden. Um die Firmen zu identifizieren, können Sie einfach zu Fuß laufen oder einen Bus quer durch die Stadt nehmen und Firmen auswählen, die Ihnen auffallen. Ansonsten können Sie in den Gelben Seiten oder im Internet nach Firmen suchen.

   b) Welche Gründe könnten Ihrer Meinung nach für die Wahl des Standortes, der Rechtsform, der Unternehmensgröße und der räumlichen Struktur vorliegen?

2. Identifizieren Sie in Ihrer Stadt ein Unternehmen, für welche Sie Zugang zu relevanten Informationen haben und beschreiben Sie kurz folgende Ziele dieser Unternehmung:
   a) Ökonomische Ziele
   b) Sachziele
   c) Sozialziele, Humanziele und ökologische Ziele

1.3 Lösungen

1.3.1 Lösungen zu den Aufgaben aus dem Lehrbuch

1. Zur Beantwortung dieser Frage sei auf das *Vorwort LB* verwiesen. Die einzelnen Unternehmensfunktionen können wie folgt beschrieben werden:
   - **Strategisches Management:** Diese Funktion wird häufig auch Unternehmensführung genannt und ist für die Steuerung, für die Leitung und Lenkung des gesamten Unternehmens, für die Schaffung von organisatorischen Rahmenbedingungen und schließlich für die Ausrichtung des Unternehmens auf gemeinsame Ziele verantwortlich.
   - **Marketing:** Diese Funktion ist ein Prozessbündel, mit dem Ziel, Mehrwerte für die Kunden der Organisation derart bereitzustellen, zu kommunizieren und Kundenbeziehungen herzustellen, dass die Organisation und ihre Stakeholder davon profitieren.
   - **Sales:** Diese Funktion beschäftigt sich mit dem Verkauf der her- und bereitgestellten Produkte und Dienstleistungen. Sie richtet sich an diejenigen Kunden, deren Bedürfnisse befriedigt werden sollen. Diese Funktion ist ebenfalls verantwortlich für die Kundengewinnung sowie Kundenbindung.
   - **Materialwirtschaft, Logistik und Supply Chain Management:** Diese Funktionen sind als Beschaffungs- und Transformationsprozess zu verstehen.
   - **Produktion:** Bei dieser Funktion handelt es sich um den eigentlichen Leistungserstellungsprozess. Genauer gesagt handelt es sich hierbei um alle organisatorischen Prozesse und Ressourcen, die zur Herstellung von Gütern im Unternehmen benötigt werden.
   - **Finanzwirtschaft:** Diese Funktion hat das optimale Management von Geldströmen zum Ziel.
   - **Rechnungswesen:** Diese Funktion hat zum Ziel, den verschiedenen Stakeholdern zweckdienliche und verständliche Informationen zu liefern.
   - **Controlling:** Controlling ist als Unterstützungsfunktion der Unternehmensführung zu sehen. Das Controlling unterstützt die Managementaufgaben unter anderem durch Definition und Messung von Kennzahlen zur Überwachung der Effizienz.
   - **Organisation:** Diese Funktion hat zum Ziel, bestmögliche Prozesse anhand von Strukturen und anhand der Kultur für ein effizientes Funktionieren eines Unternehmens zu schaffen.
   - **Wissensmanagement und Informationssysteme:** Diese Funktion beschäftigt sich im Wesentlichen mit der Identifikation, der Akquisition, der Bildung, der Verteilung und der Anwendung von Wissen und Information im Unternehmen.

- **Human Ressource Management:** Die Rolle des Human Ressource Managements entwickelt sich von einer stark administrativen und passiven hin zu einer zunehmend strategischen Rolle für das Unternehmen. Die wesentliche Aufgabe des Human Ressource Managements besteht darin, die Zielsetzungen beziehungsweise den Sinn und Zweck der Organisation (Bedarf an Personal bzw. an Kompetenzen) und die Erwartungen beziehungsweise Wünsche und Interessen der Mitarbeiter unter bestimmten Bedingungen (politische, gesetzliche, wirtschaftliche) in Einklang zu bringen.
- **Leadership:** Leadership hat die Koordination von Unternehmenseinheiten, Abteilungen oder Gruppen zum Ziel, um flüssige Arbeitsabläufe zu schaffen und eventuelle Ausfälle zu kompensieren. Leadership sorgt des Weiteren dafür, dass Mitarbeiter motiviert und fähig sind, die von ihnen erwartete Leistung für die Organisation zu erbringen.

2. Die Träger der Wirtschaft werden in *Abbildung 1.1. LB* zusammengefasst und können wie folgt beschrieben werden:
   - **Privathaushalte:** Private Haushalte, die aus einer Person oder aus mehreren Personen bestehen, dienen in der Regel zur Selbstversorgung einer Familie und tragen so in begrenztem Umfang zu einer Bedürfnisbefriedigung der Gesellschaft bei.
   - **Öffentliche Institutionen:** Verwaltungen und öffentliche Unternehmen, die dem Staat angehören und auch von diesem geleitet werden, produzieren – abgesehen von ein paar Ausnahmen – meist öffentliche Güter, die von Unternehmen oder Haushalten nicht in dieser Form her- und bereitgestellt werden.
   - **Unternehmen:** Private und somit nicht staatliche Unternehmen sind in der Regel auf Gewinnerzielung angewiesen. Sie fokussieren die generelle Bedürfnisbefriedigung von privaten Personen oder Gruppen. Mit dem erwirtschafteten Gewinn wird der Aufwand abgedeckt und an die Gesellschafter eine sogenannte Gewinnausschüttung getätigt. Ein Unternehmen, das keinen Gewinn erwirtschaftet, kann in der Regel nicht über längeren Zeitraum bestehen.
   - **Non-Profit-Organisationen:** Hierbei handelt es sich um Organisationen, die sowohl private als auch öffentliche Güter her- und bereitstellen. Non-Profit-Organisationen lokalisieren sich zwischen dem Staat und dem Markt. Non-Profit-Organisationen werden zunehmend gezwungen, wirtschaftlich zu handeln, um sich finanzieren zu können.

3. Zur Beantwortung dieser Frage sei auf die *Tabelle 1.2 LB* verwiesen. Folgende Punkte können erörtert werden und werden unmittelbar beeinflusst:
   - **Mindestkapitalbedarf:** Über wie viel Mindestkapital muss die Organisation verfügen?
   - **Direktion:** Wer leitet das Unternehmen und in welcher Form wird es geleitet?
   - **Gesetzesgrundlage:** Auf welches Gesetz stützt sich das Unternehmen?
   - **Haftungspflicht:** In welcher Höhe wird gehaftet? Wer haftet?
   - **Anzahl der Gründer:** Wie viele Personen sind nötig, um ein Unternehmen zu gründen?
   - **Publizitätsverpflichtung:** Muss der Name des Eigentümers oder der Eigentümer der Öffentlichkeit zugänglich gemacht werden?

- **Handelsregister:** Inwiefern ist ein Eintrag in das Handelsregister notwendig?

Die Rechtsform hat des Weiteren Auswirkung auf folgende Problematiken, mit denen sich ein Unternehmer beschäftigt:

- **Finanzierungsmöglichkeiten:** Wer sind die möglichen Kapitalgeber?
- **Gewinn- oder Verlustverteilung:** Wem steht der Gewinn zu? Wem wird der Verlust angelastet?
- **Belastung durch Steuern:** In welcher Höhe wird das Unternehmen steuerlich belastet?
- **Grad der Arbeitnehmermitbestimmung:** Inwiefern haben die Arbeitnehmer das Recht zur Mitbestimmung?

4. Zur Beantwortung dieser Frage sei auf *Abschnitt 1.6 LB* verwiesen. Nachfolgend werden die Unternehmensziele genannt und deren Wichtigkeit erörtert.

Bei der Einteilung von Unternehmenszielen stehen drei Dimensionen zur Verfügung: Die **ökonomische**, die **soziale** und die **ökologische Dimension**. Eine prioritäre Stellung der ökonomischen Dimension lässt sich aus den konstitutiven Eigenschaften jeglicher Unternehmen ableiten. In der ökonomischen Dimension existieren folgende Ziele:

- Ökonomische Ziele, Wertziele oder Formalziele bestimmen den Erfolg von Unternehmen.
- Sachziele oder Leistungsziele beziehen sich auf das konkrete Handeln einer Organisation in Bezug auf die Leistungserstellung, sprich auf die Menge, die Art, den Ort, die Zeit und die Qualität der zu produzierenden Waren oder der angebotenen Dienstleistungen.
- Sozialziele, Humanziele und ökologische Ziele beziehen sich auf das angestrebte Verhalten gegenüber internen und externen Stakeholder. Gewisse Elemente der Sozialziele, der Humanziele und der ökologischen Ziele sind durch Gesetze, beispielsweise durch Steuergesetze, Arbeitszeitgesetze oder durch Umweltschutzauflagen, festgelegt. Diese Dimensionen werden häufig auch mit *Social Corporate Responsibility (CRS)*, sprich mit den Begriffen *Unternehmensethik* und *Social Entrepreneurship* in Zusammenhang gebracht. Diese Ziele nehmen aufgrund einer steigenden Transparenz in unserer Gesellschaft an Bedeutung zu.

1.3.2 Lösungen zu den ergänzenden Aufgaben

1. Die Antwort zu dieser Frage kann unter *Abschnitt 1.1.1 LB* nachgeschlagen werden.

Beide Begriffe stehen in engem Zusammenhang und ergänzen sich gegenseitig. Beiden liegt dasselbe Erkenntnisobjekt, die Wirtschaft als solche, zugrunde. Die Begriffe werden wie folgt beschrieben:

- Die Volkswirtschaftslehre befasst sich mit der gesamten Wirtschaft und mit den darin stattfindenden Interaktionen von Betrieben und Branchen. Sie stellt Ableitungen von ökonomischen Gesetzmäßigkeiten an, welche wiederum dazu dienen, die Wirtschaft möglichst sinnvoll zu steuern und zu lenken.
- Die Betriebswirtschaftslehre hingegen befasst sich mit den Betrieben selbst. Hierbei liegt der Fokus auf der Ableitung von Gesetzmäßigkeiten bezüglich Interaktionen, Verhalten und Entwicklungen. Diese Erkenntnisse dienen dazu, ein Unternehmen oder eine Organisation bestmöglich zu managen und tragen dazu bei, deren Leistungsziele zu erreichen.

2. Die Antwort zu dieser Frage kann unter *Abschnitt 1.3.1 LB* nachgeschlagen werden.

   Ein **Bedürfnis** bezeichnet das Streben des Menschen nach Befriedigung aufgrund eines Mangelempfindens. Mangel oder Knappheit ist demnach eine Voraussetzung für ein Bedürfnis. Die Wirtschaft schafft Abhilfe bei Mangel oder Knappheit, indem sie auf ökonomische Art und Weise Dienstleistungen und Güter produziert und diese am Markt anbietet. Generell können wir zwischen verschiedenen Kategorien von Bedürfnissen unterscheiden.

   Nach der Bedürfnispyramide von *Maslow*, welche in *Abbildung 13.3 LB* dargestellt wird, werden Bedürfnisse nach Dringlichkeit und Priorität unterschieden.
   - Existenzielle Bedürfnisse
   - Bedürfnis nach Sicherheit
   - Bedürfnis nach Geselligkeit
   - Bedürfnis nach sozialer Anerkennung (Ich-Bedürfnisse)
   - Bedürfnis nach Selbstverwirklichung

   Bedürfnisse können jedoch auch nach anderen Kriterien kategorisiert werden:
   - Nach Individualbedürfnissen und
   - nach Kollektivbedürfnissen

3. Die Antwort zu dieser Frage kann unter *Kapitel 1.4.1 LB* nachgeschlagen werden.
   - "Produktionsfaktoren
   - "Infrastrukturfaktoren
   - "Nachfrage vor Ort
   - "Politische, wirtschaftliche und soziale Rahmenbedingungen

4. Die Antwort zu dieser Frage kann unter *Kapitel 1.5 LB* nachgeschlagen werden.

   Diese Entscheidung könnte mit dem Humanitätsprinzip begründet werden. Dieses Prinzip stellt den Mensch in den Mittelpunkt und besagt, dass möglichst human gewirtschaftet werden soll, indem die menschlichen Bedürfnisse berücksichtigt werden.

5. Die Antwort zu dieser Frage kann unter *Kapitel 1.4.1 LB* nachgeschlagen werden. Aus den folgenden Beispielen können drei ausgewählt werden.

   a) Steuern: Hierunter ist die Höhe der unterschiedlichen Arten von Steuern wie die Gewerbesteuer oder die Mehrwertsteuer zu verstehen.

   b) Subventionen des Staates: Hierbei werden sowohl direkte als auch indirekte Subventionen beachtet.

   c) Politische Stabilität: Im Zentrum der Betrachtung steht hierbei der rechtliche Rahmen und die Rechtssicherheit.

   d) Soziokulturelle Faktoren: Hierbei sind insbesondere die Lebensbedingungen, das Sozialsystem, die Freizeiteinrichtungen und die soziale Sicherheit von Interesse.

   e) Normen und notwendige Zertifizierungen: Hierbei sind lokale Normen oder Zertifizierungsstandards von Interesse.

   f) Sicherheit: Hierbei sind sämtliche Sicherheitsaspekte wie die Sicherheit auf den Straßen und die Freizügigkeit von besonderem Interesse.

6. Zur Beantwortung dieser Frage sei auf *Abschnitt 1.3.2 LB* nachgeschlagen werden.

   Spezifische Güter, beispielsweise die Luft, solche also, die frei verfügbar sind, werden freie Güter genannt. Diese Güter sind im Überfluss vorhanden und müssen nicht extra bereitgestellt werden. Bei Bedarf kann diese Art von Gütern unmittelbar genutzt werden.

7. Die Antwort zu dieser Frage kann unter *Kapitel 1.3.1 LB* nachgeschlagen werden. Eine mögliche Antwort zu dieser Frage lautet:

   Ein typisches Bedürfnis nach Sicherheit eines Unternehmens ist das Bedürfnis eine stabile und verlässliche gesetzliche Rahmenbedingungen zu haben. Dies erlaubt es einem Unternehmen Verträge abzuschliessen welche sich auf Paragraphen basieren und das wirtschaftliche handeln unterstützen.

8. Die Antwort zu dieser Frage kann unter *Kapitel 1.3.2 LB* nachgeschlagen werden.

   Knappe Güter sind Güter, die nicht in Überfluss vorhanden sind und in der Regel erst auf ökonomische Weise produziert oder beschafft werden müssen.

9. Die Antwort zu dieser Frage kann unter *Kapitel 1.5 LB* nachgeschlagen werden.

   Kerstin würde sich gemäss dem Optimum Prinzip für die Option (c) entscheiden. Diese Option bietet das günstigste Verhältnis zwischen Mitteleinsatz (Aufwand) (300.- €) und Ergebnis (Erfolg bzw. Ertrag) (11'300 km).

10. Die Antwort zu dieser Frage kann unter *Abschnitt 1.4 LB* nachgeschlagen werden.

    Eine Einteilung der sogenannten *Träger der Wirtschaft* kann auf unterschiedliche Weise und nach unterschiedlichen Kriterien erfolgen. *Abbildung 1.2 LB* zeigt vier wesentliche Arten, die Träger der Wirtschaft einzuteilen:
    - Nach Standort
    - Nach Branche
    - Nach Rechtsform
    - Nach Unternehmensgröße

11. Die Prinzipien des betriebswirtschaftlichen Denkens und Handelns werden in *Abschnitt 1.5 LB* behandelt. *Antwort a* ist richtig.

12. Die Güter werden in *Abschnitt 1.3.2 LB* behandelt. *Antwort b* ist richtig.

13. Märkte und Güter werden in *Abschnitt 1.3.2 LB* behandelt. *Antwort d* ist richtig.

14. Siehe hierzu *Abschnitt 1.2 LB* und die *Zusammenfassung* von *Kapitel 1 LB*. *Antwort b* ist richtig.

15. Siehe hierzu *Abschnitt 1.1.1 LB*.

    Antwort Nr. 2 ist richtig.

16. Siehe hierzu *Abschnitt 1.4.2 LB*.

    Antwort Nr. 4 ist richtig.

Lösungen zu BWL praxisnah

1. Wichtige Elemente für die Beantwortung dieser Frage können unter *Abschnitt 1.4 LB* nachgeschlagen werden.

   a) keine Anmerkung

   b) Die von Ihnen identifizierten Firmen weisen in der Regel Unterschiede in Bezug auf die genannten Kriterien „Standort", „Branche", „Rechtsform" und „Unternehmensgröße" auf.

   – **Nach Standort:** Der Standort ist eine wichtige Dimension, die für das erfolgreiche Führen eines Unternehmens von Bedeutung ist. Der Ort, an dem ein Unternehmen den Sitz hat, ist hierbei von Interesse. Dies betrifft den Ort der Firmenzentrale sowie den Ort der Produktionsstätten. Nicht alle der Standortfaktoren besitzen dasselbe Gewicht und werden in gleicher Weise berücksichtigt.

   Die geografische Reichweite eines Unternehmens kann folgende Dimensionen aufweisen: Lokale, regionale, nationale und internationale Reichweite.

   – **Nach Branche:** Man kann hierbei zwischen sogenannten Sachleistungsunternehmen und Dienstleistungsunternehmen unterscheiden. Folgende Branchen sind denkbar: Primärsektor, Sekundärsektor und Tertiärsektor.

   – **Nach Rechtsform:** Wie in Abbildung 1.1 dargestellt, unterscheiden wir in diesem Zusammenhang drei wesentliche Rechtsgrundformen: Einzelunternehmen, Personengesellschaften und Kapitalgesellschaften. Die Rechtsgrundformen existieren länderübergreifend.

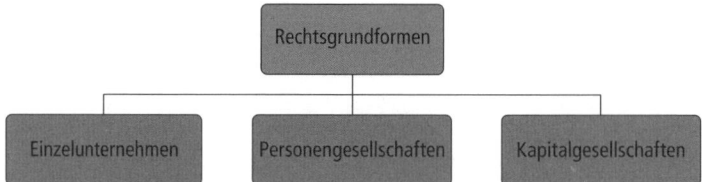

Abbildung 1.1: Wesentliche Rechtsgrundformen

   – **Nach Unternehmensgröße:** Träger der Wirtschaft können ebenfalls nach Unternehmensgröße eingeteilt werden. In Bezug auf die Unternehmensgröße können wir festhalten, dass es weltweit keinen einheitlichen Bemessungsmaßstab gibt. In Deutschland unterscheidet das Handelsgesetzbuch (HGB) zwischen kleinen, mittelgroßen und großen Kapitalgesellschaften. In diesem Zusammenhang sind die am häufigsten benutzten Kennzahlen die Bilanzwerte, die Arbeitnehmerzahl, der Umsatz oder bei börsenkodierten Kapitalgesellschaften auch oft der Börsenwert oder die Börsenkapitalisierung der Jahresüberschüsse.

   – **Räumliche Struktur:** Unternehmen, die nur an einem Ort produzieren und geführt werden, werden *lokale Unternehmen* genannt. *Regionale Unternehmen* operieren innerhalb einer geografischen Region mit mehreren Betriebsstätten. *Nationale Unternehmen* hingegen besitzen Stützpunkte innerhalb der Ländergrenzen. In Anlehnung an *Sumantra Goshal* und *Christopher A. Bartlett* unterscheiden wir multinationale, globale und internationale Unternehmen:

Multinationale Unternehmen haben ihre Produktionsstandorte in unterschiedlichen Ländern. Nationale Produktionsstandorte beschränken sich hierbei auf das operative Business und nur auf Teile des strategischen Business. *Globale Unternehmen* sind sehr zentral organisiert. Die nationalen Gesellschaften konzentrieren sich primär auf die Funktionen „Vertrieb" beziehungsweise „Sales" und „Marketing". Strategische Aufgaben und eine Vielzahl an operativen Entscheidungen werden in der Gesellschaftszentrale entschieden. *Internationale Unternehmen* stellen eine Mischung aus globaler und multinationaler Organisationform dar. Gewisse strategische Abteilungen sind zentral, andere wiederum dezentral strukturiert.

c) Die Gründe für die Wahl des Standortes, der Rechtsform, der Unternehmensgröße und der räumlichen Struktur können folgende sein:

- **Standort:** Die Standortwahl stellt eine strategische Entscheidung dar, da damit wichtige Ressourcen einer Organisation festgelegt und ihr Handeln wesentlich beeinflusst werden. Wesentlichen Faktoren für eine Standortanalyse sind Produktionsfaktoren, Infrastrukturfaktoren, Nachfrage vor Ort und schließlich die politischen, wirtschaftlichen und sozialen Rahmenbedingungen.

- **Rechtsform:** Wie in *Tabelle 1.1 LB* gezeigt wird, kann es jedoch innerhalb dieser drei Rechtsgrundformen länderspezifisch zu Abweichungen kommen. Hierbei werden folgende Bereiche unmittelbar beeinflusst und können als Orientierung für eine betreffende Antwort dienen:

    Mindestkapitalbedarf: Über wie viel Mindestkapital muss die Organisation verfügen?

    Direktion: Wer leitet das Unternehmen und in welcher Form wird es geleitet?

    Gesetzesgrundlage: Auf welches Gesetz stützt sich das Unternehmen?

    Haftungspflicht: In welcher Höhe wird gehaftet? Wer haftet?

    Anzahl der Gründer: Wie viele Personen sind nötig, um ein Unternehmen zu gründen?

    Publizitätsverpflichtung: Muss der Name des Eigentümers oder der Eigentümer der Öffentlichkeit zugänglich gemacht werden?

    Handelsregister: Inwiefern ist ein Eintrag in das Handelsregister notwendig?

Der unmittelbare Einfluss der Rechtsform einer Organisation hat des Weiteren Auswirkungen auf folgende Problematiken, mit denen sich ein Unternehmer beschäftigt:

Finanzierungsmöglichkeiten: Wer sind die möglichen Kapitalgeber?

Gewinn- oder Verlustverteilung: Wem steht der Gewinn zu? Wem wird der Verlust angelastet?

Belastung durch Steuern: In welcher Höhe wird das Unternehmen steuerlich belastet?

Grad der Arbeitnehmermitbestimmung: Inwiefern haben die Arbeitnehmer das Recht zur Mitbestimmung?

- **Unternehmensgröße:** Eine hohe Marktkapitalisierung beispielsweise erlaubt einem Unternehmen mehr zu bewegen, ob in Form von eigenen Aktien, die es als Übernahmewährung einsetzen kann, oder etwa als Sicherheit für die Aufnahme von Krediten. Größe als solche kann bestimmte Vorteile mit sich bringen (günstigere Kosten dank Mengenrabatten, Erreichen einer Mindestgröße etc.). Nachteilig sind jedoch die zunehmenden Koordinationskosten

Einleitung in die Betriebswirtschaftslehre

sowie aus volkswirtschaftlicher Sicht das erhebliche Risiko im Fall eines Misserfolgs. Dieses Argument ist seit der *Subprime*-Krise unter dem Motto „Too Big to Fail" („zu groß, um zu scheitern") bekannt geworden.

- **Räumliche Struktur:** Tabelle 1.1 fasst die unterschiedlichen Eigenschaften der bereits genannten räumlichen Strukturen von Unternehmen zusammen.

	Lokale Unternehmen	Regionale/ Nationale Unternehmen	Multinationale Unternehmen	Globale Unternehmen	Internationale Unternehmen
Strategische Kompetenz	Reaktionsschnelligkeit, Überschaubarkeit	Reaktionsfähigkeit, Überschaubarkeit, Anpassungsfähigkeit	Reaktionsschnelligkeit	Effizienz	Lernen
Strukturen	Einfache und überschaubare Struktur, es wird nur an einem Ort produziert und geführt.	Operieren innerhalb einer regionalen oder nationalen Region mit mehreren Betriebsstätten. In der Regel stark zentralisiert	Loser Zusammenschluss von Niederlassungen; Nationale Gesellschaften erledigen sämtliche operative Aufgaben und auch teilweise strategische.	Stark zentralisiertes Unternehmen; Nationale Niederlassungen werden primär als Distributionszentren gesehen; Alle strategischen sowie viele operativen Entscheidungen werden in der Unternehmenszentrale gefällt.	Irgendwo zwischen multinationalen und globalen Unternehmen; einige strategische Bereiche sind zentralisiert und andere dezentral in den Länderniederlassungen angesiedelt.
Beispiele	Bäckerei, Architekturbüro, Stuckateur, Landwirt	EDEKA (D), Migros (CH), Monoprix (F), 20 Minuten (CH), Schwarzwälder Bote (D), Les Echo (F)	Philipps, Carrefour, Baker & McKenzie, Lidl, Aldi	Swatch, Rolex, Total, La Roche, Bayer, UBS, Deutsche Bank, Haribo, Porsche, Ferrero	Mercedes Benz, Cartier, Siemens, Bosch, Kuoni, Holcim
	Eine Einheit	Mehrere Einheiten	HQ	HQ	HQ

Tabelle 1.1: Unternehmen nach räumlicher Struktur
Quelle: Straub (2011) in Kooperation mit Daniel Schwenger (in Anlehnung an Bartlett und Ghoshal: „Managing Across Borders. The Rransnational Solution", Harvard Business Press, Boston 2002).

Strategisches Management

2

ÜBERBLICK

- **2.1 Hauptthema des Kapitels** 32
- **2.2 Aufgaben** 33
  - 2.2.1 Aufgaben aus dem Lehrbuch 33
  - 2.2.2 Ergänzende Aufgaben 33
  - BWL praxisnah 34
- **2.3 Lösungen** 36
  - 2.3.1 Lösungen zu den Aufgaben aus dem Lehrbuch 36
  - 2.3.2 Lösungen zu den ergänzenden Aufgaben 38

2.1 Hauptthema des Kapitels

Die strategische Ausrichtung der Wertschöpfungskette wird durch das Strategische Management festgelegt. Diese Funktion wird häufig auch Unternehmensführung genannt. Das Strategische Management befasst sich mit der Steuerung, Leitung und Lenkung des gesamten Unternehmens. Es ist verantwortlich für die Schaffung von organisatorischen Rahmenbedingungen und schließlich für die Ausrichtung des Unternehmens auf gemeinsame Ziele.

Strategisches Management ist keine Unternehmensfunktion an und für sich, sondern definiert die Ausrichtung der einzelnen Funktionen eines Unternehmens gegenüber seiner Umwelt. Es kann folgende Definition festgehalten werden:

Strategisches Management beschäftigt sich mit der nachhaltigen Entwicklung, Planung und Umsetzung unternehmerischer Ziele nach innen und der Ausrichtungen des Unternehmens gegenüber seiner Umwelt. Strategische Entscheidungen werden in der Regel von der Geschäftsleitung getroffen, die auch *Management* genannt wird. Die strategischen Entscheidungen der Geschäftsleitung eines Unternehmens legen die Rahmenbedingungen für sämtliche weiteren Entscheidungen des Unternehmens fest. Strategische Entscheidungen bestimmen im Allgemeinen das Verhalten und die Handlungen eines Unternehmens und im Besonderen den langfristigen Aufbau und Einsatz von Kompetenzen, Ressourcen, Investitionen und die strategische Ausrichtung des Unternehmens. Dem Strategischen Management kommt in Unternehmen eine bedeutende und übergeordnete Rolle zu, da es die Unternehmensstrategie festlegt, strategische Geschäftsfelder entwickelt und die Umsetzung in den einzelnen Unternehmensfunktionen unterstützt.

Das Strategische Management entstammt ursprünglich dem militärischen Bereich und hielt erst nach und nach Einzug in die Betriebswirtschaftslehre. Da sich im Laufe der Geschichte der Kontext und die Problematik von Unternehmen wesentlich veränderten, lässt sich hinsichtlich des Verständnisses und der Definition des Begriffs *Strategisches Management* ebenfalls eine Veränderung im Zeitverlauf feststellen. Die Begriffe *Strategisches Management*, *Unternehmensstrategie* sowie *Unternehmenspolitik* werden deshalb in diesem Buch als Synonyme behandelt. Im gängigen Sprachgebrauch wird als weiteres Synonym für diese Begriffe nur der Begriff *Strategie* verwendet.

Das Verdienen von Geld beziehungsweise das Erwirtschaften von Gewinnen ist nicht das einzige Ziel im Geschäftsleben eines Unternehmens. Eine Unternehmensstrategie basiert gleichwohl auf weiteren wesentlichen Grundelementen, auch Leitbild genannt: Auf dem Zweck beziehungsweise der Absicht, der Vision, der Mission und schließlich auf den konkreten Zielen. Diese vier Grundelemente sind von zentraler Bedeutung für das strategische Denken eines Unternehmens und werden bereits bei der Gründung des Unternehmens festgelegt, um sich nach innen wie außen auszurichten.

Es ist anzumerken, dass der Ablauf der Strategieentwicklung je nach Unternehmen variieren kann. Wir unterscheiden daher zwischen einem geplanten Strategieansatz bei der Realisierung von Strategie und einem emergenten Strategieansatz: Anhänger des geplanten Strategieansatzes betrachten strategische Entscheidungen als im Voraus definiert und daher als absichtlich und geplant (intendiert). Andere wiederum bevorzugen eher den emergenten Strategieansatz, da dieser den täglichen Aufbau von Strategie durch sämtliche Einflüsse auf das Unternehmen betont.

Auf welche Weise eine Unternehmensstrategie festgelegt und strategische Geschäftsfelder entwickelt werden, geschieht durch das Verfolgen eines Ansatzes. Zu wählen ist hierbei aus zwei unterschiedlichen Ansätzen: Aus dem *marktorientierten Ansatz (market-based view)* sowie dem *ressourcenorientierten Ansatz (resource-based view)*. Erwägt ein Unternehmen zu wachsen, muss es zunächst die Entscheidung fällen, in welche strategische Richtung es sich entwickeln beziehungsweise welche Wachstumsstrategie es wählen möchte. *Harry Igor Ansoff* (1957) unterscheidet zwischen vier unterschiedlichen strategischen Entwicklungsrichtungen. Eine große Herausforderung ist es dabei ebenso, sich für ein Vorgehen zu entscheiden, durch das dieses Wachstum erfolgen soll.

Es existieren vier Dimensionen der Internationalisierungsstrategie, die von einem Unternehmen in Betracht gezogen werden sollten, ehe sich dieses für eine Internationalisierungsstrategie entscheidet.

2.2 Aufgaben

2.2.1 Aufgaben aus dem Lehrbuch

1. Beschreiben Sie in eigenen Worten den marktorientierten (market-based view) sowie den ressourcenorientierten Ansatz (resource-based view).
2. Beschreiben Sie die Vorteile und Nachteile jedes einzelnen dieser beiden Ansätze.
3. Analysieren Sie die Automobilindustrie oder eine Branche Ihrer Wahl anhand des 5-Kräfte-Modells.
4. Führen Sie für die Branche, für die Sie sich entschieden haben, ein Strategie-Mapping durch, um die strategischen Gruppen zu identifizieren.
5. Beschreiben Sie die generische Grundstrategie eines Unternehmens Ihrer Wahl.

2.2.2 Ergänzende Aufgaben

1. Definieren Sie den Begriff *Performance (Leistung)* in eigenen Worten.
2. Beschreiben Sie in eigenen Worten den Zweck und das Funktionieren des 5P-Modells von *Henry Mintzberg*.
3. Definieren Sie den Begriff *Wettbewerbsvorteil* in eigenen Worten.
4. Nennen Sie zwei konkrete Beispiele für Performance-Indikatoren.
5. Nennen Sie die vier Grundelemente der Strategie und beschreiben Sie diese in eigenen Worten.
6. Nennen Sie zwei konkrete Beispiele für Wettbewerbsvorteile eines Unternehmens.

7. Beschreiben Sie anhand eines Beispiels in eigenen Worten den ressourcenorientierten Ansatz (resource-based view).

8. In *Kapitel 2 LB* wurden vier Grundelemente der Strategie beschrieben. Worin unterscheiden sich konkret Mission und Vision?

9. Die Konzerne *Renault* und *BMW* gehören der Automobilindustrie an. Würden Sie diese beiden Konzerne auch derselben strategischen Gruppe zuordnen? Nennen Sie Gründe, welche dafür sprechen und Gründe, welche dagegen sprechen.

10. Welche Aussage ist am zutreffendsten? Strategie-Mapping wird angewandt, um ...
    a) ein Unternehmen hinsichtlich seiner Wettbewerbsvorteile zu analysieren.
    b) die unterschiedlichen strategischen Gruppen innerhalb einer Branche grafisch abzubilden und einzuordnen.
    c) interne Kernkompetenzen bestmöglich zu nutzen und Benchmarking zu betreiben.
    d) auf effiziente Art und Weise die Wettbewerbskräfte einer Branche zu analysieren.

11. Welche Aussage ist am zutreffendsten? Das 5-Kräfte-Modell dient dazu, ...
    a) die Wettbewerbsvorteile einer Unternehmung zu definieren.
    b) den ressourcenorientierten Ansatz besser zu verstehen.
    c) Kernkompetenzen zu analysieren.
    d) auf effiziente Art und Weise die Wettbewerbskräfte, die auf eine Branche einwirken, zu identifizieren und zu evaluieren.

12. Welche Aussage ist am zutreffendsten? Ein Unternehmen, das eine transnationale Strategie verfolgt, ...
    a) versucht von den Vorteilen jedes der Länder, in denen es präsent ist, zu profitieren.
    b) geht von einer weltweit homogenen Nachfrage aus.
    c) setzt die Kernkompetenzen optimal ein.
    d) steuert die ausländischen Tochtergesellschaften direkt über die Zentrale.

13. Welche Aussage ist am zutreffendsten? Bei organischem Wachstum handelt es sich um ...
    a) eine Wachstumsoption, welche es einem Unternehmen erlaubt, so schnell wie möglich zu wachsen.
    b) einen schrittweisen, inkrementellen Wachstumsverlauf, welcher auf bereits bestehende Vermögenswerte aufbaut und diese weiterentwickelt.
    c) eine Wettbewerbsstrategie, welche auf Kooperation durch Allianzen setzt.
    d) eine Art Diversifikation.

BWL praxisnah

1. Definieren Sie geeignete Dimensionen für ein Strategie-Mapping der Uhrenindustrie. Begründen Sie Ihre Antwort. Um dies zu tun, verschaffen Sie sich einen Überblick über die gängigen unterschiedlichen Uhrenmarken. Lassen Sie sich in einem Uhrengeschäft beraten oder holen Sie sich über das Internet Informationen ein.

2. Führen Sie basierend auf den identifizierten Dimensionen ein Strategie-Mapping durch.

Szenario

Milliardenübernahme – Kraft und Cadbury schmieden Schoko-Giganten

Cadbury-Schokolade: Milliardenschwere Übernahme. Einigung in letzter Minute: Nach zähen Verhandlungen hat *Cadbury* dem Werben des US-Lebensmittelriesen Kraft nachgegeben. Der Aufsichtsrat des britischen Süßwarenherstellers billigt die Übernahme – für 13,5 Milliarden Euro.

Quelle: Fotolia 25626776

London – Der US-Lebensmittelriese *Kraft Foods* ist am Ziel: Nach einer Aufstockung der Offerte stimmte der britische Süßwarenhersteller *Cadbury* zu, für umgerechnet rund 13,5 Milliarden Euro seine Selbständigkeit nach fast 200 Jahren aufzugeben.
Es entsteht ein neuer Weltmarktführer für Süßwaren. Die Fusion bringt *Dairy-Milk*-Schokolade und *Trident*-Kaugummi von *Cadbury* unter ein Dach mit *Milka* und *Toblerone* von *Kraft*. Der US-Konzern ist weltweit der zweitgrößte Lebensmittelhersteller nach dem Schweizer *Nestlé*-Konzern.

Quelle: Spiegel Online Wirtschaft, www.spiegel.de/wirtschaft/unternehmen/0,1518,672770,00.html; 19.01.2010.

1. Nennen Sie die gewählte Wachstumsstrategie von *Kraft*. Begründen Sie Ihre Antwort.
2. Nennen Sie die von *Kraft* gewählte Wachstumsoption. Begründen Sie Ihre Antwort.
3. Was ist der Vorteil der gewählten Wachstumsstrategie im Vergleich zu den existierenden Alternativen? Begründen Sie Ihre Antwort.

2.3 Lösungen

2.3.1 Lösungen zu den Aufgaben aus dem Lehrbuch

1. Die beiden Ansätze können wie folgt beschrieben werden:
   - Der **marktorientierte Ansatz (market-based view)** (siehe *Abschnitt 2.2 LB*) sieht den Erfolg eines Unternehmens in der strategischen Anpassungsfähigkeit an extern gegebene Faktoren. Der Ansatz leitet die Unternehmensstrategie von den Charakteristika der jeweiligen Branche ab. Es handelt sich hierbei um eine von außen nach innen gerichtete *Outside-In-Perspektive*: Das Unternehmen analysiert zunächst die Umwelt, um anschließend im Inneren die Ziele und Maßnahmen zu formulieren, die einen Wettbewerbsvorteil gewährleisten sollen.
   - Beim **ressourcenorientierten Ansatz (resource-based view)** wird der Erfolg eines Unternehmens auf interne Ressourcen zurückführt. Diese Perspektive basiert auf der Annahme, die Entwicklung der Unternehmensstrategie an den internen Ressourcen und Fähigkeiten des Unternehmens zu orientieren. Ziel ist es hierbei, Marktchancen zu schaffen, um einen Wettbewerbsvorteil zu generieren. Es handelt sich daher um eine von innen nach außen gerichtete, um eine sogenannte *Inside-Out-Perspektive*: Es wird hinterfragt, welche Ressourcen und Kompetenzen eines Unternehmens gemanagt werden sollen, damit sich ein Wettbewerbsvorteil auf Branchenebene (extern) ergibt.

2. Nachfolgend werden Vor- und Nachteile des ressourcenorientierten Ansatzes sowie des marktorientierten Ansatzes beschrieben.
   - Vorteile:
     - **Ressourcenorientierter Ansatz (resource-based view):** Dank der Unternehmensanalyse werden besondere interne Fähigkeiten erkannt (Know-how und Labor), welche einen Wettbewerbsvorteil am Markt (extern) verschaffen, indem man diese besonderen Fähigkeiten in den Vordergrund stellt.
     - **Marktorientierter Ansatz (market-based view)** (siehe *Abschnitt 2.2 LB*): Aus den Erkenntnissen aus der Marktanalyse (externer Faktoren) werden Konsequenzen für die eigene Situation (interne Maßnahmen) gezogen, um sich dadurch einen Wettbewerbsvorteil zu verschaffen.
   - Nachteile:
     - **Ressourcenorientierter Ansatz (resource-based view):** Es vollzieht sich keine optimale Ausrichtung auf den Markt.
     - **Marktorientierter Ansatz (market-based view):** Wichtige interne Ressourcen werden nicht beziehungsweise kaum berücksichtigt.

3. Die folgende Analyse (siehe *Abschnitt 2.2 LB*) der Automobilindustrie soll als Zusammenfassung betrachtet und als Beispiel verstanden werden. Sie ist sowohl in ihrem Umfang als auch in ihrer Tiefe unvollständig. Es könnten durchaus noch weitere Punkte formuliert werden.
   - **Potenzielle neue Konkurrenten:** Kaum Bedrohung durch potenziell neue Konkurrenten

     Obwohl es neue Konkurrenten versuchen, bestehen jedoch sehr hohe Eintrittsbarrieren.

- **Substitute:** Große Bedrohung durch Substitute

  Flugzeug, Zug, Bus, Tram, (Elektro-) Fahrrad oder auch andere Bewegungsmittel außerhalb der Städte werden zunehmend attraktiv und werden zum Teil staatlich unterstützt und gefördert.

- **Lieferanten:** Kaum Verhandlungsstärke von Lieferanten

  Lieferanten verfügen über wenig Verhandlungsmacht, da sie selbst keine Automobile herstellen können. Viele von den Lieferanten hergestellte Produkte sind standardisiert und könnten auch von Konkurrenten bezogen werden.

- **Kunden:** Verhandlungsstärke von Kunden wächst

  Es gibt relativ wenige Produzenten im Verhältnis zur Anzahl der Kunden. Zwar kann der Kunde das Auto nicht selbst herstellen, doch bietet sich ihm eine große Auswahl am Markt. Obwohl sich Automarken zumindest technisch immer weniger differenzieren, variiert das Image jedoch nach wie vor stark.

- **Rivalität der Konkurrenten:** Hohe Rivalität der Konkurrenten

  Der Automobilmarkt wächst global gesehen nur schwerlich. Die Konkurrenzsituation wird dadurch gesteigert, dass sich die Automobile technisch immer mehr ähneln. In Bezug auf die Marke gibt es noch Differenzierungspotenzial.

4. Die folgende Analyse der Automobilindustrie soll als Beispiel verstanden werden und ist als solches unvollständig (siehe *Abschnitt 2.2.1 LB*). Es existieren durchaus weitere Varianten und Interpretationen.

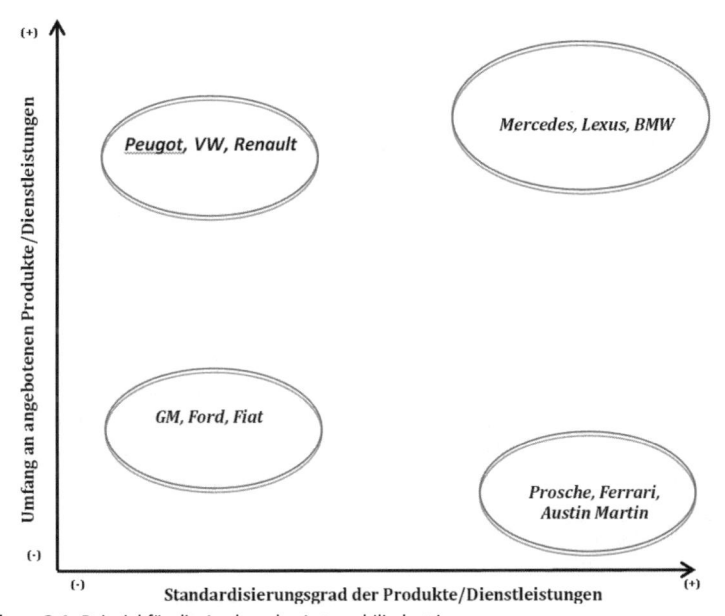

Abbildung 2.1: Beispiel für die Analyse der Automobilindustrie

5. Als Beispiel zur Beantwortung dieser Frage soll *Mercedes Benz* dienen. *Mercedes Benz* (siehe *Abschnitt 2.2 LB*) verfolgt die Grundstrategie der Differenzierung: Die Differenzierungsstrategie besteht darin, einen Wettbewerbsvorteil anhand einer höheren Wertschätzung des Kunden für ihre eigenen Fahrzeuge im Vergleich zu Mitgliedern derselben strategischen Gruppe zu erzielen. Ziel ist es, dass die Kunden bereit sind, für ein Auto von *Mercedes Benz* einen höheren Preis zu bezahlen als für ein Auto der Konkurrenz.

2.3.2 Lösungen zu den ergänzenden Aufgaben

1. Zur Beantwortung dieser Frage sei auf *Abschnitt 2.1.2 LB* verwiesen.

   Die Performance (Leistung) ist das von einem Unternehmen erreichte Ergebnis im Verhältnis zu den eingesetzten Ressourcen. Im Allgemeinen kann zwischen ökonomischer und sozialer Performance unterschieden werden.

2. Zur Beantwortung dieser Frage sei auf *Abschnitt 2.1.2 LB* verwiesen.

   Das 5P-Modell wurde von *Henry Mintzberg* in dem Artikel *„Five P's for Strategy"* (1987) und später in seinem Werk *„The Rise and Fall of Strategic Planning"* (1994) publiziert.

   - Der Zweck des Modells kann wie folgt beschrieben werden: Das Modell, das fünf wesentliche Dimensionen der Strategie illustriert, stellt den Ausgangspunkt für die Entwicklung von Strategien dar.
   - Das Funktionieren und somit die Interaktion zwischen den einzelnen Dimensionen kann wie folgt beschrieben werden: Eine *geplante Strategie (Plan)* wird durch Aktionssequenzen beziehungsweise durch *Muster (Pattern)* formalisiert. Diese Aktionssequenzen werden wiederum durch *List (Ploy)*, einem taktischen Verhalten gegenüber der Konkurrenz, ausgeführt, welches so die *Wettbewerbsposition (Position)* des Unternehmens festlegt. Diese neue Wettbewerbsposition schafft neue *Perspektiven (Perspective)*, die wiederum die zukünftigen Aktionspläne beeinflussen.

3. Zur Beantwortung dieser Frage sei auf *Abschnitt 2.1.2 LB* verwiesen.

   Ein Wettbewerbsvorteil entspricht einem Trumpf, den ein Unternehmen einsetzt, um seine Wettbewerber zu übertreffen.

4. Zur Beantwortung dieser Frage sei auf *Abschnitt 2.1.2 LB* verwiesen.

   Das Ziel von Performance-Indikatoren ist es, Leistung zu messen. Unter anderem können folgende zwei Beispiele angeführt werden:
   - Rendite
   - Anzahl geretteter Leben

5. Zur Beantwortung dieser Frage sei auf *Abschnitt 2.1.2 LB* verwiesen.

   Die vier Grundelemente in *Abbildung 2.1 LB* können wie folgt beschrieben werden:
   - Der **Zweck** beziehungsweise die **Absicht** beschreibt eine *allgemeine Absichtserklärung* beziehungsweise ein *übergeordnetes Ziel* des Unternehmens. Ein Beispiel hierfür ist die Entwicklung von Forschungs- und Entwicklungsprogrammen, um die bestmöglichen Lösungen für die Behandlung von kardiovaskulären Erkrankungen anzubieten. Der Zweck beziehungsweise die Absicht gibt Antwort auf die Frage: *Wozu gibt es dieses Unternehmen? Was ist der Sinn der Existenz des Unternehmens?*
   - Die **Vision** beschreibt bildlich die *Ambition* beziehungsweise das *Bestreben eines Unternehmens*, sprich einen gewünschten zukünftigen Zustand. Als Beispiel sei hier das Bestreben einer Klinik genannt, die beste regionale Klinik für die Behandlung von Herz-Kreislauf-Erkrankungen zu sein. Die Vision gibt Antwort auf die Frage: *Was wollen wir als Unternehmen erreichen?*

   Die **Ziele** beschreiben die *Quantifizierung eines Zwecks* oder *einer Absicht*. Ein Beispiel hierfür ist das Erreichen einer Erfolgsquote, die bei 90 Prozent der behandelten Patienten liegt. Die Ziele geben Antwort auf die Frage: *Was soll das Unternehmen konkret langfristig erreichen?*

- Die **Mission** beschreibt die *Daseinsberechtigung* und bestimmte *Werte* und *Prinzipien* eines Unternehmens. Für eine Fachklinik ist es beispielsweise die Behandlung von Herz-Kreislauf-Erkrankungen der Patienten einer bestimmten Region. Die Mission gibt Antwort auf die Frage: *Welche Werte und Prinzipien sollen das Handeln der Organisation und ihrer Mitglieder leiten?*

6. Zur Beantwortung dieser Frage sei auf *Abschnitt 2.1.2 LB* verwiesen.

   Ein Wettbewerbsvorteil ist ein Trumpf, um Wettbewerber zu übertreffen. Folgende zwei Beispiele können unter anderem angeführt werden:
   - Image
   - Günstige Herstellungskosten

7. Der ressourcenorientierten Ansatz (resource-based view) wird in *Abschnitt 2.2 LB* behandelt. Folgendes Beispiel soll den ressourcenorientierten Ansatz exemplarisch beschreiben:

   Ein diplomierter Gärtner mit einem modernen Labor hat durch das Kreuzen einer Vielzahl von Rosensorten Rosen entwickelt, die sehr langsam verwelken. Er analysiert daraufhin den Markt und stellt sich die Frage, ob bezüglich seiner Erfindung Nachfrage besteht. Er entschließt sich daraufhin, dieses einzigartige Produkt auf den Markt zu bringen und zu vertreiben. Da bezüglich der Eigenschaften der neuen Rosensorte große Nachfrage besteht, verschafft sich der Gärtner einen Wettbewerbsvorteil gegenüber seiner Konkurrenz.

   Der Gärtner hat aufgrund der Unternehmensanalyse besondere interne Fähigkeiten erkannt (Know-how und Labor) und verschafft sich einen Wettbewerbsvorteil am Markt (extern), indem er die besondere Fähigkeit züchtet.

8. Die vier Grundelemente der Strategie werden in *Abschnitt 2.1.2 LB* behandelt. Der Unterschied zwischen den beiden Grundelementen *Vision* und *Mission* kann wie folgt beschrieben werden:

   Die *Vision* kann als bildlich-abstrakte Beschreibung eines zukünftigen Zustands verstanden werden, welcher vom Unternehmen angestrebt wird. Im Gegensatz dazu beschreibt die *Mission*, auf welche Art und Weise und mit welchen Mitteln und Werten dieser Zustand erreicht werden soll.

   In der unternehmerischen Praxis kann es vorkommen, dass diese Begriffe nicht trennscharf verwendet werden.

9. Anhand des Strategie-Mapping kann eine Einteilung der Branche in strategische Gruppen vollzogen werden (*Abschnitt 2.2.1 LB*). Folgende Pro- oder Contra-Argumente können aufgeführt werden:
   - Argumente, die **dafür** sprechen:
     - Beide Konzerne operieren in ähnlichen Klassensegmenten, beispielsweise in den Segmenten „Geländewagen", „Kompaktklasse" und „Limousine".
     - Beide Konzerne operieren in ähnlichen geografischen Märkten, beispielsweise in Europa und Asien.
     - Die Anzahl der Mitarbeiter ist in beiden Unternehmen ähnlich hoch (über 100.000 Mitarbeiter).
   - Argumente, die **dagegen** sprechen:
     - Beide Konzerne erzielen einen unterschiedlich großen Umsatz.
     - Im Vergleich zu *Renault* setzt *BMW* durchschnittlich einen höheren Verkaufspreis pro Auto an.

- Im Vergleich zu *Renault* bietet *BMW* neben Autos auch Motorräder an.
- Beide Konzerne sprechen unterschiedliche Kundensegmente an.

10. Siehe hierzu *Abschnitt 2.2.1 LB*. Antwort b ist richtig.
11. Siehe hierzu *Abschnitt 2.2.1 LB*. Antwort c ist richtig.
12. Siehe hierzu *Abschnitt 2.3.3 LB*. Antwort a ist richtig.
13. Siehe hierzu *Abschnitt 2.3.3 LB*. Antwort b ist richtig.

Lösungen zu BWL praxisnah

1. Anhand des Strategie-Mapping kann eine Einteilung der Branche in strategische Gruppen vollzogen werden (*Abschnitt 2.2.1 LB*).

   Folgende Dimensionen können beispielhaft aufgeführt werden:
   - **Typ des Uhrwerks:** Da das Uhrwerk ein zentrales Kaufentscheidungskriterium für die Kunden darstellt, können Unternehmen mit gleichem Grundtyp von Uhrwerk als Konkurrenten bezeichnet werden. Es gibt zwei Grundtypen von Uhrwerken: Quarzuhrwerke und mechanische Uhrwerke (Automatik).
   - **Preissegment:** Da das Preissegment einer Uhr Einfluss auf die potenzielle Kundengruppe hat, können Unternehmen im gleichen Preissegment als Konkurrenten bezeichnet werden.

   Dem Preissegment unter 1.000 EUR können wir beispielsweise die Uhrenmarken *Swatch*, *Tissot*, *Certina*, *Seiko* und *Casio* zuordnen.

   Dem Preissegment von 2.000 EUR bis 6.000 EUR können wir beispielsweise die Uhrenmarken *OMEGA*, *Jaeger-LeCoultre*, *IWC*, *Cartier* und *Rolex* zuordnen.

2. Folgende Darstellung der strategischen Gruppen der Uhrenindustrie ist denkbar:

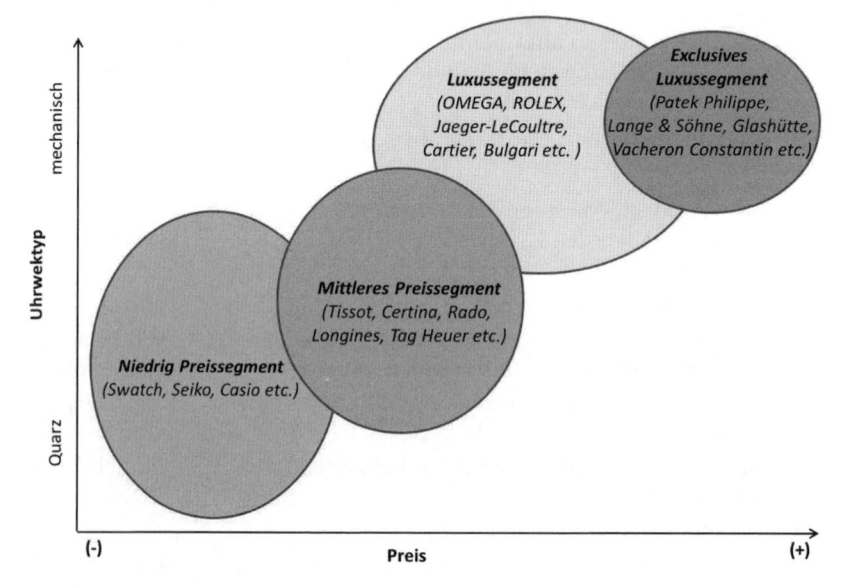

Abbildung 2.2: Strategische Gruppen der Uhrenindustrie

Lösungen

Szenario

1. Zur Beantwortung dieser Frage sei auf *Abschnitt 2.3.1 LB* verwiesen.

   Die von *Kraft* gewählte Wachstumsstrategie ist die Marktdurchdringung beziehungsweise die Konsolidierung: *Kraft* baut mit der Umsetzung dieser Strategie seine Marktposition aus und wird so zum Weltmarktführer für Süßwaren.

2. Zur Beantwortung dieser Frage sei auf *Abschnitt 2.3.1 LB* verwiesen.

   Die von *Kraft* gewählte Wachstumsoption ist das **externe Wachstum** anhand einer Akquisition (Übernahme) von 13,5 Milliarden Euro. Externes Wachstum ist durch den Erwerb von Vermögenswerten von außen gekennzeichnet. In der Regel wird externes Wachstum durch Fusionen und Übernahmen, im Englischen Mergers und Acquisition (M&A) genannt, realisiert: Zwei oder mehrere Unternehmen können die Vermögenswerte fusionieren und unter neuer Identität ein neues Unternehmen gründen. Externes Wachstum kann jedoch auch stattfinden, indem ein Unternehmen ein anderes erwirbt.

3. Zur Beantwortung dieser Frage sei auf *Abschnitt 2.3.1 LB* verwiesen.

   Der Vorteil des externen Wachstums ist in erster Linie die Schnelligkeit, vor allem im Vergleich zum organischen Wachstum. Durch einen inkrementellen Wachstumsverlauf ist das interne beziehungsweise das organische Wachstum zeitintensiver.

   Das *interne Wachstum*, auch organisches Wachstum genannt, besteht für ein Unternehmen darin, auf bereits bestehende Vermögenswerte aufzubauen und diese weiterzuentwickeln. Es handelt sich hierbei um einen schrittweisen, inkrementellen Wachstumsverlauf, der den Vorteil einer gewissen Flexibilität mit sich bringt. In der Tat kann das Unternehmen die Geschwindigkeit, in der es wachsen möchte, selbst bestimmen. Ein Unternehmen wächst demnach, indem es sukzessive auf ausschließlich bereits vorhandenen Vermögenswerten aufbaut. Der Vorteil gegenüber einer Allianz ist die volle Kontrolle von *Kraft* gegenüber der gekauften Unternehmung *Cadbury*.

   Es gibt viele Möglichkeiten, das *Wachstum mittels strategischer Allianzen* umzusetzen. Es handelt sich hierbei immer um eine Kooperation von mindestens zwei Unternehmen. Diese Beziehung kann formal in einem Vertrag oder gänzlich informell geregelt sein. Wachstum durch Allianzen besteht darin, dass mindestens zwei Unternehmen ihre Vermögenswerte bündeln, um ihre jeweiligen Strategien zu verwirklichen.

TEIL II

Primäre Funktionen

- 3 Marketing 45
- 4 Sales 55
- 5 Materialwirtschaft, Logistik und Supply Chain Management 67
- 6 Produktion 81
- 7 Finanzwirtschaft 97

Marketing

3.1	**Hauptthema des Kapitels**........................	46
3.2	**Aufgaben**	47
	3.2.1 Aufgaben aus dem Lehrbuch....................	47
	3.2.2 Ergänzende Aufgaben	47
	BWL praxisnah......................................	47
3.3	**Lösungen**..	48
	3.3.1 Lösungen zu den Aufgaben aus dem Lehrbuch	48
	3.3.2 Lösungen zu den ergänzenden Aufgaben	51

ÜBERBLICK

3

3.1 Hauptthema des Kapitels

In der heutigen Konsumgesellschaft ist Marketing allgegenwärtig. Oft wird der Begriff sowohl im alltäglichen Gebrauch als auch in der Presse im Kontext mit zu hohem Konsum und den damit verbundenen Schulden mit einem negativen Beigeschmack versehen und für die aktuellen Probleme der Gesellschaft verantwortlich gemacht. Bei der Definition beziehungsweise der Neudefinition von Marketing muss daher bedacht werden, dass es sich bei Marketing nicht um „Verkauf um jeden Preis" und auch nicht um „Verkauf von nutzlosen Gegenständen und Leistungen" handelt.

Marketing ist eine Unternehmensfunktion und zugleich ein Prozessbündel, um auf direkte oder auch indirekte Weise Mehrwert für den **Kunden** eines Unternehmens und für dessen Umwelt zu kommunizieren. Marketing stellt ebenso eine *Unternehmensfunktion* dar wie beispielsweise das Human Resource Management oder das Rechnungswesen. Das Prozessbündel orientiert sich an dem Kunden, der im Fokus des Marketings und somit im Fokus des Unternehmens steht. Um für den Kunden einen Mehrwert zu entwickeln und zu liefern, sollte ein Unternehmen in der Lage sein, dessen Bedürfnisse und Wünsche zu identifizieren und zu verstehen. Das Prozessbündel steuert die Kommunikation eines Unternehmens mit seiner Umwelt.

Kapitel 3 LB über Marketing soll einen Einstieg in die Welt des Marketings schaffen und dem Leser die grundlegenden Methoden und Ansätze der wirtschaftswissenschaftlichen Disziplin nahebringen. Es soll dadurch ein Überblick über die wesentlichen, branchenübergreifenden Elemente dieser Disziplin vermittelt werden.

Seitdem Marketing als wirtschaftswissenschaftliche Disziplin anerkannt ist, entwickelten sich unterschiedliche Forschungsansätze. Innerhalb dieser Ansätze liegen mehrere Forschungsschwerpunkte vor, die teilweise ergänzend oder aber auch konkurrierend zu der Analyse, der Erklärung oder der Gestaltung des Marketings verwendet werden. Im Einzelnen wurden folgende Ansätze behandelt: Der strategische Forschungsansatz, der Marktforschungsansatz, der Marketing-Mix-Forschungsansatz, der sektorale Ansatz und schließlich der internationale Ansatz.

Ausgangspunkt und Grundlage von Marketingentscheidungen stellt das Kaufverhalten dar. Die Analyse, die Erklärung und die Prognose des Kaufverhaltens bilden die zentralen Aufgaben der Marketingforschung. Das Kaufverhalten kann anhand des Kaufentscheidungsprozesses dargestellt werden. Grundsätzlich liegt dem Konsumverhalten eine Vielzahl von Faktoren zugrunde, welche die Kaufentscheidung als solche beeinflussen können. Diese sind insbesondere kulturelle, soziologische, persönliche und psychologische Faktoren. Das Kaufverhalten kann in drei Schritte eingeteilt werden: In *Stimuli*, *Käufertyp* und in *Käuferreaktion*.

Die mithilfe der Marketingforschung erfassten Informationen über das Käuferverhalten bilden die Grundlage für die Planung und die Umsetzung einer *Marketingstrategie*. Die Festlegung dieser Ziele erfolgt in Form eines Marketingplans, der aus einem mehrstufigen Prozess besteht. Die verschiedenen Phasen des Marketingplans und vor allem der Aufbau und die Umsetzung einer Marketingstrategie sollen ermöglichen, die zentralen Elemente dieser Unternehmensfunktion anwenden zu können. Folgende Schritte des Marketingplans können festgehalten werden: Die SWOT-Analyse zur Bestimmung der Ausgangssituation, die Festlegung der Marketingziele aufgrund der SWOT-Analyse, Entwicklung und Planung der Marketingstrategie, die Umsetzung der Marketingstrategie im Marketing-Mix, das Budget und die abschließende Kontrolle des Marketings durch die Marktforschung.

3.2 Aufgaben

3.2.1 Aufgaben aus dem Lehrbuch

1. Beschreiben und analysieren Sie den Entscheidungsprozess aus Sicht des Käufers, der zu dem Kauf einer *Rolex*-Armbanduhr führt.
2. Welche Vorgehensweise würden Sie einem familiengeführten Restaurant bei der Entwicklung eines neuen Gerichtes empfehlen? Beschreiben Sie die Schritte so praxisnah wie möglich.
3. Erarbeiten Sie eine Analyse der externen Umwelt für einen Sekthersteller aus Österreich für den europäischen Markt.
4. Welche Vorgehensweise in Bezug auf die Distribution würde sich aus Ihrer Sicht für einen mittelständischen Winzer aus dem Burgund für seine Überseemärkte anbieten?
5. Welchen Marketingoptionen kann sich ein junger aufstrebender Biolandwirt bedienen?

3.2.2 Ergänzende Aufgaben

1. Beschreiben Sie in Bezug auf die Definition des Marketings den Unterschied zwischen Befriedigung und Zufriedenheit eines Käufers. Führen Sie dies anhand eines geeigneten Beispiels aus.
2. Grundsätzlich werden das Konsumverhalten und die Kaufentscheidung von einer Vielzahl von Faktoren beeinflusst. Ein Ehepaar hat sich entschlossen, gemeinsam ins Kino zu gehen. Der Mann kauft vor der Vorstellung eine mittelgroße Packung Popcorn. Nennen Sie relevante Faktoren, welche zu diesem Kaufentscheid geführt haben.
3. Die 4 P's des Maketing-Mix heißen ...
   a) Price, Promotion, Place, Product
   b) Price, Pattern, Premium, Performance
   c) Performance, Price, Pay, Place
   d) Plan, Pattern, Ploy, Position
4. Welche Aussage ist am zutreffendsten? Das strategische Marketing beschreibt ...
   a) die Verknüpfung von Marketing und der Umwelt.
   b) die Verknüpfung der Unternehmensstrategie mit dem Marketingplan.
   c) das Verhältnis von Marketing und Strategie.
   d) das strategische Verhalten gegenüber dem Käufer.
5. Definieren Sie den Begriff *Marketing* in eigenen Worten.
6. Beschrieben Sie den Unterscheid zwischen *Kunde* und *Konsument*.

> **BWL praxisnah**
>
> 1. Wann haben Sie das letzte Mal Ihre Duschgel-Marke gewechselt? Was hat Sie zu diesem Wechsel veranlasst? Begründen Sie Ihren Markenwechsel anhand des Marketing-Mix und gehen Sie dabei auf die einzelnen P's ein.
> 2. Beschreiben Sie in eigenen Worten *Promotion (Kommunikationspolitik)*. Wählen Sie ein Ihnen bekanntes Frischgetränk und analysieren Sie dessen Promotion (Kommunikationspolitik). Gehen Sie bei Ihrer Analyse auch auf dem Kommunikationsplan ein.

3.3 Lösungen

3.3.1 Lösungen zu den Aufgaben aus dem Lehrbuch

1. Wie in Abbildung 3.1 dargestellt kann der Kaufprozess exemplarisch in fünf Schritten beschrieben werden.

```
Ausgangssituation
       ⇩
Informationsgewinnung
       ⇩
Prüfung der Alternativen
       ⇩
Entscheidung zum Kauf
       ⇩
Post-Kaufverhalten
```

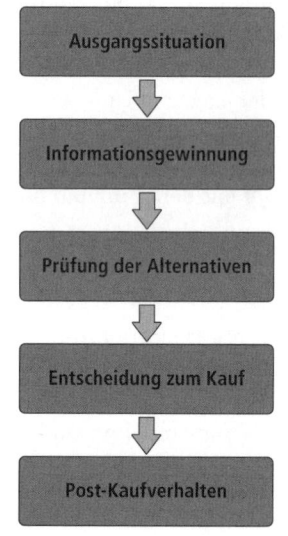

Abbildung 3.1: Kaufentscheidungsprozess

1. **Ausgangssituation:** Ausgangssituation für den Käufer ist das Bedürfnis der Gesellschaft beziehungsweise das Bedürfnis seiner Umgebung, einen „angemessenen" Status von sich zu vermitteln und gleichzeitig die genaue Uhrzeit zu erfahren.
2. **Informationsgewinnung:** Vor dem Kauf sammelt der Käufer Informationen über die verschiedenen Uhrenmarken, beispielsweise über das Internet, um herauszufinden, welcher Typ von Produkt sein Bedürfnis befriedigt. Da es sich hierbei für den Käufer aufgrund des hohen Preises um einen sogenannten High-Involvement-Kauf handelt, nimmt er sich für die Informationsgewinnung reichlich Zeit.
3. **Prüfung der Alternativen:** Da es sich um einen hohen Betrag für den Käufer handelt, vergleicht er das Kaufobjekt (*Rolex*-Armbanduhr) genau mit alternativen Angeboten von der Konkurrenz.
4. **Entscheidung zum Kauf:** Der Käufer entschliesst sich nun zum Kauf der *Rolex*-Armbanduhr und wickelt diesen ab.
5. **Post-Kaufverhalten:** Aufgrund von Komplimenten von Kollegen und Freunden fühlt sich der Käufer in seinem Kauf bestätigt, wird auch in Zukunft wieder auf diese Marke zurückgreifen und wird diese auch unter Bekannten und Freunden weiterempfehlen.

2. Die Vorgehensweise kann auf der Basis der Planung der Marketingstrategie stattfinden (siehe *Abschnitt 3.3 LB*), welche in drei Schritten erfolgt: In Segmentierung, Targeting und Positionierung.

```
[Segmentierung] → [Targeting: • Evaluierung der Potenziale • Auswahl] → [Positionierung: Differenzierung zum Mitbewerb]
```

Abbildung 3.2: Prozess der Planung einer Marketingstrategie

1. **Segmentierung:** Das Restaurant sollte die potenzielle Nachfrage für das besagte Gericht abschätzen. Gibt es Gerichte, welche in dem betreffenden Stadtviertel (geografische Segmentierung) noch nicht angeboten werden oder ist ein bestimmtes Segment, beispielsweise Käsefondue, noch nicht ausgeschöpft (Segmentierung nach Kaufverhalten)?
2. **Targeting (Segmentauswahl):** Aufgrund der ermittelten Marktgröße in Bezug auf das Stadtviertel soll das Gericht ausgewählt werden. In unserem Beispiel handelt es sich hierbei um das Käsefondue, da wir annehmen, dass eine Nachfrage besteht. Es gilt nun, die Segmente auszuwählen, in denen potenziell die meisten Produkte zum besten Preis verkauft werden können. Grundsätzlich bestehen drei Auswahlmöglichkeiten von potenziell interessanten Segmenten: Undifferenziertes, differenziertes und konzentriertes Marketing. In unserem Beispiel wäre das undifferenzierte Marketing denkbar, das heißt wir bedienen den gesamten Markt mit einem einheitlichen Gericht (z.B. klassisches Fribourger Käsefondue nach Omas Rezept).
3. **Positionierung:** Für die Positionierung ist es wichtig die Angebote der Konkurrenz zu kennen. Die „Unique Selling Proposition" (USP) könnte in unserem Falle auf der einzigartigen Rezeptur für das Fondue beruhen.

3. Es bietet sich hier an, die PESTEL-Analyse anzuwenden. Wir können diese Analyse beispielhaft für die *Schlumberger AG*, Österreichs traditionsreichster Sekt- und Weinhersteller und Marktführer im Bereich Premium-Sekt und Premium-Spirituosen anwenden. *Robert Alwin Schlumberger* gründete das Unternehmen 1842 und stellte damals als erster in Österreich Sekt nach der französischen Champagner-Methode her.

Bezüglich der Analyse der externen Umwelt für einen Sekthersteller aus Österreich an dem europäischen Markt beschränken wir uns auf je ein Argument pro Dimension. Dieses Argument ist exemplarisch und stellt eine von vielen möglichen Sichtweisen dar.

- *Political situation (politische Faktoren):* Stets gibt es eine politische Debatte um das Thema „don´t drink and drive" und darum, ab welchem Alter Alkohol konsumiert werden darf.
- *Economic situation (wirtschaftliche Faktoren):* Große Teile Europas stecken in einer Wirtschaftskrise, die Arbeitslosigkeit steigt und die Bevölkerung hat weniger Geld für Luxusgüter.
- *Social situation (sozio-kulturelle Faktoren):* Premium-Sekt ist nach wie vor ein beliebtes Getränk in Europa, dennoch wird Alkohol vermehrt als ungesund wahrgenommen.

- **T**echnological situation (technologische Faktoren): Es existieren nun auch vermehrt Verfahren, alkoholarmen Sekt zu produzieren.
- **E**cological situation (ökologische Faktoren): Nachhaltigkeit und Umweltverschmutzung stellen zwei Beispiele bezüglich der ökologischen Faktoren dar.
- **L**egal situation (rechtliche Faktoren): In gewissen Ländern ist es bereits verboten, mit Alkohol am Steuer zu sitzen. Andere Länder ziehen eventuell nach.

4. Diese Frage bezieht sich auf die Distribution (Place) der 4P´s.

   Generell kann der mittelständische Winzer entweder zwischen zwei grundsätzlichen Distributionsmöglichkeiten auswählen oder aber auch beide verfolgen.

   Distributionsmöglichkeiten

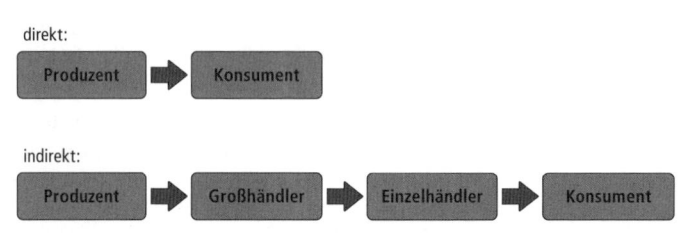

   direkt:
   Produzent → Konsument

   indirekt:
   Produzent → Großhändler → Einzelhändler → Konsument

   Abbildung 3.3: Distributionsmöglichkeiten

   - **Direkte Distribution:** Bei der direkten Distribution wechselt das Produkt oder die Dienstleistung nach der Herstellung exakt einmal den Besitzer, nämlich von Hersteller zu Kunde. Der Winzer könnte seinen Wein über das Internet direkt an den Endkunden nach Übersee verkaufen.
   - **Indirekte Distribution:** Bei dem üblichen Vertrieb über Groß- und Einzelhandelsunternehmen wechselt das Produkt nach der Herstellung in der Regel mehrmals den Besitzer entlang der Wertschöpfungskette. Unser mittelständischer Winzer könnte seinen Wein über einen Großhändler (*Auchan*, *Carrefour*, *Aldi*, *Coop* etc.) vertreiben.

5. Diese Frage bezieht sich auf die Kommunikationstypen, welche in Abbildung 3.4 dargestellt sind.

   Grundsätzlich gibt es zwei verschiedene Kommunikationstypen: Werbung *above-the-line* (engl. „über der Linie") und Werbung *below-the-line* (engl. „unter der Linie").

Above-the-line	• Werbung
Below-the-line	• Public Relations • Verkaufsförderung • Direktmarketing • Kommunikation am POS • E-communication

   Abbildung 3.4: Kommunikations-Mix

- Bei der **Werbung „above-the-line"** konzentriert sich unser Biolandwirt auf die sogenannte „klassische" oder „traditionelle" Werbung, auf die direkt erkennbare Werbung in Printmedien wie sie in der lokalen Zeitung oder in lokalen Zeitschriften zu finden ist.
- Bei der **Werbung „below-the-line"** stehen ihm alle sogenannten „nicht-klassischen" Werbe- und Kommunikationsmaßnahmen zur Verfügung, zum Beispiel Public Relations mit der lokalen Bevölkerung, Direktmarketing mit potenziellen Kunden vor Ort und der Kommunikation beim Verkauf am Point of Sale sowie Messen oder Festivitäten, bei den er seine Produkte ausstellt und schließlich der persönliche Verkauf.

3.3.2 Lösungen zu den ergänzenden Aufgaben

1. Diese Frage bezieht sich auf *Abschnitt 3.1.1 LB*. Als Beispiel für die Frage soll der Kauf eines Apfels dienen.
   - **Befriedigung:** Die Befriedigung des Kunden entsteht, indem festgestellt wird, ob die Erwartungen der Konsumenten durch die Produkte und Leistungen erfüllt wurden. Die Befriedigung der Erwartung ist eine Vorbedingung für einen Wiederholungskauf.

   In Bezug auf das Beispiel „Kauf eines Apfels" hat der Käufer das Bedürfnis, eine bestimmte Frucht zu essen.
   - **Zufriedenheit:** Aus der Zufriedenheit heraus wird ein Kunde dasselbe Produkt wiederholt kaufen, sich gegenüber der Marke treu verhalten und zu einem regelmäßigen Kunden werden.

   In Bezug auf das Beispiel „Kauf eines Apfels" stellt sich somit die Frage, ob der Käufer mit dem Geschmack und gegebenenfalls mit dem Gefühl, das durch das Essen des Apfels entsteht, zufrieden ist. Ist dies der Fall, wird sich der Käufer, sobald er wieder das Bedürfnis nach einer Frucht verspürt, wieder einen Apfel kaufen.

2. Diese Frage bezieht sich auf *Abschnitt 3.2.2 LB*.

kulturelle Faktoren	soziologische Faktoren
persönliche Faktoren	**psychologische Faktoren**

Abbildung 3.5: Einflussfaktoren auf das Konsumverhalten

- **Kulturelle Faktoren:** Als kulturelle Faktoren sind beispielsweise die Erziehung, die Herkunft, die Religion oder auch das Bildungsniveau zu nennen. Bezogen auf unser Beispiel ist der Kauf von Popcorn bei einem Kinobesuch in der europäischen beziehungsweise in der amerikanischen Kultur verankert.

- **Soziologische Faktoren:** In Bezug auf soziale Faktoren ist die Zugehörigkeit zu einer sozialen Einheit beziehungsweise zu einer Gruppe (z.B. Familie, Freundeskreis, Arbeitsumfeld) wichtig, da es das Verbraucherverhalten stark beeinflussen kann. Das Teilen von Popcorn unter Freunden ist sehr verbreitet und wird teilweise sogar von den Freunden erwartet. In unserem Beispiel wäre der Kauf einer kleinen Packung für den Käufer unter Umständen völlig ausreichend gewesen. Da er jedoch weiß, dass seine Partnerin von ihm erwartet, dass er das Popcorn teilt (soziale Faktoren), entschließt er sich somit zum Kauf einer mittelgroßen anstatt einer kleinen Packung.

- **Persönliche Faktoren:** Persönliche Faktoren drücken sich häufig in bereits geformten und voreingenommenen Einstellungen aus, die jedoch nicht zwingend der Realität entsprechen. Beispielsweise sind das Alter (jung oder alt), die wirtschaftliche Situation (arm oder reich), der Lifestyle („in" oder „out") oder gar der Alkoholkonsum (viel oder wenig) subjektiv geprägt. In unserem Beispiel könnte es durchaus sein, dass der Mann eine relativ konservative Einstellung besitzt und denkt, dass er als Mann für den Kauf von Popcorn verpflichtet wäre.

- **Psychologische Faktoren:** Psychologische Faktoren können den Verbraucher durch die Verarbeitung des Gelernten, der Motivation, der Wahrnehmung oder auch des Glaubens beeinflussen. In unserem Beispiel könnte es sein, dass der Käufer bei vorherigen Kinobesuchen bereits die Erfahrung gemacht hat, dass eine kleine Packung Popcorn für zwei Personen nicht ausreichend ist. Deshalb entscheidet er sich für den Kauf einer mittelgroßen Packung.

3. Siehe hierzu *Abschnitt 3.3.4 LB*. Antwort a. ist richtig.

4. Siehe hierzu *Abschnitt 3.1.2 LB*. Antwort b. ist richtig.

5. Diese Frage bezieht sich auf *Abschnitt 3.1.1 LB*.

    Marketing ist eine Unternehmensfunktion und zugleich ein Prozessbündel, um auf direkte oder auch indirekte Weise Mehrwert für den Kunden eines Unternehmens und dessen Umwelt zu schaffen. Marketing stellt ebenso eine Unternehmensfunktion dar wie das Personalmanagement oder auch das Rechnungswesen.

6. Diese Frage bezieht sich auf *Abschnitt 3.1.1*.

    Ein **Kunde** ist eine Person oder auch eine Institution, die in einer Geschäftsbeziehung mit einem Unternehmen oder auch mit einer Institution steht, von dem beziehungsweise von der sie ein Produkt oder eine Dienstleistung erwerben will.

    Als **Konsument** oder **Verbraucher** werden natürliche Personen bezeichnet, die Produkte und Dienstleistungen nur zur eigenen Bedürfnisbefriedigung käuflich erwerben. Bei einem Konsumenten handelt es sich somit immer um einen Endverbraucher, während es sich hingegen bei einem Kunden um ein anderes Unternehmen oder auch um eine Behörde handeln kann.

Lösungen zu BWL praxisnah

1. Der Marketing-Mix gilt als eine der einfachsten und zugleich wirksamsten Kombinationen von Werkzeugen oder Instrumenten zur praktischen Umsetzung von Marketing-Plänen in Unternehmen (siehe *Abschnitt 3.3.4 LB*). Folgender Argumentationsrahmen soll verwendet werden:

```
┌─────────────────────────────┬─────────────────────────────┐
│ Product (Produktpolitik):   │ Price (Preispolitik):       │
│ Qualität, Design,           │ Preisfestsetzung,           │
│ Verpackung, Funktionen,     │ Konditionen,                │
│ Marke, ...                  │ Zahlungsmodalitäten, ...    │
│              ┌──────────────┐                             │
│              │  ausgewählte │                             │
│              │  Zielgruppe  │                             │
│ Promotion    └──────────────┘                             │
│ (Kommunikationspolitik):    │ Place (Distributionspolitik):│
│ Werbung, Public Relations,  │ Wertschöpfungsketten,       │
│ Sponsoring, Testimonials,   │ Logistik, Transport, ...    │
│ Verkaufsförderung, Direktmarketing, ...                   │
└─────────────────────────────┴─────────────────────────────┘
```

Abbildung 3.6: Marketing-Mix

Mögliche Lösungsmuster:

Herr Özdemir hat sich entschieden zu dem Duschgel von *Nivea* zu wechseln. Hierbei haben folgende Faktoren eine Rolle gespielt.

- **Product:** Herr Özdemir fühlt sich von der blauen *Nivea*-Verpackung mehr angesprochen als von einer nebenstehenden durchsichtigen Duschgel-Flasche. Außerdem findet er die Form und die Größe der Flasche praktisch, da sie in seiner kleinen Sporttasche besser Platz findet.
- **Price:** Preislich lagen beide Flaschen auf dem gleichen Niveau. *Nivea* war sogar etwas teurer als sein bisheriges Duschgel.
- **Promotion:** Herr Özdemir ist Fan der deutschen Nationalmannschaft und hat kurz vor seinem Kauf eine *Nivea*-Werbung mit dem Bundestrainer im Fernsehen gesehen. Da der Bundestrainer eine vertrauenswürdige Person darstellt, war die Werbung für Herrn Özdemir glaubhaft. Außerdem entstand eine emotionale Bindung zur Marke.
- **Place:** *Nivea* ist in sämtlichen Verkaufsläden Europas verfügbar. Dies ermöglicht es Herrn Özdemir, die Marke stets nachzukaufen.

2. Diese Frage bezieht sich auf *Abschnitt 3.3.4 LB*.

   Promotion (Kommunikationspolitik): Promotion bildet die letzte Gruppe der 4 P's. Die wesentliche Aufgabe der Promotion beziehungsweise der Kommunikationspolitik ist es, die Kunden über das eigene Angebot zu informieren und deren Kaufentscheidung zu beeinflussen. Dies erfolgt im Rahmen des sogenannten Kommunikations-Mix, der so zu gestalten ist, dass die angestrebte Wirkung, sprich die Information und Überzeugung, mit möglichst geringen Kosten erzielt wird.

Hierbei stellt die klassische Werbung beziehungsweise die Reklame nur einen Teil der Kommunikationsoptionen dem Kunden gegenüber dar. In diesem Zusammenhang sind zwei grundlegende Kommunikationspolitiken zu unterscheiden. Da beide Kommunikationspolitiken in der Regel miteinander kombiniert werden, stellen sie einen Kommunikations-Mix dar. Beim Kommunikations-Mix geht es um die Kombination der Kommunikationswege.

Above-the-line	• Werbung
Below-the-line	• Public Relations • Verkaufsförderung • Direktmarketing • Kommunikation am POS • E-communication

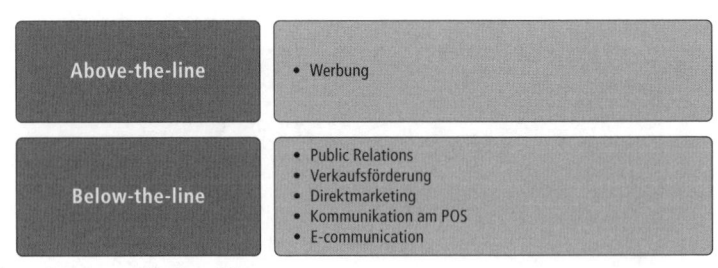

Abbildung 3.7: Kommunikations-Mix

Wie in Abbildung 3.7 dargestellt, gibt es zwei verschiedene Kommunikationstypen: Werbung *above-the-line* (engl. „über der Linie") und Werbung *below-the-line* (engl. „unter der Linie"). Werbung *„above-the-line"* konzentriert sich auf die sogenannte „klassische" oder „traditionelle" Werbung, auf die direkt erkennbare Werbung in Printmedien (Zeitungen, Zeitschriften etc.) und im Rundfunk, im Fernsehen sowie auf Kino- und Außenwerbung. Die Werbung *„below-the-line"* steht im Marketing für alle sogenannten „nicht-klassischen" Werbe- und Kommunikationsmaßnahmen wie Public Relations, Verkaufsförderung, Direktmarketing, Kommunikation am Point of Sale, E-Communication und noch viele weitere Maßnahmen wie Corporate Identity, Sponsoring, Messen und persönlicher Verkauf.

Als Beispiel für die Analyse eines bekannten Frischgetränks soll *Red Bull* dienen.

- **Above-the-line Werbung:** *Red Bull* wirbt im Fernsehen mit dem weit verbreiteten, animierten und humorvollen Werbespot „Red Bull verleiht Flügel".
- **Above-the-line Werbung:** *Red Bull* sponsort eine große Anzahl an Sportveranstaltungen, vor allem im Bereich des Extremsports. Hierzu zählen unter anderem Formel 1 (zwei Teams) und die Luftrennen-Serie *„Red Bull Air Race Series"*. Dieses Engagement unterstreicht die mit dem Slogan versprochene belebende Wirkung des Getränks.

Sales

4.1	**Hauptthema des Kapitels**........................	56
4.2	**Aufgaben**	57
	4.2.1 Aufgaben aus dem Lehrbuch....................	57
	4.2.2 Ergänzende Aufgaben	57
	BWL praxisnah.......................................	58
4.3	**Lösungen**.......................................	59
	4.3.1 Lösungen zu den Aufgaben aus dem Lehrbuch	59
	4.3.2 Lösungen zu den ergänzenden Aufgaben	63

4

ÜBERBLICK

4.1 Hauptthema des Kapitels

Sales stellt eine zentrale Unternehmensfunktion dar, die den Kontakt zwischen dem Kunden und dem Unternehmen gestaltet. Im Folgenden soll nicht nur der Klärung des Begriffs *Sales* genauer nachgegangen werden, sondern auch der Weise, auf welcher Verflechtungen zwischen Sales und Marketing auftreten. Zudem wird behandelt, welche Arten von Sales es generell gibt.

Die Begriffe *Sales*, *Verkauf* und *Absatz* werden im Folgenden synonym verwendet. Der Verkauf wird juristisch als die Abtretung eines Gutes oder einer Dienstleistung gegen eine zwischen Verkäufer 1 und Käufer 2 vereinbarte Geldsumme bezeichnet. Der Verkauf bezeichnet somit den Tausch eines Gutes gegen Geld zu einem bestimmten Preis. Auf differenziertere Weise definieren *Courvoisier* und *Courvoisier* (2009) den **Verkauf** beziehungsweise **Sales** als „*eine Form der benutzerdefinierten Kommunikation mit dem Ziel der Bedarfsdeckung in Form eines Kaufs.*" Folglich repräsentiert der Verkäufer das Unternehmen, das Güter oder Dienstleistungen (Angebot) für den Kunden (Nachfrage) herstellt, und auf einem gegebenen Markt anbietet. Auf diesem Markt treffen sich Angebot und Nachfrage und bestimmen somit den Preis des Gutes. Verkäufer können vielerlei Bezeichnungen haben. Man nennt sie beispielsweise Handelsvertreter, Ingenieure oder auch Außendienstmitarbeiter.

Herkömmlich betrachtet man die Begriffe *Marketing*, *Werbung* und *Sales* als synonym. In der Tat beinhaltet Marketing sowohl Werbung als auch Sales. Wie *Kapitel 3 LB* zu entnehmen ist, umfasst der Marketing-Mix die vier P's *(Price, Promotion, Place, Product)*. Bei der *Promotion* handelt es sich einerseits um die Massenkommunikation, bei der Werbebotschaften über Massenmedien verbreitet werden. Diese werden auch als **Above-the-line-Maßnahmen** bezeichnet. Andererseits besteht Promotion auch aus **Below-the-line-Maßnahmen**, welche „außerhalb der klassischen Medien" zu finden sind und welche eine persönlichere und gezieltere Form der Kommunikation darstellen. Die Below-the-line-Werbung umfasst das Direktmarketing, das Sponsoring, die Sales-Förderung, die Kommunikation am Verkaufsort, die Public Relations, die Messen, die E-Communication und schließlich den persönlichen Verkauf, der das Thema dieses Kapitels darstellt.

In der Praxis ist die Einteilung von Sales nicht immer in dieser Form vorzufinden. Tatsächlich ist in vielen Unternehmen die Leitung von Sales und Marketing voneinander getrennt, obwohl beide Unternehmensfunktionen zusammengehören. Die Ursache für die Trennung von Marketing und Sales in der beruflichen Praxis liegt hauptsächlich darin, dass das Unternehmen den Verkauf meist an Externe delegiert *(Outsourcing)*.

Die Verbindung ist dennoch notwendig, da die Sales-Abteilung die Kunden durch die Kontakte ihrer Verkäufer kennt und daher schnell und einfach Informationen an die Marketing-Abteilung weitergeben kann, insbesondere bezüglich des *After-Sales-Services*, beispielsweise bei einer wiederkehrenden Unzufriedenheit der Kunden. Die Kundenbedürfnisse können einen wesentlichen Beitrag für die Verbesserung von Produkten oder von Dienstleistungen sowie für die Produktinnovation darstellen. Aus diesem Grund ergibt sich ein natürliches Interesse an einer Zusammenarbeit zwischen Marketing und Sales. In der Praxis liefern sich beide Unternehmensfunktionen (oft durch Abteilungen gekennzeichnet) jedoch häufig Brüderkämpfe, deren Ziel darin besteht, zu zeigen welcher der beiden Akteure für das Unternehmen wichtiger ist und zur Steigerung des Umsatzes beziehungsweise der Marktanteile beiträgt.

Sales ist nicht nur Teil der *Promotion* im Marketing-Mix, sondern interagiert zudem mit anderen Dimensionen. Auf diese Weise leistet Sales einen wesentlichen Beitrag zur Formulierung und zum Erreichen der angestrebten Marketingziele. Der Aufbau eines Sales- beziehungsweise eines Verkaufsteams erfolgt in fünf Schritten: Die Definition der Aufgaben des Sales, die Ausarbeitung der Verkaufsstrategie, die Wahl der Verkaufsstruktur, die Festlegung der Größe des Salesteams und die Festlegung der Entlohnung des Salesteams. Die Leitung des Salesteams stellt ebenfalls eine wichtige Salesaktivität dar, welche im Wesentlichen darin besteht, Verkäufer einzustellen und auszuwählen, diese auszubilden und zu kontrollieren, diese zu motivieren und schließlich darin, diese zu bewerten. Das Verkaufsgespräch ist *„eine Verhandlung zwischen zwei Parteien, welche die Konkretisierung eines Kaufs zum Ziel hat."* Unterschiedliche Schritte sind erforderlich, um ein Verkaufsgespräch erfolgreich durchführen zu können: Kundenakquise und zielgenaue Ansprache, Vorbereitung des Gesprächs, Kontaktaufnahme, Kundenanalyse, Argumentation, Widerlegen von Einwänden, Verkaufsabschluss und Nachfassaktionen.

4.2 Aufgaben

4.2.1 Aufgaben aus dem Lehrbuch

1. Erklären Sie den Begriff *Sales*.
2. Wie wichtig ist der Marketing-Mix für eine erfolgreiche Verkaufsstrategie? Begründen Sie Ihre Antwort.
3. Nennen und beschreiben Sie die verschiedenen Aufgaben eines Salesteams.
4. Nennen Sie die wichtigsten Verkäufertypen. Beschreiben Sie hierbei jeweils einen typischen Einsatzbereich.
5. Was bezeichnet *below-the-line*-Promotion? In welcher Situation ist diese Art der Verkaufsförderung sinnvoll?
6. Beschreiben Sie den Begriff *Nachfassaktion* und schildern Sie ein Beispiel hierfür.

4.2.2 Ergänzende Aufgaben

1. Welche Aussage ist am zutreffendsten? Die Leitung des Sales- beziehungsweise des Verkaufsteams besteht darin, ...
    a) Verkäufer durch Kontrolle und Druck zum Verkauf zu zwingen.
    b) möglichst viele Prdukte oder Dienstleistungen selber zu verkaufen.
    c) Verkäufer einzustellen und auszuwählen, auszubilden und zu fördern, zu motivieren und zu betreuen und schließlich zu kontrollieren.
    d) die Webseite der Unternehmung zu optimieren.

2. Welche der folgenden Antworten stellt keine Sales- beziehungsweise Verkaufsform dar?
    a) Ladenverkauf
    b) Direktverkauf
    c) Diskrepanzverkauf
    d) Automatenverkauf

3. Welcher der folgenden Akteure ist nicht am Kauf beteiligt?
   a) Benutzer
   b) Entscheider
   c) Beeinflusser
   d) Beamter

4. Welche der folgenden Elemente ist nicht maßgebend für die Festlegung der Größe eines Salesteams?
   a) Gehalt
   b) Anzahl der Kunden im Segment
   c) Anzahl der pro Segment erfolderlichen Besuche
   d) Durchschnittliche Besuchshäufigkeit eines Verkäufers

5. Nennen Sie vier wesentliche Herausforderungen bei der Leitung eines Salesteams. Begründen Sie Ihre Antwort.

6. Nennen und beschreiben Sie die zwei Ansätze, welche bei einer erfolgversprechenden Argumentation angewandt werden können.

7. Inwiefern haben die Eigenschaften eines Produktes (inkl. Marke) einen Einfluss auf den Verkauf des Produktes?

8. Inwiefern unterscheidet sich ein *B-to-B*-Verkauf (betrieblicher Abnehmer) und ein *B-to-C*-Verkauf (Verkauf an eine Privatperson) eines Produktes. Nennen Sie fünf Unterscheidungsmerkmale.

9. Der Preis beeinflusst den Kauf wesentlich und ist daher ein zentrales Sales-Element.
   a) Erläutern Sie in eigenen Worten den Zusammenhang von Preis und Verkauf eines Produktes.
   b) Nennen Sie drei Preissetzungsoptionen, welche unterstützend für den Verkauf eines Produktes sein können.

10. Promotion umfasst zudem auch die *below-the-line*-Promotion, die jeweils dazu beiträgt, den Bekanntheitsgrad einer Marke zu erhöhen. Auf diesem Weg erleichtert die Promotion die Arbeit des Verkaufs.
    a) Nennen Sie vier unterschiedliche Arten von *below-the line*-Promotionen.
    b) Zeigen Sie für jede in *Lösung a.* aufgeführte *below-the-line*-Promotion ein Beispiel auf.

BWL praxisnah

1. Wählen Sie einen Gegenstand aus, den Sie gerade mit sich führen, zum Beispiel ein Mobiltelefon, einen Stift, ein Buch, eine Brille oder eine Tasche.
   a) Bereiten Sie ein Verkaufsgespräch vor. Berücksichtigen Sie dabei sowohl den produktorientierten als auch den kundenorientierten Ansatz.
   b) Versuchen Sie ein Verkaufsgespräch – wenn vorhanden, mit einem Partner – zu führen und ihn in möglichst kurzer Zeit vom Kauf des Produktes zu überzeugen. Dieses Gespräch soll die Dauer von maximal fünf Minuten nicht überschreiten.
   c) Evaluieren Sie falls möglich mit Ihrem Partner die Qualität des Verkaufsgesprächs. Diskutieren Sie dabei folgende Elemente: Prägnanz, Klarheit, Überzeugungskraft, Glaubwürdigkeit und Anschaulichkeit.

4.3 Lösungen

4.3.1 Lösungen zu den Aufgaben aus dem Lehrbuch

1. Der Begriff *Sales* kann wie folgt erklärt werden:

   Die Unternehmensfunktion *Sales*, häufig auch *Verkauf* genannt, beschäftigt sich mit dem Verkauf der her- und bereitgestellten Produkte und Dienstleistungen. Sales richtet sich an diejenigen Kunden, deren Bedürfnisse befriedigt werden sollen. Jene werden letztendlich die finanziellen Mittel aufbringen, um entstandene Kosten zu decken und Gewinne zu erzielen. Für den Kundengewinn und die Kundenbindung ist diese Unternehmensfunktion ebenfalls verantwortlich.

2. Die Bedeutung des Marketing-Mix für eine erfolgreiche Verkaufsstrategie kann wie folgt beschrieben und begründet werden:

   Wie in Abbildung 4.1 dargestellt, ist Sales nicht nur Teil der Promotion im Marketing-Mix, sondern interagiert auch mit anderen Dimensionen. Auf diese Weise leistet Sales einen wesentlichen Beitrag bei der Formulierung und Erreichung der Marketingziele: Sei es bezüglich des angestrebten Marktanteils oder aber bezüglich des zu erreichenden Umsatzvolumens. Abbildung 4.1 zeigt, dass die Marketingziele in engem Zusammenhang mit den Marketingstrategien, dem Marketing-Mix und dem Sales beziehungsweise dem Verkauf stehen. Die Marketing-Abteilung kann die Arbeit des Salesteams wesentlich unterstützen und erleichtern, indem sie zum Beispiel klare Segmentierungskriterien formuliert. Eine klare Segmentierung erleichtert ein gezieltes Ansprechen des Kunden und trägt dadurch zu einer Verbesserung der Positionierung gegenüber den Wettbewerbern bei.

Abbildung 4.1: Verbindung zwischen Sales und Marketing

3. Nachfolgend werden die einzelnen Aufgaben eines Salesteams aufgeführt und beschrieben:

Abbildung 4.2: Aufgaben des Salesteams

Abbildung 4.2 stellt die unterschiedlichen Aufgaben eines Salesteams grafisch dar. Hierzu gehören Akquise, Zeitplanung, Kommunikation, Verkauf, Dienstleistungsangebot, Informationssammlung und beziehungsweise oder Zuteilung. Nachfolgend werden die einzelnen Aufgaben eines Salesteams aufgeführt und beschrieben.

- **Akquise:** Das Ziel dieses Schritts besteht darin, neue potenzielle Kunden (Zielgruppe) zu identifizieren, welche die gesetzten Kriterien erfüllen.
- **Zeitplanung:** Bei der Zeitplanung geht es darum, zu entscheiden, auf welche Art die Zeit zwischen potenziellen Kunden auf der einen Seite und bestehenden Kunden auf der anderen Seite sinnvoll aufteilt.
- **Kommunikation:** Ein Verkäufer sollte seine Kunden stets über neue Produkte in seinem Portfolio oder über Veränderungen bestehender Produkte informieren.
- **Verkauf:** Der Verkauf ist das zentrale Ziel eines Verkäufers. Die Vorbereitung des Verkaufsgesprächs spielt hierbei eine besondere Rolle. Bezüglich des Verkaufs ist nicht nur die Vorbereitung, sondern sind auch die Erfahrung und die persönlichen Charakteristika des Verkäufers von Bedeutung.
- **Dienstleistungsangebot:** Der Verkäufer sollte ebenfalls darauf achten, dass neben dem tatsächlichen Verkauf des Produktes viele verkaufsbegleitende Aufgaben anfallen. Hierzu gehören zum Beispiel die Liefermodalitäten, aber auch die Behebung von eventuell auftretenden Problemen wie Verzögerungen und Unvollständigkeiten bei der Lieferung.
- **Informationssammlung:** Durch den direkten Kontakt zum Käufer fungiert der Verkäufer simultan als Informationsbeschaffer.
- **Zuteilung:** Bei der Zuteilung wird entschieden, welcher Verkäufer welches Produkt an welchen Kunden verkaufen.

4. Wie in Abbildung 4.3 dargestellt, können folgende Verkäufertypen nach *McMurry* und *Arnold* (1970) aufgeführt werden.

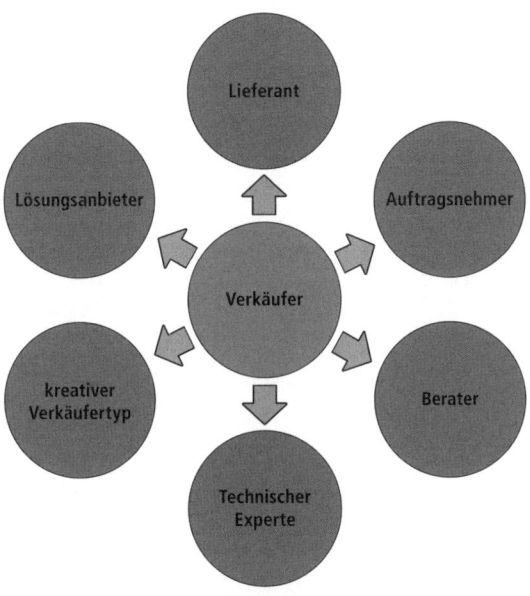

Abbildung 4.3: Verkäufertypen

Wichtige Verkäufertypen und Einsatzbereiche:
- **Lieferant:** Ein Lieferant versorgt den Abnehmer mit Gütern. Der Abnehmer braucht keine weitere Unterstützung. Als Beispiele seien Produktinformationen oder technische Hilfestellungen genannt.
- **Auftragsnehmer:** Der Auftragsnehmer verkauft ein Produkt oder eine Dienstleistung, welche von dem Auftraggeber nachgefragt wird. Ein Beispiel hierfür ist ein Architekt, der mit einem Hausbau beauftragt wurde.
- **Berater:** Der Berater verkauft nicht nur ein Produkt im klassischen Sinne, sondern hilft dem Kunden aufgrund seiner Kompetenz dabei, eine Aufgabe oder ein Problem bestmöglich zu lösen. Ein Beispiel hierfür wäre die Beratung zum Kauf eines Autos bei einem Auto-Händler.
- **Technischer Experte:** Diese Art von Verkäufertyp ist technisch spezialisiert und trägt durch seine Hilfestellung und Aufklärung zum Kauf eines Gutes bei. Ein Beispiel hierfür ist ein Smartphone-Verkäufer, der seine Kunden neben dem Verkauf auch über das Bedienen des Telefons aufklärt.
- **Kreative:** Der kreative Verkäufertyp wird mit einzigartigen Problemstellungen des Käufers konfrontiert und muss infolgedessen innovative und kreative Wege zur Lösung des Problems einschlagen. Ein Beispiel hierfür ist ein Verkäufer von Unternehmenssoftware, der diese maßgeschneidert an die Bedürfnisse seiner Kunden anpasst.
- **Lösungsanbieter:** Dieser Verkäufertyp bietet eine standardisierte und ganzheitliche Lösung für die spezifischen Bedürfnisse bestimmter Kundengruppen an. Er kombiniert, individualisiert und integriert Einzellösungen, die er daraufhin standardisiert. Ein Beispiel hierfür ist ein Generalunternehmer, der standardisierte Häuser für unterschiedliche Bedürfnisse anbietet. Beispielsweise wählt dieser Generalunternehmer sämtliche Materialien für ein Energiesparhaus aus und kombiniert diese sinnvoll, damit das Endprodukt bestmöglich den Bedürfnissen seiner Kundengruppe entspricht.

In der Praxis ist eine klare Trennung zwischen einzelnen Verkäufertypen oft nicht möglich, da gewisse Überlappungen bestehen.

5. Die Werbung *below-the-line* steht für alle sogenannten „nicht-klassischen" Werbe- und Kommunikationsmaßnahmen, wie beispielsweise Public Relations, Corporate Identity, Sponsoring, Vertrieb, Direktmarketing, Medien am Point of Sale, Messen oder der persönliche Verkauf und E-Kommunikation.

   Die *below-the-line*-Promotion, trägt dazu bei, den Bekanntheitsgrad einer Marke zu erhöhen und eignet sich vor allem für eine fokussierte, sprich für eine gezielte Form des Sales. Auf diesem Weg erleichtert die Promotion die Arbeit des Verkaufs. Im Gegensatz zu *above-the line*-Promotion, welche sich auf die Massenmedien konzentriert, richtet sich *below-the-line*-Promotion in gezielterer Form auf die Kommunikation.

6. Eine Nachfassaktion kann wie folgt beschrieben werden:

   Wie es Abbildung 4.4 zu entnehmen ist, bildet die Nachfassaktion den letzten Schritt eines Salesgesprächs.

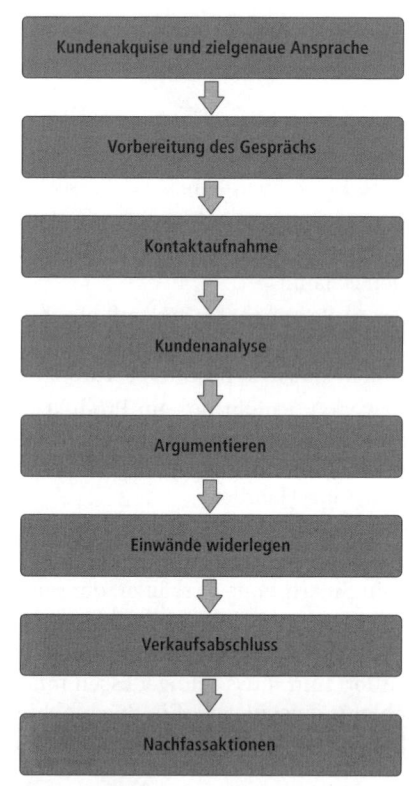

   - Kundenakquise und zielgenaue Ansprache
   - Vorbereitung des Gesprächs
   - Kontaktaufnahme
   - Kundenanalyse
   - Argumentieren
   - Einwände widerlegen
   - Verkaufsabschluss
   - Nachfassaktionen

   Abbildung 4.4: Schritte eines Salesgesprächs

   Eine Nachfassaktion stellt eine Marketingmaßnahme dar, bei welcher Kontakte, die bereits angesprochen wurden, ein zweites Mal angesprochen werden. Eine Nachfassaktion ist Teil des Customer Relationship-Marketings.

   Es werden dafür beispielsweise Emails oder Briefanschrieben verwendet, welche neue Angebote enthalten und eine Nachfrage, ob und wie das bereits gekaufte Produkt aufgenommen wurde oder ob noch Unklarheiten zum Angebot bestehen. Anrufe können hierfür ebenfalls genutzt werden. Im Sales werden Nachfassaktionen beispielsweise genutzt, um spätestens 15 Tage nach einem Angebot einen erneuten Kontakt zum Kunden herzustellen.

4.3.2 Lösungen zu den ergänzenden Aufgaben

1. Siehe hierzu *Abschnitt 4.3.2 LB*. Antwort c ist richtig.
2. Siehe hierzu *Abschnitt 4.3.2 LB*. Antwort c ist richtig.
3. Siehe hierzu *Abschnitt 4.3.1 LB*. Antwort d ist richtig.
4. Siehe hierzu *Abschnitt 4.3.1 LB*. Antwort a ist richtig.
5. Zur Beantwortung dieser Frage sei auf *Abschnitt 4.3.3 LB* verwiesen.

   Wurden die Bedürfnisse des Käufers identifiziert, so benötigt man relevante Argumente, die den Käufer davon überzeugen, dass das angebotene Produkt oder die angebotene Dienstleistung seine Bedürfnisse auch tatsächlich erfüllt. Folgende Ansätze können für eine erfolgversprechende Argumentation aufgeführt werden:

   – **Produktorientierter Ansatz:** Hierbei liegt der Fokus auf Produktmerkmale und auf Produktfunktionalität. Entscheidet man sich für den produktorientierten Ansatz, so ist die Präsentation und die Vorstellung des Verkäufers ein meist standardisierter Vorgang. Die persönlichen Eigenschaften des Verkäufers spielen bei diesem Ansatz eine geringere Rolle als vergleichsweise bei dem kundenorientierten Ansatz.

   – **Kundenorientierter Ansatz:** Dieser Ansatz orientiert sich an den Bedürfnissen und Charaktereigenschaften des Kunden. Entscheidet man sich für den kundenorientierten Ansatz, so treten der Verkäufer und dessen Persönlichkeit in den Mittelpunkt. Dieser verfolgt hierbei das Ziel, durch seine Argumentation und sein Auftreten den potenziellen Kunden auf einer persönlicheren Ebene anzusprechen. Neben der sachlichen Dimension wird hierbei besonders die emotionale Dimension angesprochen. Dies begünstigt einen erfolgreichen Verkaufsabschluss, vorausgesetzt das Produkt befriedigt die Mindestansprüche des Kunden.

6. Zur Beantwortung dieser Frage sei auf *Abschnitt 4.3.2 LB* verwiesen.

   Die Leitung des Sales- beziehungsweise des Verkaufsteams besteht darin, Verkäufer einzustellen und auszuwählen, auszubilden und zu fördern, zu motivieren und zu betreuen und schließlich zu kontrollieren.

Abbildung 4.5: Leitung eines Salesteams

- **Einstellung und Auswahl:** Die Einstellung des richtigen Verkäufers kann nur nach sorgfältiger Auswahl erfolgen. Hierbei ist die Definition eines Anforderungsprofils, welches die spezifischen Herausforderungen eines zukünftigen Verkäufers beschreibt, von Wichtigkeit. Diese Liste an Anforderungen erleichtert die Arbeit der Personalabteilung für die Such- und Einstellungsphase. Es werden in der Regel abhängig von dem zu verkaufenden Produkt und dem gewählten Vertriebsweg unterschiedliche Anforderungsprofile erstellt.
- **Ausbildung und Förderung:** Ein weiteres Element der Leitung eines Salesteams ist die Ausbildung und Förderung. Sobald der Verkäufer auf Basis des gewünschten Anforderungsprofils eingestellt ist, so ist es unabdingbar, ihn im Hinblick auf zwei Aspekte auszubilden und zu fördern: Zum einen benötigt er exakte Kenntnis über die Produkte, die er verkaufen soll, zum anderen muss er die Funktionsweisen des Unternehmens kennen und verstehen.
- **Motivation und Betreuung:** Die Entlohnung ist ein wichtiges Element, das zur Motivation des Verkäufers beiträgt. Eine Art, den Verkäufer zu motivieren besteht darin, sein Entgelt an bestimmte Salesziele, Absatzmengen oder an andere Maßstäbe zu koppeln. Übertrifft ein Verkäufer diese Vorgaben, so hat er seine Ziele erreicht und hat sich um eine Prämie verdient gemacht.
- **Bewertung:** Die Bewertung besteht darin, festzustellen, in welchem Ausmaß die Ziele erreicht wurden (z.B. den Prozentanteil der Zielerreichung bei Umsätzen oder Mengen). Auf Basis dieser Berichte kann eine umfassende Analyse über Erfolge und Misserfolge jedes Verkäufers durchgeführt werden.

7. Zur Beantwortung dieser Frage sei auf *Abschnitt 4.2.2 LB* verwiesen.

   Es ist für einen Verkäufer einfacher, ein bekanntes Produkt wie *Lindt* Schokolade zu verkaufen, als es dies für einen Verkäufer einer neuen und (noch) unbekannten Marke der Fall ist. Um die Markenbekanntheit zu steigern, kann man sich eines Markenbotschafters, beispielsweise einer berühmte Persönlichkeit, man denke an *George Clooney* für *Nespresso*, bedienen.

   Weitere Verkaufsargumente sind besondere Produktmerkmale (z.B. ein Auto mit Elektroantrieb), die Funktionalität (z.B. ein Stadtauto), das Qualitätsniveau (z.B. Verarbeitung des Innenraums), die Verpackung (z.B. ein auffälliges Design), der After-Sales-Service (z.B. eine weltweite Mobilitätsgarantie) und schließlich die peripheren Dienstleistungen (z.B. ein dichtes Netz von Fachwerkstätten).

8. Zur Beantwortung dieser Frage sei auf *Abschnitt 4.2.2 LB* verwiesen.

   Weitere Antworten sind denkbar, doch folgende Antworten können beispielhaft aufgeführt werden:
   - **Grad des Wissensstands:** In der Regel hat ein betrieblicher Abnehmer *(B-to-B)* einen höheren und dem Verkäufer ebenbürtigen Wissensstand über das Produkt.
   - **Länge des Verkaufsprozesses:** Der Verkaufsprozesse bei *B-to-B*-Verkäufen ist normalerweise komplexer, umfangreicher und daher länger.
   - **Anzahl der am Kauf beteiligten Akteure:** Beim Verkaufsprozess an einen betrieblichen Abnehmer *(B-to-B)* sind in der Regel mehrere Akteure involviert.
   - **Verkaufsvolumen:** Ein betrieblicher Käufer *(B-to-B)* kauft tendenziell eine größere Menge.
   - **Bedürfnis:** In der Regel besitzt ein betrieblicher Abnehmer *(B-to-B)* eine klarere Vorstellung des Kaufobjektes.

9. Zur Beantwortung dieser Frage sei auf *Abschnitt 4.2.3 LB* verwiesen.

   a) Ist die Rede von dem Preis, darf nicht vergessen werden, dass die Mehrheit der Preise, abgesehen von Luxusgütern, in der Regel elastisch (Preiselastizität) sind. Eine Preissenkung führt daher zu einer Steigerung der Nachfrage und damit zu einer Steigerung des Umsatzes. Beschließt ein Unternehmen, die Preise für bestimmte Produkte zu senken, so ist es für den Verkäufer sehr viel einfacher, eine größere Anzahl von diesen Produkten zu verkaufen.

   b) Weitere Antworten sind denkbar, doch folgende **Preissetzungsoptionen** können beispielhaft aufgeführt werden:
      - **Mengenrabatt:** Kauft der Käufer eine große Stückzahl an Produkten, so kann der Verkäufer einen Mengenrabatt einräumen.
      - **Treuerabatte:** Diese Art von Rabatt erhalten loyale und stets wiederkehrende Kunden.
      - **Skonto Preisnachlass:** Diese Preissetzungsoption kann bei pünktlich zahlende Kunden angewendet werden.

10. Zur Beantwortung dieser Frage sei auf *Abschnitt 4.2.4 LB* verwiesen.

    a) Folgende Arten von Arten von *below-the-line*-Promotionen können beispielhaft aufgeführt werden:
       - Direktmarketing
       - Sponsoring
       - Verkaufsförderung
       - Merchandising

    b) Weitere sind Antworten sind denkbar, doch folgende Antworten können aufgeführt werden:
       - Direktmarketing: E-Mails
       - Sponsoring: Kultur- oder Sportsponsoring
       - Verkaufsförderung: Zeitliche begrenzte Angebote
       - Merchandising: Kommunikation am Verkaufspunkt

Lösungen zu BWL praxisnah

1. Zur Beantwortung dieser Frage sei auf *Abschnitt 4.3.3 LB* verwiesen. Als Beispiel soll der Verkauf eines *iPhones* dienen.

   a) Bereiten Sie ein Verkaufsgespräch vor. Berücksichtigen Sie dabei sowohl den produktorientierten als auch den kundenorientierten Ansatz.

   Folgende Ansätze können für eine erfolgsversprechende Argumentation berücksichtigt werden:
   - **Produktorientierter Ansatz:** Hierbei liegt der Fokus auf Produktmerkmale und auf Produktfunktionalität. Entscheidet man sich für den produktorientierten Ansatz, so ist die Präsentation und die Vorstellung des Verkäufers ein meist standardisierter Vorgang. Die persönlichen Eigenschaften des Verkäufers spielen bei diesem Ansatz eine geringere Rolle als vergleichsweise bei dem kundenorientierten Ansatz.

Im Falle des *iPhones* könnte man das besondere Design des Produktes hervorheben. Ebenso könnte man die Stabilität des Betriebssystems anführen sowie die Vielfalt der Applikationen (engl. apps).

- **Kundenorientierter Ansatz:** Dieser Ansatz orientiert sich an den Bedürfnissen und den Charaktereigenschaften des Kunden. Entscheidet man sich für den kundenorientierten Ansatz, so treten der Verkäufer und dessen Persönlichkeit in den Mittelpunkt. Dieser verfolgt hierbei das Ziel, durch seine Argumentation und durch sein Auftreten den potenziellen Kunden auf einer persönlicheren Ebene anzusprechen. Neben der sachlichen Dimension wird hierbei besonders die emotionale Dimension angesprochen. Dies begünstigt einen erfolgreichen Verkaufsabschluss, vorausgesetzt das Produkt befriedigt die Mindestansprüche des Kunden.

In unserem *iPhone*-Beispiel könnte man hier je nach technischer Versiertheit des Kunden auf die einfache Bedienbarkeit (engl. usability) des Produktes hinweisen. Handelt es sich beim potenziellen Kunden um eine junge und dynamische Person, so könnte man die *Lifestyle*-Eigenschaften, welche mit dem Produkt einhergehen hervorheben.

b) Versuchen Sie ein Verkaufsgespräch – wenn vorhanden, mit einem Partner – zu führen und ihn oder das fiktive Gegenüber in möglichst kurzer Zeit vom Kauf des Produktes zu überzeugen. Dieses Gespräch soll die Dauer von maximal fünf Minuten nicht überschreiten.

- Das Verkaufsgespräch soll die Aspekte aus der *Teilaufgabe a* berücksichtigen.

c) Evaluieren Sie – falls möglich mit Ihrem Partner – die Qualität des Verkaufsgesprächs. Diskutieren Sie dabei folgende Elemente: Prägnanz, Klarheit, Überzeugungskraft, Glaubwürdigkeit und Anschaulichkeit.

Folgende Aspekte sind bei der Evaluierung der Qualität des Verkaufsgesprächs ausschlaggebend:

- Prägnanz: z.B. wenige ausgewählte Wörter
- Klarheit: z.B. logischer Aufbau und Struktur, keine Abkürzungen, kurze Sätze
- Überzeugungskraft: z.B. Sachlichkeit der Argumente und Relevanz der Fakten
- Glaubwürdigkeit: z.B. Unwiderlegbarkeit
- Anschaulichkeit: z.B. Bildlichkeit, ansprechende Beispiele

Vermeiden Sie es, bei einem Verkaufsgespräch, ...

- zu lange,
- zu detailliert,
- zu schnell,
- zu technisch und
- zu amateurhaft zu sprechen.

Bringen Sie folgende produktive Aspekte bei einem Verkaufsgespräch ein:

- Nutzen Sie einen Aufhänger.
- Achten Sie auf die Logik der Struktur.
- Benutzen Sie eine ansprechende Sprache.
- Benutzen Sie ausgewählte Beispiele und Fakten.
- Simulieren Sie das Gespräch und wiederholen Sie diesen Vorgang mehrmals.

Materialwirtschaft, Logistik und Supply Chain Management

5

5.1 Hauptthema des Kapitels.......................... 68
5.2 Aufgaben 69
    5.2.1   Aufgaben aus dem Lehrbuch..................... 69
    5.2.2   Ergänzende Aufgaben 69
    BWL praxisnah 70
5.3 Lösungen.. 71
    5.3.1   Lösungen zu den Aufgaben aus dem Lehrbuch 71
    5.3.2   Lösungen zu den ergänzenden Aufgaben 75

ÜBERBLICK

5 Materialwirtschaft, Logistik und Supply Chain Management

5.1 Hauptthema des Kapitels

Mit zunehmender Internationalisierung und Vernetzung von Unternehmen erhöht sich der Kosten- und Wettbewerbsdruck auf Unternehmen stetig. Unternehmen sind zunehmend gezwungen, sich auf ihre Kernaufgaben zu konzentrieren. Eine logische Konsequenz hieraus ist die Auslagerung beziehungsweise das *Outsourcing* von betrieblichen Leistungen. Erforderliche Betriebsmittel, Hilfsstoffe und Bauteile werden verstärkt von Zulieferern bezogen.

Die Logistik, die Materialwirtschaft und schließlich das Supply Chain Management (SCM) spielen bei der Bewältigung dieser Herausforderungen eine entscheidende Rolle. Ein gutes Beschaffungsmanagement kann einen entscheidenden Beitrag für die Wirtschaftlichkeit von Unternehmen und für deren Wettbewerbsposition am Markt leisten.

Die Aufgabe der **Materialwirtschaft** ist hierbei die bedarfsgerechte Versorgung aller betrieblichen Bereiche mit den erforderlichen Gütern sowie die Entsorgung: Bei den zu entsorgenden Materialien handelt es sich häufig um wertvolle Rohstoffe, für die Schrotterlöse erzielt werden können.

Die **Logistik** beinhaltet alle Aufgaben zu einer integrierten Planung, Koordination, Durchführung und Kontrolle der Güterflüsse. Sie beinhaltet des Weiteren die güterbezogenen Informationen, angefangen von der Entstehung bis hin zum Verbrauch. Oft findet auch die *Seven-Rights*-Definition nach *Plowman* (1964) Anwendung:

> *Logistik heißt, die Verfügbarkeit des richtigen Gutes, in der richtigen Menge, im richtigen Zustand, am richtigen Ort, zur richtigen Zeit, für den richtigen Kunden, zu den richtigen Kosten zu sichern.*
>
> Grosvenor E. Plowman (1964)

Logistik endet nicht an den Werksgrenzen: Nachdem Vorprodukte an den Wareneingang geliefert wurden und gegebenenfalls in einem Lager bevorratet wurden, ist es erforderlich, die Güter zum richtigen Zeitpunkt am Ort der Weiterverarbeitung zur Verfügung zu stellen. Diese innerbetriebliche Logistik ist Bindeglied zwischen verschiedenen Unternehmensfunktionen und Unternehmensniederlassungen, da Transportwege zwischen verschiedenen Produktionseinrichtungen und Lagerflächen geplant werden müssen. Zusätzlich muss sichergestellt werden, dass über die Transportwege ein ausreichendes Gütervolumen transportiert werden kann. An den Orten der Weiterverarbeitung darf weder zu viel noch zu wenig Material vorhanden sein.

Die Logistik befindet sich im Zentrum vielfältiger Zielkonflikte. So bevorzugt der Vertrieb ein gefülltes Lager mit Fertigprodukten, um kurzfristig lieferfähig zu sein. Das Controlling hingegen bevorzugt eine minimale Lagerhaltung, damit die Kapitalbindung möglichst gering gehalten wird. Der Logistiker optimiert eine möglichst minimale Kapitalbindung bei einer gleichzeitig angestrebten Lieferfähigkeit.

Supply Chain Management (SCM) ist eine neue Perspektive, die die Planung und das Management aller Aufgaben bei Lieferantenwahl, Beschaffung und Umwandlung sowie alle Aufgaben der Logistik umfasst. Der besondere Fokus liegt hierbei auf der Koordinierung und Zusammenarbeit der beteiligten Partner (Händler, Lieferanten, Logistikdienstleister, Kunden). Supply Chain Management integriert das Management über die Unternehmensgrenzen hinweg. Die wesentliche Aufgabe des Supply Chain Managements liegt in der Integration und Koordination der Beteiligten des Wertschöpfungssystems (häufig auch Wertschöpfungsnetzwerk genannt).

Um die Bedarfsplanung für die erforderlichen Güter zu ermöglichen, ist eine Beschreibung der Produkte in Form von Stücklisten erforderlich. Durch Produktionsplanung und Stücklistenauflösung errechnet sich der Bedarf. Um eine differenzierte Behandlung von Teilen unterschiedlicher Eigenschaften zu ermöglichen, greift man im Rahmen der Klassifizierung auf eine ABC-Analyse zurück, die es erlaubt, kritische von unkritischen Umfängen zu unterscheiden.

Im Zentrum des Lieferantenmanagements steht die Optimierung der Zusammenarbeit mit den Lieferanten. Grundlage des Lieferantenmanagements ist das Lieferantencontrolling, das im Rahmen von Feedbackgesprächen mit den Lieferanten als Grundlage zur Optimierung der Zusammenarbeit der Unternehmen mit ihren Lieferanten dient.

Die klassischen Aufgaben der Logistik umfassen *Transport*, *Umschlag* und *Lagerung*, die häufig als *TUL-Logistik* bezeichnet werden. Dabei wird zwischen innerbetrieblicher und zwischenbetrieblicher Logistik unterschieden.

Viele Optimierungspotenziale innerhalb der Logistik können nur mit Hilfe von IT-Systemen erschlossen werden. Somit erfordert eine optimierte Tourenplanung den Einsatz moderner Algorithmen.

Eine konzeptionelle Weiterentwicklung ist das Supply Chain Management (SCM). Grundphilosophie des SCM ist die Optimierung des gesamten logistischen Netzwerks durch Überwindung von Bereichs- und Firmenegoismen.

5.2 Aufgaben

5.2.1 Aufgaben aus dem Lehrbuch

1. Worin unterscheiden sich Materialwirtschaft und Logistik im Wesentlichen?
2. Nennen Sie die verschiedenen Entnahmelogiken und beschreiben Sie diese.
3. Nennen Sie zwei unterschiedliche Stücklisten.
4. Welche beiden wesentlichen Transportsysteme gibt es?
5. Beschreiben Sie wichtige Eigenschaften der gängigen Verkehrsträger für den außerbetrieblichen Transport.
6. Erläutern Sie den Begriff *Güterstruktureffekt*.

5.2.2 Ergänzende Aufgaben

1. Welche Aussage ist richtig? Aufgabe der Materialwirtschaft ist …
    a) die pünktliche Belieferung der Kunden mit den aufgegebenen Bestellungen.
    b) die Planung, Koordination, Durchführung und Kontrolle der Güterflüsse.
    c) die bedarfsgerechte Versorgung aller betrieblichen Bereiche mit den erforderlichen Gütern sowie die Entsorgung.
    d) die kostenminimale Verwendung der im Lager bevorrateten Güter.
2. Welche der folgenden Antworten stellt keine Materialart dar?
    a) Hilfsstoffe
    b) Sicherheitsbestand

c) Fertigprodukte

d) Rohstoffe

3. Nennen und beschreiben Sie zwei gegensätzliche Bestellpolitiken im Rahmen der Materialversorgung.

4. Was ist die ABC-Analyse und wozu dient diese? Nehmen Sie dabei auch Bezug zur Bedarfsermittlung.

5. Welche Rolle spielt das Lieferantenmanagement und aus welchen Maßnahmen setzt sich dieses zusammen?

6. Für welche Güter bietet sich eher die Schifffahrt beziehungsweise eher der Luftverkehr an? Begründen Sie Ihre Antwort.

7. Lagerung ist zunächst mit Kosten verbunden. Erläutern Sie, weshalb diese dennoch nicht immer vermieden werden kann. Begründen Sie Ihre Antwort.

8. Inwiefern können IT-Lösungen logistische Prozesse unterstützen? Begründen Sie Ihre Antwort.

9. Nennen Sie die verschiedenen Vergabelogiken für die Lagerplatzvergabe und beschreiben Sie diese. Nach welchen Kriterien könnte man sich zwischen diesen Vergabelogiken entscheiden?

> ### BWL praxisnah
>
> 1. Als neuer Mitarbeiter in der Abteilung Beschaffungslogistik eines Konsumgüterherstellers sind Sie ab sofort für das Lieferantenmanagement verantwortlich.
>
>   a) Die Unternehmensführung ist mit der bisherigen Zusammenarbeit mit den Lieferanten unter anderem aufgrund der Lieferzeit und Lieferqualität unzufrieden. Sie erhalten die Aufgabe, die Nutzung des *Vendor Mangaged Inventory (VMI)*-Konzepts zu evaluieren. Überlegen Sie, welche weiteren Gründe es für diese Unzufriedenheit geben könnte. Stellen Sie der Unternehmensführung die möglichen Vor- und Nachteile von VMI aus Unternehmens- und Lieferantensicht vor.
>
>   b) Sie konnten die Unternehmensführung davon überzeugen, dass VMI eingeführt werden soll. Da Sie mit den drei wesentlichen Aufgaben des Lieferantenmanagements vertraut sind, sollen Sie sich ein Konzept zur Einführung von VMI überlegen. Wie gehen Sie dabei vor?

5.3 Lösungen

5.3.1 Lösungen zu den Aufgaben aus dem Lehrbuch

1. Diese Frage bezieht sich auf *Abschnitt 5.1 LB*.

   Die Begriffe *Materialwirtschaft* und *Logistik* können wie folgt beschrieben und abgegrenzt werden:

   Aufgabe der Materialwirtschaft ist die bedarfsgerechte Versorgung aller betrieblichen Bereiche mit den erforderlichen Gütern sowie die Entsorgung. Bezüglich der zu entsorgenden Materialien handelt es sich häufig um wertvolle Rohstoffe, für die noch Erlöse erzielt werden können.

   Logistik umfasst alle Aufgaben für eine integrierte Planung, Koordination, Durchführung und Kontrolle der Güterflüsse. Oft findet auch die *Seven-Rights*-Definition nach *Plowman* (1964) Anwendung:

   Logistik heißt, die Verfügbarkeit des richtigen Gutes, in der richtigen Menge, im richtigen Zustand, am richtigen Ort, zur richtigen Zeit, für den richtigen Kunden, zu den richtigen Kosten zu sichern.

   Grosvenor E. Plowman (1964)

   Folglich sind beide Funktionsbereiche miteinander verbunden. Materialwirtschaft befasst sich mit der Beschaffung (z.B. Lieferantensuche, Lieferantenauswahl, Verhandlung, Vertragsabschluss, Bestellwesen) und somit mit folgender Frage: Welche Materialien werden bei wem und wann bestellt, damit sie rechtzeitig geliefert und eingesetzt werden können?

   Logistik befasst sich eher mit der Umsetzung der Materialwirtschaft und garantiert somit, dass die Materialien und ihre Mengen auch tatsächlich zur richtigen Zeit am richtigen Ort vorhanden und verfügbar sind. Lagerhaltung sowie interner oder externer Transport stellen Teilbereiche der Logistik dar.

2. Diese Frage bezieht sich auf *Abschnitt 5.3.4 LB*.

   Folgende Entnahmelogiken werden beschrieben:
   - **LiFo (Last in First out):** Die zuletzt eingelagerte Einheit wird zuerst entnommen. Dieses Prinzip trägt meist der Tatsache Rechnung, dass die zuletzt eingelagerte Einheit am besten erreichbar ist.
   - **FiFo (First in First out):** Die zuerst eingelagerte Einheit wird zuerst entnommen. Dieses Prinzip berücksichtigt die Vergänglichkeit einer Lagereinheit. Es wird die Gefahr reduziert, dass Produkte im Lager überaltern und nicht mehr genutzt werden können.
   - **HiFo (Highest in First Out):** Die zum höchsten Beschaffungspreis erstandene Einheit wird als erste ausgelagert. Somit wird der buchhalterische Warenbestand reduziert.
   - **LoFo (Lowest in First Out):** Die zum niedrigsten Einkaufspreis erstandene Einheit wird zuerst ausgelagert. Somit wird der Warenbestand buchhalterisch großzügig bewertet.

   Eine besondere Variante ist das *SMART FIFO-Verfahren*. Es wurde im Siemenswerk Amberg von *A. Kiener* und *W. Graf* zur Qualitätskontrolle entwickelt. Bei der Anlieferung einer neuen Materialcharge wird exakt eine Materialeinheit durchgereicht und direkt in die Produktion übergeben. Somit wird das gängige LiFo-Verfahren unterbrochen. Tritt mit der durchgereichten Materialeinheit ein Qualitätsproblem auf, so kann die fehlerhafte Materialcharge nachbestellt und ausgetauscht werden, während die alte Materialcharge noch verbraucht wird. Das Risiko eines Produktionsstillstandes kann reduziert werden, zugleich werden Qualitätskontrollen vereinfacht.

3. Diese Frage bezieht sich auf *Abschnitt 5.2.1 LB*.

Eine Stückliste ist ein vollständiges, mengenmäßiges Verzeichnis aller Materialien, die in ein Produkt eingehen. Nachfolgend werden zwei unterschiedliche Stücklisten genannt und kurz beschrieben:

Baumstruktur: Die hierarchische Baumstruktur ist keine Stückliste im eigentlichen Sinn. Ihr Vorteil liegt in der plausiblen Darstellung der unterschiedlichen hierarchischen Ebenen:

Baukastenstückliste (Stückliste 1): Die Baukastenstückliste spiegelt die hierarchische Zusammensetzung eines Produkts aus Baugruppen und Rohmaterialen wieder. Die einzelnen Ebenen repräsentieren dabei Fertigungsstufen.

Motorrad	
Bezeichnung	Menge
Rahmen	1
Motor	1

Tabelle 5.1: Baukastenstückliste Motorrad

Motor	
Bezeichnung	Menge
Motorblock	1
Kurbelwelle	1

Tabelle 5.2: Baukastenstückliste Motor

Die Besonderheit der Baukastenstückliste liegt in der Einstufigkeit: Es wird jeweils nur eine Baugruppe beschrieben.

Mengenstückliste (Stückliste 2): Bei Produkten von geringer Komplexität kann auch eine einfache Mengenstückliste verwendet werden. Die Mengenstückliste enthält alle für das Motorrad benötigten Teile in einer einstufigen Liste.

Motorrad	
Bezeichnung	Menge
Rahmen	1
Motorblock	1
Kurbelwelle	1

Tabelle 5.3: Mengenübersichtsstückliste Motorrad

4. Diese Frage bezieht sich auf *Abschnitt 5.3.2 LB*.

   Aktivitäten an den Kanten logistischer Systeme dienen der Überbrückung räumlicher Distanzen zwischen den Knoten eines Systems, sprich zwischen Produktionseinrichtungen, Kommissionierplätzen oder Lagerstätten. Diese Transporte werden durch unterschiedliche Transportsysteme abgewickelt:

   - **Innerbetriebliche Transportsysteme:** Innerbetriebliche Transportsysteme überbrücken räumliche Distanzen an einem Standort und umfassen dabei Reichweiten von einigen Metern bis zu wenigen Kilometern. Sender und Empfänger gehören dem gleichen Unternehmen an. Die Transporte können durch das Unternehmen selbst oder durch externe Dienstleister abgewickelt werden. Genutzt werden unterschiedliche Transportmittel, die im innerbetrieblichen Kontext „Fördermittel" genannt werden. Die Infrastruktur, die für innerbetriebliche Transporte aufgebaut wird, nutzt in der Regel nur das Unternehmen selbst sowie Subunternehmen und Dienstleister, welche für das Unternehmen tätig sind. Dieses Vorgehen ermöglicht eine spezifische und gegebenenfalls investitionsintensive Ausgestaltung der Transportsysteme.

   - **Über- oder außerbetriebliche Transportsysteme:** Über- oder außerbetriebliche Transportsysteme überbrücken räumliche Distanzen von wenigen bis hin zu mehreren tausend Kilometern. Oftmals verbinden sie dabei die Produktion mit dem Konsum von Gütern anhand der öffentlichen Infrastruktur. Je stärker die räumlich separierte Arbeitsteilung einer Branche oder Volkswirtschaft ist, desto größer ist der entstehende Transportbedarf. Aus volkswirtschaftlicher Sicht ist dabei von großem Interesse, auf welchen Verbindungen wie viele Güter transportiert werden und welche Regionen eher Quelle beziehungsweise Senke von Güterströmen sind. Die gängigsten Verkehrsträger für den außerbetrieblichen Transport stellen der Straßengüterverkehr, der Schienengüterverkehr, die Binnen- und Seeschifffahrt, der Luftverkehr und Pipelinesysteme dar.

5. Diese Frage bezieht sich auf *Abschnitt 5.3.2 LB*.

   Die gängigsten Verkehrsträger für den außerbetrieblichen Transport stellen der Straßengüterverkehr, der Schienengüterverkehr, die Binnen- und Seeschifffahrt, der Luftverkehr und Pipelinesysteme dar.

   Auf der Straße, auf dem Wasserweg und in der Luft werden Linienverkehre und Trampverkehre unterschieden. Linienverkehre fahren in fester Reihenfolge und in fester Route verschiedene Standorte (z.B. Flughäfen oder Häfen) an und folgen somit einem Fahrplan. Trampverkehre werden entsprechend dem Angebot und der Nachfrage gechartert.

   Nachfolgend sollen beispielhaft wichtige Eigenschaften von zwei konkurrierenden Verkehrsträgern beschrieben werden, von dem Straßengüterverkehr und dem Schienengüterverkehr:

   - **Straßengüterverkehr:** Straßengüterverkehr wird durch unterschiedliche Transportmittel auf öffentlichen Straßen durchgeführt. Vom Kleintransporter bis zum LKW, vom Sattelzug bis zum Spezialtransporter kommen unterschiedliche Fahrzeugtypen zum Einsatz.

     Die starke Affinität der Nachfrage zu Straßengütertransporten ist durch verschiedene Leistungsvorteile begründet: So ist der Straßentransport mit einer durchschnittlichen Geschwindigkeit von 50km/h im Vergleich zu alternativen Lösungen relativ schnell (vgl. Schienenverkehr 10-18km/h). Mit Straßentransporten sind flächendeckend „Tür-zu-Tür"-Transporte möglich, darüber hinaus ist die Möglichkeit zur Bildung komplexer Netze gegeben: Ohne Umladen können nahezu alle Ziele in Europa erreicht werden. Grundlage dafür ist die Netzdichte der Straßeninfrastruktur von etwa 0,65 km/km2 (überörtlich). Sowohl bei Prozessen als auch bei der Behandlung unterschiedlicher Transportobjekte weist der Straßenverkehr zudem eine hohe Flexibilität auf. Transportaufbauten und Anhänger können bei Bedarf auf einfache Weise gewechselt werden.

- **Schienengüterverkehr:** Schienengüterverkehr wird über Züge, die aus Antriebseinheiten beziehungsweise aus Lokomotiven und Waggons bestehen, durchgeführt. Je nach Beschaffenheit der Transportobjekte kommen unterschiedliche Waggons zum Einsatz.

Trotz verschiedentlicher Bemühungen zur Verlagerungen des Güterverkehrs weg von der chronisch überlasteten Straße auf die ökologischere Schiene stagniert das auf der Schiene transportierte Volumen. Größter Nachteil des Schienenverkehrs ist, dass er als unflexibel und nur für große Mengen und lange Distanzen als wirtschaftlich attraktiv gilt. Die geringere Flexibilität ergibt sich insbesondere aus den Einschränkungen der Gleisnutzung, die sich wiederum durch den Vorrang des Personenverkehrs ergeben. Güterzüge können daher zumeist nur nachts frei fahren, ein Vorteil sind die nicht existierenden Sonn- oder Feiertagsbeschränkungen. Eine weitere Flexibilitätseinschränkung ergibt sich aus der nicht flächendeckenden Infrastruktur, die aufwändiges und zeitintensives Umladen fast zwangsläufig nötig macht (verfügbare Netzdichte: 0,1 km/km2). Die erreichte Durchschnittsgeschwindigkeit liegt bei 10-18 km/h. Durch Trassen- und Fahrplanbindung ist der Schienengüterverkehr zuverlässig und nur selten von unvorhersehbaren Problemen betroffen. Wegen der hohen Sicherheitsstandards und der niedrigen Unfallquoten ist die Schiene ein interessanter Verkehrsträger für Gefahrguttransporte.

Eine Verlagerung von der Straße auf die Schiene ist aufgrund der aktuellen Infrastruktur nur für einen kleinen Anteil des Straßengüterverkehrs denkbar. Abbildung 5.1 zeigt den ökologischen Vergleich der Verkehrsträger.

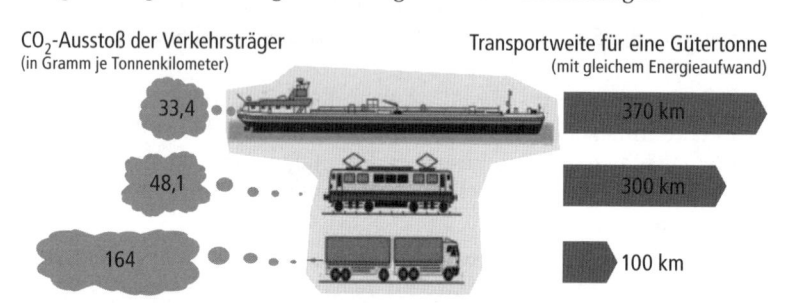

CO_2-Ausstoß der Verkehrsträger (in Gramm je Tonnenkilometer)

Transportweite für eine Gütertonne (mit gleichem Energieaufwand)

- 33,4 — Schiff — 370 km
- 48,1 — Bahn — 300 km
- 164 — LKW — 100 km

Abbildung 5.1: Ökologischer Vergleich der Verkehrsträger
Quelle: Straub (2011) nach WSV (2010).

6. Diese Frage bezieht sich auf *Abschnitt 5.3.2 LB*.

Nachfolgend wird der Begriff *Güterstruktureffekt* erläutert.

Ein Trend in hochentwickelten Wirtschaftsräumen ist die sogenannte Entmaterialisierung von Transporten. Zwar werden bei einem Transport tendenziell weniger Güter transportiert, doch werden die Transporte in höherer Frequenz, also öfter abgewickelt. Diese Entwicklung wird als „Güterstruktureffekt" bezeichnet. Das Ziel hierbei ist, den gestiegenen Ansprüchen an Schnelligkeit, Zuverlässigkeit und Flexibilität gerecht zu werden. Hier kommt besonders der Vorteil des Straßengüterverkehrs zum Tragen, da dieser über starke Anpassungsfähigkeit an Kundenwünsche, an vielfältige Ladungsträger (Transportbehälter) und an zeitliche Vorteile gegenüber anderen Verkehrsträgern verfügt.

5.3.2 Lösungen zu den ergänzenden Aufgaben

1. Siehe hierzu *Abschnitt 5.1 LB*. Antwort c ist richtig.
2. Siehe hierzu *Abschnitt 5.2 LB*. Antwort b ist richtig.
3. Siehe hierzu *Abschnitt 5.2.4 LB*.

   Diese beiden Verfahren unterscheiden sich durch die zugrundeliegenden Freiheitsgrade, nämlich durch den Bestellzeitpunkt (Zeitpunkt des Auslösens einer Bestellung) und durch die Bestellmenge.

   Demnach kann man unter anderem folgende beiden Bestellpolitiken differenzieren, die sich hinsichtlich beider Freiheitsgrade unterscheiden:

   - **s-q-Bestellpolitik:** Bei dieser Politik wird bei dem Erreichen des *Bestellpunkts s (Meldebestand)* eine konstante *Bestellmenge q* bestellt. Dies setzt voraus, dass man den Bestand kontinuierlich überwacht. Hier ist der Bestellzeitpunkt variabel, aber die Bestellmenge fix. Die s-q-Bestellpolitik ist ein Bestellpunktverfahren.
   - **t-S-Bestellpolitik:** Bei dieser Bestellpolitik wird der Bestand alle *t Zeiteinheiten* überwacht und gegebenenfalls auf das *Sollniveau S* aufgefüllt. Hier ist demnach der Bestellzeitpunkt fix, jedoch die Bestellmenge variabel. Die t-S-Bestellpolitik ist ein Bestellrhythmusverfahren.

4. Siehe hierzu die *Abschnitte 5.2.2 LB* und *5.2.3 LB*.

   Die ABC-Analyse nimmt eine Einteilung der unterschiedlichen Materialien für die Herstellung gemäß vorgegebener Kriterien vor. Hierbei kann beispielsweise der Umsatz eines Artikels als Kriterium verwendet werden. In diesem Fall ist die ABC-Analyse eine Methode zur Klassifizierung einer Vielzahl von Artikeln nach dem **Wertanteil**. Durch anschließende Sortierung der Artikel nach absteigendem Umsatz werden die Artikel in die Klassen A-, B- und C-Materialien eingeteilt.

Klasse	Wertanteil	Menge
A-Material	80%	15%
B-Material	15%	35%
C-Material	5%	50%

Tabelle 5.4: Wertverteilung

Materialien nehmen am Umsatz den höchsten Anteil, jedoch an der Gesamtanzahl und -menge aller Artikel nur einen geringen Anteil ein. Bei C-Materialien verhält es sich genau umgekehrt. Demnach werden die A-Materialien als die wichtigsten Materialien erachtet, so dass man hier den höchsten Aufwand bei der Bedarfsermittlung betreiben sollte. Daher kommt bei diesen die deterministische Bedarfsermittlung zum Einsatz, um den exakten Bedarf aus einer Stücklistenauflösung zu erhalten (bedarfsorientierte Ermittlung). Bei B- und C-Materialien möchte man diesen Aufwand möglichst gering halten. Als Datenbasis können hier die Informationen bezüglich des vergangenen Verbrauchs verwendet werden (verbrauchsorientierte Ermittlung). Liegen diese vor, kann die stochastische Bedarfsermittlung zum Einsatz kommen. Anderenfalls muss man anhand einer heuristischen Bedarfsermittlung eine qualifizierte Schätzung vornehmen.

Verfahren	Deterministische Bedarfsermittlung	Stochastische Bedarfsermittlung	Heuristische Bedarfsermittlung
Beschreibung	■ Ermittlung des exakten Bedarfs aus Stücklistenauflösung	■ Mathematische Berechnung mittels stochastischer Verfahren auf Basis von Verbräuchen in der Vergangenheit	■ Qualifizierte Schätzung
Anwendungsfälle	■ A-Teile mit hohem Wertanteil ■ Kundenspezifische Produkte	■ B- und C-Teile mit niedrigerem Wertanteil, für die die Pflege der Stückliste zu aufwändig wäre ■ Zuverlässige Datenbasis bzgl. des vergangenen Verbrauchs ■ Teile, die wg. langer Lieferzeiten bevorratet werden	■ Geringe oder unzuverlässige Datenbasis bzgl. Verbrauchswerte aus der Vergangenheit ■ Neue Produkte ■ Ersatzteile

Tabelle 5.5: Einsatzgebiete der unterschiedlichen Verfahren zur Bedarfsermittlung

5. Siehe hierzu *Abschnitt 5.2.5 LB*.

   Durch zunehmendes Outsourcing, mit welchem die Beschränkung auf die eigenen Kernkompetenzen einhergeht, nimmt der Anteil zugekaufter Teile stetig zu. Aus diesem Grund sind die Unternehmen für den Erhalt der Endproduktqualität auf zuverlässige Lieferanten angewiesen. Das Lieferantenmanagement soll als Bündel von Maßnahmen – beispielsweise Lieferantencontrolling, Lieferantenintegration und Lieferantenentwicklung – diesem Umstand durch positive Beeinflussung der Lieferanten und Lieferantenbeziehungen im Sinne der Unternehmensziele Rechnung tragen.

   Nachfolgend werden die drei Maßnahmen des Lieferantenmanagements skizziert:

   – **Lieferantencontrolling:** Mit dieser Maßnahme werden die Lieferanten anhand geeigneter Parameter wie Liefertreue, Qualität und Flexibilität regelmäßig bewertet.

   – **Lieferantenintegration:** Das Unternehmen kann die Lieferanten durch eine bessere Informationsversorgung (z.B. mittels Prognosen oder Absatzdaten) für den zukünftig erforderlichen Bedarf unterstützen. Dies kann durch die Integration der EDV-Systeme erreicht werden.

   – **Lieferantenentwicklung:** Für eine dauerhafte Kooperation zwischen einem Lieferanten und dem Unternehmen kann über Know-how-Transfer oder über eine finanzielle Unterstützung bei erforderlichen Investitionen nachgedacht werden.

6. Siehe hierzu *Abschnitt 5.3.2 LB*.

   Zur Beantwortung dieser Frage muss man die unterschiedliche Lieferzeit, die Transportkosten sowie den Wert der transportierten Güter miteinander ins Verhältnis setzen. Für die Schifffahrt sprechen die im Verhältnis zum Luftverkehr niedrigen Transportkosten. Allerdings muss das Unternehmen hierbei Lieferzeiten von zum Teil mehreren Wochen im internationalen Seeverkehr beachten, so dass sich dieses Transportsystem nur für niedrigpreisige und nicht verderbliche Güter anbietet.

   Somit bietet sich im Umkehrschluss der Luftverkehr für hochwertige und beziehungsweise oder verderbliche (auch im Sinne von Produkten mit kurzem Lebenszyklus) und kleinvolumige Artikel an. Diese Unterscheidung nach dem Wert-Gewichtsverhältnis nennt man auch Wertdichte.

7. Siehe hierzu *Abschnitt 5.3.4 LB*.

   Die Lagerung erfüllt im Wesentlichen die Aufgaben der (Ent-)Bündelung, der Versorgungssicherheit, der Entkoppelung von Produktion und Nachfrage sowie der Wertsteigerung:
   - Bei der **(Ent-)Bündelung** soll ein Ausgleich zwischen unregelmäßigen Zu- und Abflüssen von Waren erreicht werden. Dadurch können Waren aus unterschiedlichen Standorten, zum Beispiel in einem Hub, gebündelt werden, um Kunden in einer Lieferung versorgen zu können.
   - Durch Lagerung von Waren können Lieferstörungen, zum Beispiel eine Verzögerung oder eine Lieferung in nicht ausreichender Menge, überbrückt werden. In diesem Fall wird die Lagerung zur **Versorgungssicherheit** eingesetzt.
   - Liegen bei bestimmten Waren saisonale Einflüsse vor, so kann durch den Aufbau von Saisonbeständen auch gleichzeitig eine Glättung der Produktion und damit die **Entkoppelung von Produktion und Konsum** erzielt werden.
   - Bei einigen Produkten ist die Lagerung Bestandteil des Produktionsprozesses und kann sogar zur **Wertsteigerung** des Produktes führen. Man denke beispielsweise an die Reifeprozesse bei Wein, Sekt, Champagner oder auch Käse.

8. Siehe hierzu *Abschnitt 5.3.7 LB*.

   Zur Planung und Steuerung logistischer Abläufe ist eine Vielzahl an Informationen beziehungsweise an Daten notwendig. Gleichzeitig müssen zahlreiche Abteilungen innerhalb eines Unternehmens gleichzeitig auf dieselben Informationen zurückgreifen können. In diesem Kontext sind daher IT-Systeme nicht nur hilfreich, sondern zwingend erforderlich. Dieser Grundstock an Daten wird in sogenannten Enterprise Resource Planning (ERP)-Systemen verwaltet.

   Teilsysteme, die zur Unterstützung von logistischen Prozessen zur Anwendung kommen, zählen zur Unternehmenssoftware und hier zum Bereich der Anwendungssoftware, die auf sogenannter Basissoftware (Betriebssysteme, Datenbanksysteme) aufbaut. Es werden Standardlösungen und Individuallösungen unterschieden, die in ihrer Funktionalität meist klaren Branchenbezug haben. Letzterer entsteht unweigerlich, da innerhalb einer Branche auch vergleichbare Prozesse in der Anwendungssoftware abgebildet werden.

   Diese Systeme werden ergänzt durch Module, welche die Planung logistischer Abläufe unterstützen. Als Beispiele seien wie folgt genannt:
   - Die **Tourenplanung** erstreckt sich auf die Planung und Steuerung von Transportwegen beziehungsweise von Touren, beispielsweise zur optimalen Belieferung der Kunden bei kostengünstiger Auslastung der Transportmittel.

- **Lagerverwaltungssysteme (LVS)** nehmen die Lagerplatzvergabe, die Steuerung von Lagertechnik sowie die Unterstützung von Kommissionierprozessen vor.
- Eine **Netzplanungssoftware** unterstützt die Planung logistischer Netzwerke, unter anderem die Optimierung von Transportwegen und die Depotanzahl.

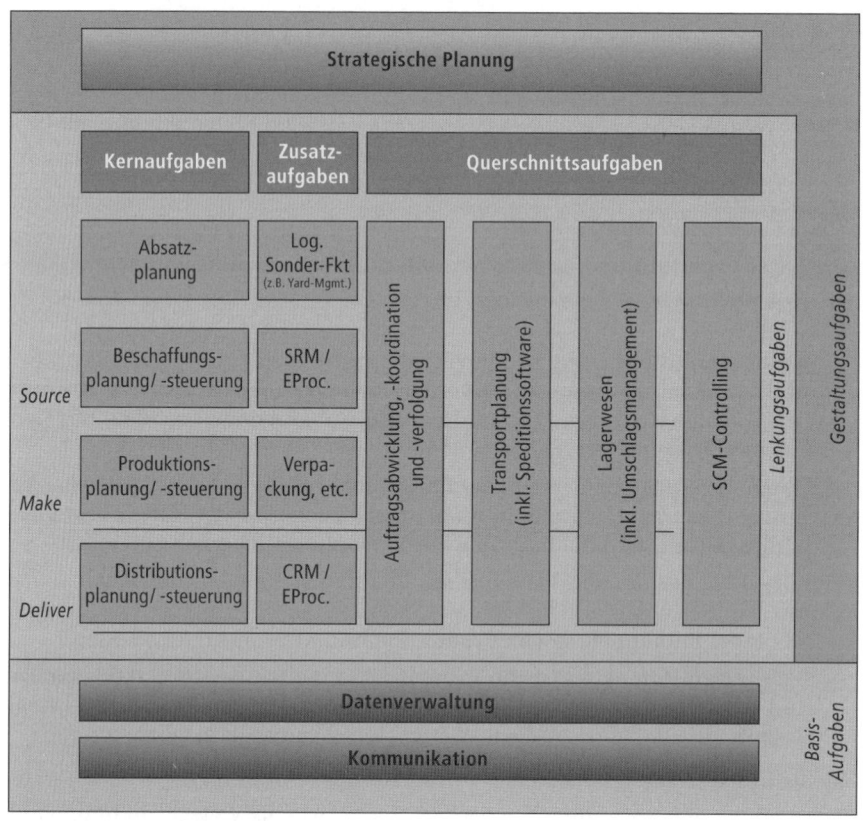

Abbildung 5.2: Aufgabenmodell von Logistik Software
Quelle: Krupp und Wolf (2010), S. 21.

9. Diese Frage bezieht sich auf *Abschnitt 5.3.4 LB*. Folgende Vergabelogiken werden beschrieben:
   - **Feste Lagerplatzzuordnung:** Hier wird jedem Artikel ein fester, gleichbleibender Lagerplatz zugewiesen. Dadurch können Artikel sogar bei Datenverlust gefunden und Warengruppen grundsätzlich getrennt werden.
   - **Querverteilung:** Durch diese Vergabelogik werden Artikel in mehreren Ladeeinheiten quer über das gesamte Lager in verschiedene Lagergänge verteilt. Hierdurch erreicht man eine breite Streuung des Artikels über das Lager, so dass jeder Artikel zugänglich ist, selbst wenn ein Lagergang versperrt sein sollte.
   - **Chaotische Lagerung:** Bei diesem Prinzip werden die Artikel völlig frei verteilt, zum Beispiel an dem nächstgelegenen freien Lagerplatz. Auf diese Weise sollen Fahrwege minimiert werden, so dass die Artikel schnell eingelagert und entnommen werden können.

– **Freie Lagerplatzzuordnung:** Dies stellt eine Kombination der chaotischen Lagerung und der festen Lagerplatzzuordnung dar. Hierbei wird das Lager für bestimmte Artikel in feste Bereiche unterteilt, wobei innerhalb dieser Bereiche die Artikel frei verteilt werden können. Der Vorteil dieser Vergabelogik ist, dass häufig abgerufene Artikel („Schnelldreher") in leicht zugänglichen Bereichen gelagert werden und umgekehrt selten abgerufene Artikel (z.B. Ersatzteile; „Langsamdreher") in eher abgelegenen Bereichen deponiert werden.

Bei der Auswahl der Vergabelogik muss der Entscheider zwischen Raumausnutzungsgrad des Lagers und der Zugriffsdauer auf die Artikel abwägen.

Lösungen zu BWL praxisnah

1. Diese Aufgabe bezieht sich auf die *Abschnitte 5.2.3 LB*, *5.2.5 LB* und *5.4 LB*.

   a) **Vendor Managed Inventory (VMI)** ist ein Konzept zur Zusammenarbeit zwischen zwei Partnern einer Supply Chain mit dem Ziel, auf beiden Seiten Bestände zu reduzieren und die Materialversorgung zu verbessern. Bei dieser Form der Zusammenarbeit liegt die Verantwortung zur Materialdisposition, das heißt der Bewirtschaftung des Lagers, direkt beim Lieferanten. Folgende Mängel kann man bei herkömmlicher Materialbereitstellung mit Lagerung aufführen:

   – Es gibt einen zu großen zeitlichen Versatz zwischen Disposition und Bestellung.

   – Aufgrund mangelnder Zusammenarbeit (Informationsaustausch) kann man häufig hohe Sicherheitsbestände beim Lieferanten und beim Abnehmer beobachten.

   – Sowohl beim Lieferanten als auch beim Abnehmer führt eine mangelnde Zusammenarbeit zu hohem Dispositionsaufwand und infolgedessen zu jeweils hohen bestellfixen Kosten.

   Sie als Abnehmer gewähren dem Lieferanten dabei Zugriff auf die Bestands- und Verbrauchsdaten. Der Lieferant kann dadurch Ihren Materialverbrauch und die Bestände überwachen und gegebenenfalls Lieferungen vornehmen, ohne dass es entsprechender Bestellungen bedarf. Auf diese Weise trifft er weitgehend eigenverantwortlich Entscheidungen über Lieferzeitpunkte und Liefermengen. Somit gehen die Disposition und die Realisierung der Materialversorgung auf den Lieferanten über. Im Gegenzug erhalten Sie vom Lieferanten periodisch Auftragsbestätigungen, um gegebenenfalls operativ Aufträge modifizieren zu können.

   VMI bietet aus Sicht des Lieferanten folgende Vorteile:

   Durch den Zugang zu Ihren Absatz- und Prognosedaten kann der Lieferant eine höhere Planungssicherheit erreichen und seine Produktions- und Distributionskapazitäten besser auslasten. Dadurch kann der Lieferant zuverlässigere Prognosen erstellen und kurzfristige Reaktionen auf Nachfrageänderungen und die damit verbundenen Kosten reduzieren. Ferner kann der Lieferant die Lieferungen durch eine höhere Auslastung der Lieferfahrzeuge zu einer Senkung der Transportkosten beitragen. Insgesamt profitiert der Lieferant von höheren Gestaltungsspielräumen durch größere Freiheit und Verantwortung bei der Disposition. Gleichzeitig erzielt er eine engere Kundenbindung durch diese erhöhte Verantwortung.

Aus Unternehmenssicht kann man ebenfalls Vorteile aufführen:

Primär wird der Lieferservice durch aktuellere Bedarfsinformationen beim Lieferanten und dessen schnellere Reaktionsmöglichkeit auf Bedarfsänderungen erhöht. Prozesskosten können durch eine Reduzierung der Lagerbestände, eventuell durch eine Verminderung der Sicherheitsbestände und durch eine Vereinfachung der Organisation des Materialnachschubs gesenkt werden. Ferner erfolgt der Eigentumsübergang später, so dass das Risiko bis dahin auf den Lieferanten übertragen wird. Dadurch kann aus Unternehmenssicht eine Erhöhung der Liquidität erzielt werden.

Vor allem für den Lieferanten sind einige Nachteile aufzuführen. Die Absenkung der Lagerbestände auf der Unternehmensseite kann zu einer notwendigen Erhöhung der Sicherheitsbestände auf Lieferantenseite führen, um den Lieferservicegrad zu garantieren. Außerdem trägt der Lieferant das Risiko bis zum nun später eintretenden Eigentumsübergang und damit einhergehend das Risiko einer späteren Bezahlung. Möglichkeiten für einen späteren Gefahren- und Eigentumsübergang sind beispielsweise die Entnahme aus dem Wareneingangslager, die Ankunft am Produktionsort oder sogar erst bei Übergabe an den Endkunden: Im Extremfall sind die Güter somit bis zum Verkaufszeitpunkt an den Konsumenten Eigentum des Lieferanten. Aus Unternehmenssicht könnte die generell erhöhte Abhängigkeit vom Lieferanten zunächst gegen das VMI-Konzept sprechen.

b) Folgende groben Schritte zur praktischen Umsetzung von VMI wären denkbar:
   – Auswahl von VMI-Lieferanten und VMI-Artikeln
   – Abstimmung der Geschäftsprozesse
   – Definition von Ansprechpartnern
   – Integration der relevanten IT-Systeme
   – Erarbeitung eines Stufenplans zur schrittweisen Einführung von VMI
   – Erprobung anhand einer Pilotlösung
   – Vollständige Übertragung der Verantwortung an den Lieferanten

Der erste Schritt zur Einführung von VMI besteht darin, die Produkte zu identifizieren, bei denen das Einsparungspotenzial durch VMI möglichst groß ist. Dies kann mittels einer ABC- sowie einer XYZ-Analyse vorgenommen werden. In der Regel empfiehlt sich der Einsatz von VMI insbesondere bei relativ schnelldrehenden Materialien mit mittlerem bis geringem Wert und stetigem bis schwankendem Verbrauchsverlauf. Anschließend sind eine Abstimmung der Geschäftsprozesse sowie eine Integration der IT-Systeme notwendig. Dies ist notwendig, um dem Lieferanten Zugang zu Ihrem Planungs- und Steuerungssystem zu erhalten, um die mittel- und kurzfristige Planung zu verbessern. Ferner empfiehlt sich der Einsatz von Barcodes beziehungsweise RFID zur Erfassung der einzelnen Artikel. Eine stufenweise Einführung beziehungsweise eine Pilotlösung soll einen reibungslosen Übergang gewährleisten.

Produktion

6.1 Hauptthema des Kapitels.......................... 82
6.2 Aufgaben 83
    6.2.1 Aufgaben aus dem Lehrbuch..................... 83
    6.2.2 Ergänzende Aufgaben 84
    BWL praxisnah 86
6.3 Lösungen.. 87
    6.3.1 Lösungen zu den Aufgaben aus dem Lehrbuch 87
    6.3.2 Lösungen zu den ergänzenden Aufgaben 90

6 Produktion

6.1 Hauptthema des Kapitels

Weltweit ist in sämtlichen Branchen in den vergangenen Jahren zunehmend eine Intensivierung des Wettbewerbs zu spüren. Vor allem für industrielle Herstellungsbetriebe ist der Wechsel von Verkäufermärkten zu Käufermärkten mit starkem Angleichungsdruck verbunden. In der Vergangenheit handelten Firmen vorwiegend **produktorientiert**: Alle Prozesse wurden auf das Produkt ausgerichtet. Eine wesentliche Herausforderung der Unternehmen lag im Verkauf und in der permanenten Suche nach Abnehmern von standardisierten Produkten und Dienstleistungen. Gegenwärtig steht eine gewisse Kunden- oder Marktorientierung im Fokus der strategischen Entscheidungen eines Unternehmens, sprich man ist **prozessorientiert**. Die Vielfalt an Produktvarianten ist wesentlich angewachsen und Kunden wurden über die Jahre hinweg anspruchsvoller. Dieser neue Anspruch, sowohl auf Kundenseite als auch auf Produktionsseite, äußert sich in der gegenwärtig modernen Verkaufsdevise darin, für jeden Kunden ein maßgeschneidertes Produkt herzustellen. Die Produktion in einem modernen Unternehmen sollte somit ein Minimum an Flexibilität erfüllen. Flexible Produktion allein ist jedoch noch kein ausreichendes Kriterium für den Unternehmenserfolg an sich. Logistische Ziele, die eine ganzheitliche Betrachtung des Unternehmens und der Geschäftsprozesse umfassen, gewinnen daher an Wichtigkeit: Prozesse müssen in der Produktion optimiert werden. Eine wesentliche Folge davon ist, dass der Planungs- und Steuerungsaufwand eines Unternehmens zunimmt.

Die Produktion nimmt somit zunehmend Managementaufgaben wahr und stellt nicht mehr etwas rein Maschinelles und Technisches dar. Da Planung und Entscheidungen Einzug in die moderne Produktion gehalten haben, wird heute anstelle des Begriffs *Produktion* der Begriff *Produktionsmanagement* verwendet.

Unter dem Begriff **Produktionsmanagement** werden die Planung, Organisation, Koordination und Kontrolle aller organisatorischen Prozesse und Ressourcen verstanden, welche zur Herstellung von Produkten und Dienstleistungen in einem Unternehmen benötigt werden. In diesem Sinne ist das Produktionsmanagement als Führungsaufgabe zu verstehen, welche sich mit der Koordination menschlicher Ressourcen, Maschinen, Technologien und Informationen befasst.

Die **Aufgabe des Produktionsmanagements** besteht darin, unter Beachtung des Formalziels (siehe *Kapitel 1 LB*) durch Kombination und Transformation von Produktionsfaktoren (Input) bestmöglich einen bestimmten Zweck (Output), das sogenannte Sachziel, zu erreichen.

Als wesentlicher Erfolgsfaktor im Produktionsmanagement gilt es, einen Wertzuwachs (Wertschöpfung) bei einem Transformationsprozess zu erzeugen. Der Begriff **Wertschöpfung** beschreibt den Netto-Wertzuwachs des finalen Outputs (Produkt bzw. Dienstleistung) im Vergleich zu dem Wert aller aufsummierten Inputfaktoren. Je höher die Wertschöpfung liegt, desto höher liegt die Produktivität der Unternehmenstätigkeit. Alle Unternehmensaktivitäten, die nicht direkt oder indirekt zur gesamten Wertschöpfung eines Unternehmens beitragen, sind ressourcenineffizient beziehungsweise ressourcenverschwendend. Die Reduzierung der Verschwendungen und die Beseitigung von Ineffizienz in der Produktion sind Bestandteile des dominierenden Kostenziels.

Das Ziel der Kostenminimierung überragt bei der Planung möglicher Terminziele (Zeitdimension) oder qualitativer Mindestanforderungen (qualitative Dimension), und dies nicht, weil es sich um eine persönliche Entscheidung handelt, sondern weil die Finanzmittel (finanzielle Dimension) das knappste Gut *(bottle-neck)* eines Unternehmens darstellen. Die Wirtschaftlichkeit stellt einen wesentlichen objektiven Indikator für den Erfolg eines Unternehmens dar, welcher auch für Außenstehende von Interesse ist. In der Produktion gewinnt dieses Ziel zusätzlich an Bedeutung: Besonders da die Produktion in der Wertschöpfungskette (v.a. in der Beschaffung) meist die Hauptkosten für Industrieunternehmen verursacht. Eine Ersparnis von fünf Prozent in der Beschaffung bewirkt in der Regel eine viel höhere Hebelwirkung für die Kostenstruktur eines Unternehmens als die gleiche Ersparnis in der Marketingabteilung. Dies bewirkt, dass sich eine dauerhafte Ineffizienz in der Produktion oft fatal auf Unternehmen auswirkt. Nachfolgend werden Methoden gezeigt, welche hilfreich sind, Ineffizienz zu minimieren.

6.2 Aufgaben

6.2.1 Aufgaben aus dem Lehrbuch

1. Was versteht man unter dem Begriff *Produktionsmanagement*?

Quelle: Fotolia 32413107.

2. Welche Zielsetzung verfolgt das Produktionsmanagement?
3. Beschreiben und erklären Sie anhand eines Beispiels die unterschiedlichen Fertigungstypen.

Quelle: Fotolia 28844937.

4. Definieren und erklären Sie anhand eines Beispiels Ihrer Wahl eine Produktionsstrategie.
5. Welche verschiedenen Lagerplanungssysteme haben Sie in diesem Kapitel kennengelernt?
6. Was versteht man unter einer *Break-Even*-Analyse in der Produktion?
7. Welche Zielsetzungen verfolgt ein Lagerplanungssystem?

6.2.2 Ergänzende Aufgaben

1. Welche Aussage ist am zutreffendsten? Für die optimale Bestellmenge unter Anwendung der EOQ-Formel gilt:
   a) Die Lagerhaltungskosten pro Zeiteinheit sind gerade doppelt so groß wie die bestellfixen Kosten pro Zeiteinheit.
   b) Die Annahmen für die Anwendung der EOQ-Formel sind in der Praxis immer erfüllt.
   c) Im Optimum entsprechen die Lagerhaltungskosten pro Zeiteinheit den bestellfixen Kosten pro Zeiteinheit.
   d) Für die Berechnung der optimalen Bestellmenge sind die Bedarfsmengen irrelevant.

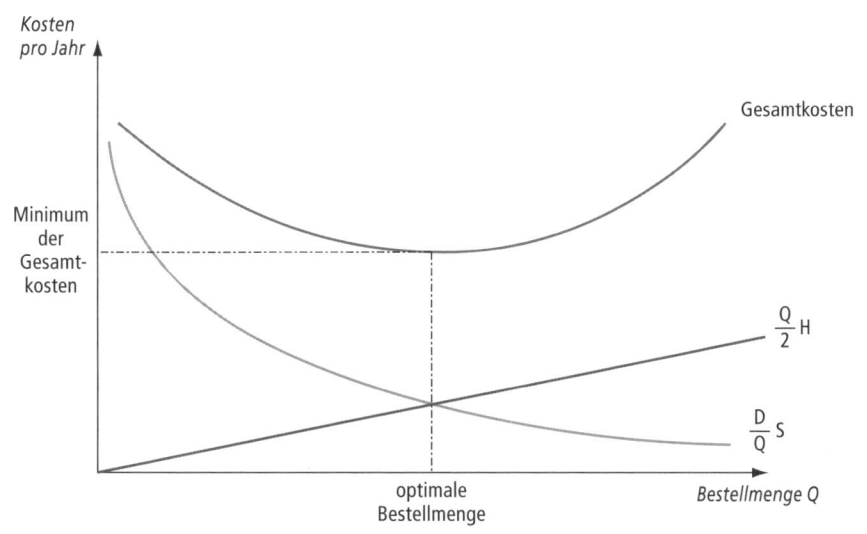

Abbildung 6.1: Grafische Ermittlung der optimalen Bestellmenge

2. Welche Art von Bestand wird eingeführt, um Unsicherheiten bezüglich der Lieferzeit und der Nachfrage nach Produkten abzufedern?
   a) Bestellbestand
   b) Effektiver Lagerbestand
   c) Sollbestand
   d) Sicherheitsbestand

3. Welcher Produktionstyp eignet sich am besten für die Herstellung von Massenprodukten, die in einer nur sehr geringen Variantenzahl angeboten werden?
   a) Auftragsfertigung
   b) Vorratsbezogene Fertigung
   c) Mischfertigung
   d) Keiner der Genannten.

4. Was versteht man unter dem JIT-Konzept und welche Vorteile verspricht man sich dadurch? In welchen Fällen kann man diese Produktionsphilosophie lediglich einsetzen?

5. Welche weitere Form der Gütertypisierung gibt es neben der ABC-Analyse und wozu kann diese eingesetzt werden?

6. Welche beiden Kostenarten gibt es in der Produktion? Was ist eine Losgröße? Versuchen Sie diese beiden Kostenarten auf das Bestellmengenproblem zu übertragen. Gibt es ein vergleichbares Problem im Kontext der Produktion?

7. Nennen und beschreiben Sie die Modellannahmen des EOQ-Modells. Wie kommt es zu dem sogenannten *Sägezahneffekt*?

BWL praxisnah

1. Wählen Sie einen Alltagsgegenstand aus, welchen Sie oft verwenden und daher gut kennen. Stellen Sie sich vor, Sie wären der Hersteller dieses Gegenstands und wollen ab sofort anstatt der Kostenstrategie die Qualitätsstrategie verfolgen.

    a) Was ist die Qualitätsstrategie und wie grenzt sich diese von der Kostenstrategie ab? Inwiefern ist für Ihr Produkt die Qualitätsstrategie geeigneter als eine reine Kostenstrategie?

    b) Nach welchen Merkmalen kann man eine Qualitätsstrategie unterscheiden? Welche dieser Merkmale sind für Ihr gewähltes Produkt beeinflussbar?

    c) Wie könnte man bewerten, ob und ab welcher Menge die Strategie ökonomisch sinnvoll ist? Überlegen Sie sich anhand Ihrer in der vorherigen Teilaufgabe überlegten Qualitätsstrategie ein Zahlenbeispiel.

    d) Für Ihr gewähltes Produkt müssen Sie eine bestimmte Komponente lagern. Überlegen Sie sich zu Ihrem Zahlenbeispiel aus *Teilaufgabe c.*, wie die optimale Bestellmenge berechnet werden kann.

Quelle: Fotolia 38072176.

6.3 Lösungen

6.3.1 Lösungen zu den Aufgaben aus dem Lehrbuch

1. Diese Frage bezieht sich auf *Abschnitt 6.1.1 LB*.

   Der Begriff *Produktionsmanagement* kann wie folgt definiert werden:

   Unter dem Begriff *Produktionsmanagement* werden die Planung, Organisation, Koordination und Kontrolle aller organisatorischen Prozesse und Ressourcen verstanden, welche zur Herstellung von Produkten und Dienstleistungen in einem Unternehmen benötigt werden. In diesem Sinne ist das Produktionsmanagement als Führungsaufgabe zu verstehen, welche sich mit der Koordination menschlicher Ressourcen, Maschinen, Technologien und Informationen befasst.

2. Diese Frage bezieht sich auf *Abschnitt 6.1.1 LB*.

   Die Zielsetzung des Produktionsmanagements kann wie folgt beschrieben werden:

   Die Aufgabe – und somit das Ziel – des Produktionsmanagements besteht darin, unter Beachtung des Formalziels (siehe *Kapitel 1 LB*) durch Kombination und Transformation von Produktionsfaktoren *(Input)* bestmöglich einen bestimmten Zweck *(Output)*, das sogenannte Sachziel, zu erreichen.

3. Diese Frage bezieht sich auf *Abschnitt 6.4.1 LB*.

   Abbildung 6.2 zeigt die verschiedenen Fertigungstypen, die bei einem Produktionsprozess in Abhängigkeit vom Produktionsvolumen zur Auswahl stehen. Bei hohem Produktionsvolumen eignet sich beispielsweise der Fertigungstyp „Massenfertigung" am besten. Es gibt gewisse weitere Faktoren, welche die Fertigungstypenwahl beeinflussen, beispielsweise der Bestellrhythmus oder die Homogenität eines Produkts.

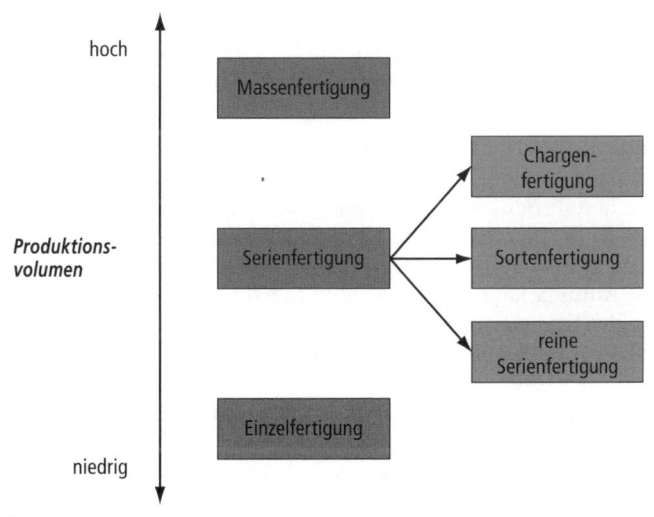

Abbildung 6.2: Fertigungstypen

Die verschiedenen Fertigungstypen und deren Eigenschaften sollen nun anhand eines Beispiels im Einzelnen beschrieben und erklärt werden:

- **Einzelfertigung:** Unternehmen mit Einzelfertigung arbeiten oftmals an einzelnen Kundenaufträgen. Tendenziell implizieren derartige Kundenaufträge einen hohen Ressourceneinsatz und lange Fertigungszeiten, da die Aufträge meist einzigartig sind. Ein Beispiel hierfür ist der Schiffsbau von Luxusjachten. Die Kundenzielgruppe ist sehr limitiert und beschränkt sich auf wenige, sehr wohlhabende Kunden. Die Kunden werden in der Regel stark in den Produktionsprozess miteinbezogen, beispielsweise beim Design des Produkts oder bei der Auswahl verwendeter Materialien. Die Einzelfertigung beruht daher nicht auf einem vordefinierten Produktionsprogramm, sondern zeichnet sich durch sehr hohe variable Kosten im Vergleich zu den fixen Fertigungskosten aus, welche bei anderen Fertigungstypen (Serien- oder Massenfertigung) üblicherweise geringer ausfallen. Die Einzelfertigung benötigt spezialisierte Arbeitskräfte, die unabhängig, flexibel und selbständig arbeiten.

- **Serienfertigung:** Die Serienfertigung kennzeichnet einen Fertigungstyp, bei dem eine begrenzte Stückzahl an verschiedenen Produkten auf gleichen oder auf verschiedenen Produktionsanlagen hergestellt wird. Je nach Produktionsvolumen der jeweiligen Serie kann zwischen Kleinserien und Großserien unterschieden werden. Zwischen der Fertigstellung unterschiedlicher Produkte erfolgt eine Umstellung der Produktionsanlagen. Man unterscheidet zwischen einer *reinen Serienfertigung*, der *Sortenfertigung* und der *Chargenfertigung*.

  Alle drei Untertypen der Serienfertigung sind für mittelgroße Produktionsvolumina geeignet und zeichnen sich durch hohe fixe Kosten und relativ niedrige variable Kosten aus. Wesentliche variable Kosten stellen hier meist die Umrüstkosten dar, welche bei einem Wechsel von einer Charge zur anderen anfallen.

  Ein Beispiel für die Sortenfertigung ist der Buchdruck. Es wird hierbei eine bestimmtes Volumen, sprich eine bestimmte Auflage, gedruckt. Die Sortenfertigung ist durch die Produktion mehrerer Einheiten verschiedener Produkte auf den gleichen Anlagen gekennzeichnet. Im Gegensatz zu einer reinen Serienfertigung wird hierbei ein einheitliches Produktionsmaterial verwendet.

- **Massenfertigung:** Die Massenfertigung ist gekennzeichnet durch die Fertigung eines einzigen Produktes (einfache Massenfertigung) oder mehrerer Produkte mit gleichen Produkteigenschaften (mehrfache Massenfertigung) über einen längeren Zeitraum. Der Produktionsprozess wird dabei ständig wiederholt und ein hohes Produktionsvolumen erzeugt. Die Massenproduktion eignet sich gut für eine Automatisierung des Produktionsprozesses, da eine Produktionsumstellung der Fertigungsanlagen wegfällt. Diese Art der Fertigung ist bei besonders hohen Produktionsvolumina vorzufinden. Die meisten Kosten, die anfallen, sind fixe Kosten.

  Die Massenfertigung lässt sich sehr anschaulich am Beispiel der Zuckerherstellung erklären. Hierbei wird stets dasselbe Produkt in sich wiederholenden Prozessen gefertigt. Es werden große Volumen produziert und der Vorgang ist relativ automatisiert.

4. Diese Frage bezieht sich auf *Abschnitt 6.3.2 LB*.

   Für unser Beispiel wählen wir die **Kostenstrategie** als eine der möglichen Produktionsstrategien aus. Diese kann wie folgt definiert werden:

   Bei der Leistungserstellung verfolgt die Kostenstrategie grundlegend die Ziele, die Produktionskosten minimal zu halten und Ineffizienzen im Produktionsprozess zu vermeiden. Diese Strategie wird häufig bei der Produktion standardisierter Produkte und Dienstleistungen, beispielsweise der Massenware, verwendet. Oftmals können Kunden zwischen Produkten unterschiedlicher Hersteller nicht unterscheiden, zum Beispiel bei Papier oder Zucker. Ihre Kaufentscheidung basiert einzig und allein auf dem Kaufpreis des Produktes oder der Dienstleistung. Eine Kostenstrategie kann mit Hilfe der Einführung von Produktionsstandards, einer hohen Automatisierung und eines stabilen Produktionsprozesses erreicht werden.

   Die Kostenstrategie soll nun anhand des Beispiels von *EasyJet* erklärt werden:

   Die Strategie der Kostenführerschaft von *EasyJet* basiert unter anderem auf detailliert und sorgfältig geplanten Dienstleistungen, auf effizienten Prozessen und auf motiviertem Personal. In Anlehnung an das Geschäftsmodell der US-amerikanischen Fluggesellschaft *Southwest* Airlines modifizierte *EasyJet* das Geschäftsmodell für den europäischen Markt durch weitere Sparmaßnahmen, beispielsweise durch das Streichen von Anschlussflügen oder von kostenlosen Mahlzeiten. Die Erfolgsfaktoren des Geschäftsmodells liegen in einer hohen Flugzeugauslastung, in kurzen Umschlagszeiten, in der Abrechnung von Zusatzleistungen (z.B. Priority Boarding, Mahlzeiten an Board, zusätzlichen Gepäckgebühren) und in geringen Prozesskosten. Dabei benutzt *EasyJet* hauptsächlich nur einen Flugzeugtyp (Airbus A319), um die Wechselkosten der Flugzeugbegleiter zu verringern, um Ausbildungsprogramme und Wartungsarbeiten zu standardisieren und um Lagerbestände zu vereinheitlichen.

5. Diese Frage bezieht sich auf *Abschnitt 6.5.3 LB*.

   Folgende Lagerplanungssysteme wurden behandelt:

   - **Bestellpunktsystem:** Bei einem Bestellpunktsystem wird eine Bestellung immer dann aufgegeben, wenn der Lagervorrat auf ein im Voraus bestimmtes Niveau absinkt.
   - **Bestellrhythmussystem:** Im Gegensatz zu dem Bestellpunktsystem ist bei dem Bestellrhythmussystem der Zeitraum zwischen zwei Bestellungen gleichbleibend (z.B. wöchentlich, monatlich) und die Bestellmenge variiert. Es ergeben sich damit fixe Bestellzeitpunkte und variable Bestellmengen.

6. Diese Frage bezieht sich auf *Abschnitt 6.4.2 LB*.

   Die *Break-even*-Analyse kann wie folgt beschrieben werden:

   Eine der wohl bekanntesten Methoden zur Auswahl des Fertigungstyps ist die *Break-even*-Analyse, bei der Kosten- und Erlösfaktoren gegenübergestellt werden. Die *Break-even*-Analyse wird häufig auch als Gewinnschwellenanalyse bezeichnet. Die *Break-even*-Analyse ermittelt die sogenannte Gewinnschwelle *(Break-even)*, indem sie das Verhältnis von Volumen, Kosten, Umsatz und Gewinn untersucht. Die Gewinnschwelle stellt den Punkt dar, an dem weder Gewinn noch Verlust entsteht. Als Volumen wird dabei das Herstellungsvolumen verstanden, welches in Produktionsvolumen (produzierte Menge) und Absatzvolumen (verkaufte Menge) unterteilt werden kann.

7. Diese Frage bezieht sich auf *Abschnitt 6.5.3 LB*.

   Die Zielsetzungen eines Lagerplanungssystems können wie folgt beschrieben werden:

   Das Lagerplanungssystem stellt generell einen wichtigen Bestandteil für die Optimierung der Lagerplanung dar. Aufgabe dieses Systems ist die Minimierung der Lager-, Beschaffungs-, und Fehlbestandskosten. Das Lagerplanungssystem umfasst alle organisatorischen Maßnahmen zur optimalen Bestimmung des Beschaffungs- und Lagerprogrammes. In diesem System wird die Höhe des Lagerbestands, der Bestellzeitpunkt und die Bestellmenge festgelegt. Generell kann das Lagerplanungssystem nach zwei Basismodellen unterschieden werden: Dem Bestellpunktsystem (kontinuierlich) und dem Bestellrhythmussystem (periodisch).

6.3.2 Lösungen zu den ergänzenden Aufgaben

1. Siehe hierzu *Abschnitt 6.5.3 LB. Antwort c* ist richtig.
2. Siehe hierzu *Abschnitt 6.5.3 LB. Antwort d* ist richtig.

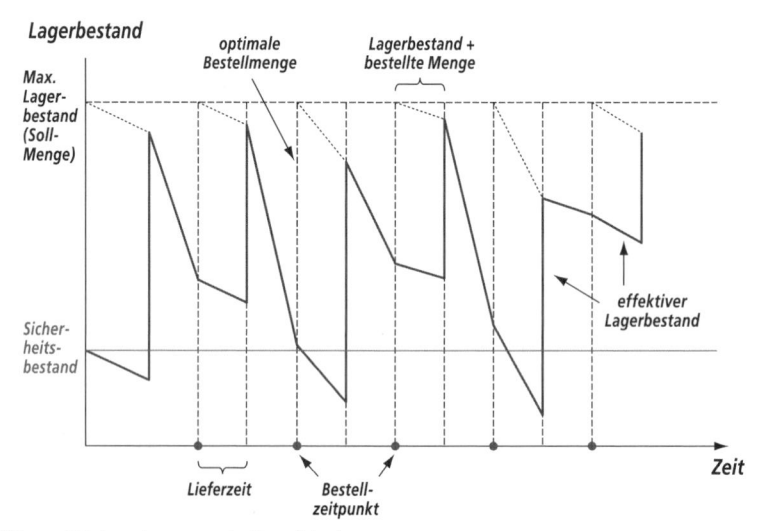

Abbildung 6.3: Lagerbewegung im Bestellrhythmussystem

3. Siehe hierzu *Abschnitt 6.3.1 LB. Antwort b* ist richtig.

   Die **vorratsbezogene Fertigung** ist unabhängig von einer spezifischen Kundenbestellung. Sie orientiert sich an einer vorher durchgeführten Bedarfsprognose und wird von einem mengen- und zeitmäßig festgelegten Produktionsprogramm abgeleitet. Dabei handelt es sich meistens um Standardprodukte wie Bücher oder Fernseher, die nach abgeschlossener Fertigung gelagert und bei Kundenbedarf ab Lager verkauft werden. Die Erfolgsfaktoren der vorratsbezogenen Fertigung ergeben sich somit aus der korrekten Bedarfsprognose und der optimalen Anpassung des Lagerbestandes.

4. Siehe hierzu *Abschnitt 6.2 LB*.

   Just-in-Time (JIT) bezieht sich auf das Produzieren auf Abruf. Mit dem Ziel der Produktion bei geringen Lagerhaltungskosten werden durch das JIT-Konzept die Informations- und Materialflüsse so koordiniert, dass Güter oder Bauteile erst bei Bedarf – zeitlich möglichst genau berechnet – direkt an das Montageband geliefert werden. Dadurch soll eine bedarfssynchrone Produktion und Beschaffung realisiert werden, so dass nur sehr geringe Bestände auf allen Stufen gehalten werden. Generell ist das JIT-Konzept als Organisationsphilosophie zu verstehen, welche kontinuierlich versucht, alle Ineffizienzen zu vermeiden und zugleich Prozessverbesserungen und organisatorische Effizienz herzustellen. Die JIT-Philosophie ermöglichte vielen Unternehmen, ihren Unternehmenserfolg und ihre Wettbewerbsfähigkeit zu verbessern. In Bezug auf die Produktion ist dieses Konzept nur bei geringen Rüstzeiten und -kosten sowie bei kleinen Losgrößen, die im Regelfall einen Tagesbedarf nicht überschreiten, sinnvoll. Außerdem ist bezüglich der JIT-Beschaffung eine langfristige Kooperation mit den Lieferanten notwendig. Außerdem lässt sich feststellen, dass sich das JIT-Konzept auch nur für Standardprodukte mit gleichmäßigem Bedarf und einer geringen Anzahl an Artikeln mit hohem Anteil am Gesamtwert, das heißt für A-Materialien (siehe ABC-Analyse), eignet. Eine Weiterentwicklung beziehungsweise eine noch strengere Auslegung von JIT stellt die Just-in-Sequence (JIS)-Beschaffung dar, in welcher die benötigten Materialien nicht nur in der richtigen Menge rechtzeitig geliefert werden, sondern sogar in der richtigen Reihenfolge, so dass Kommissionierprozesse deutlich reduziert werden. JIS wird vor allem in der Automobilindustrie eingesetzt, so dass die benötigten Komponenten beziehungsweise Module in genau der Reihenfolge rechtzeitig angeliefert werden, wie sie anschließend im Montageprozess benötigt werden (z.B. Komponenten in der richtigen Farbreihenfolge).

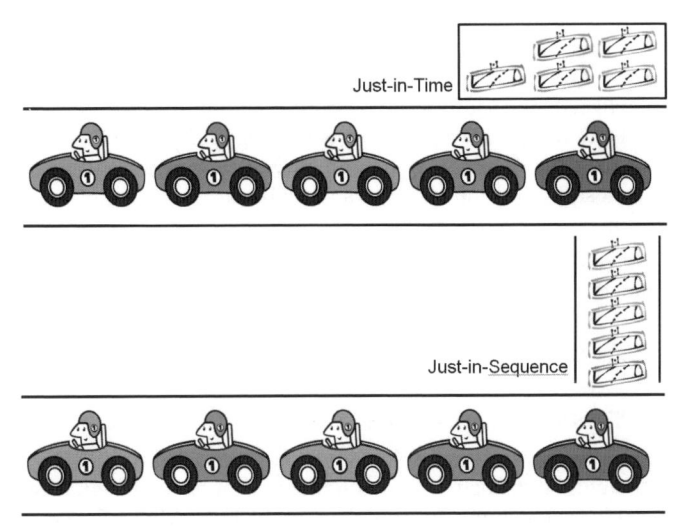

Quelle: Eigene Darstellung.

5. Siehe hierzu *Abschnitt 6.5.2 LB*.

   Mit der XYZ-Analyse kann man die Güter anhand verschiedener Kriterien, zum Beispiel anhand des Durchsatzes, der Anzahl an Kundenaufträgen oder des Ausmaßes der Schwankung des Bedarfs, klassifizieren. Demnach lassen sich die Güter hier in X-Güter, Y-Güter und Z-Güter unterscheiden. Da diese Gütertypen einen jeweils unterschiedlichen Bedarfsverlauf aufweisen, können sie in unterschiedliche Bedarfsverlaufskategorien eingeteilt werden, um so Fehlbestandskosten zu minimieren. In Bezug auf den Materialverbrauch unterscheidet man je nach Gütertyp X, Y oder Z hierbei drei Bedarfsverläufe. Die XYZ-Analyse stellt damit ein weiteres Hilfsinstrument neben der ABC-Analyse dar, um die Wichtigkeit eines Bedarfsproduktes zu erkennen.

Demnach lässt sich folgende Einteilung der Güter bezüglich ihres Bedarfsverlaufs vornehmen:

- **Konstanter Bedarfsverlauf und X-Güter:** Bei einem konstanten Bedarfsverlauf sind aus der Bestellhistorie nur sehr wenige Schwankungen zu erkennen, so dass man den Bedarf präzise prognostizieren kann. Die Mengenfestlegung erfolgt aus dem Mittelwert der vergangen Bestellperioden. Aufgrund der guten Prognostizierbarkeit der X-Güter können verfügbare Informationen über den Bedarfsverlauf in der Vergangenheit wichtige Hinweise über den zukünftigen Bedarfsverlauf geben. Dies erlaubt die Führung einer minimalen Lagermenge oder gar die Anwendung der sogenannten Just-In-Time-Methode, bei der erst im Moment des tatsächlichen Bedarfs geliefert wird.

- **Saisonaler beziehungsweise trendförmiger Bedarfsverlauf und Y-Güter:** Bei einem **saisonalen** Bedarfsverlauf ist die Bedarfsmenge nicht konstant, sondern folgt einem bestimmten, wiederkehrenden Muster. So wird beispielsweise im Winter weniger Eis konsumiert als im Sommer, aber dagegen mehr Lebkuchen gegessen. Mancher Bedarfsverlauf kann mit hoher Gewissheit prognostiziert werden, bei anderen Bedarfsverläufen können externe Variablen (z.B. Wetter) ein Restrisiko darstellen. Dieses Restrisiko muss durch Vorratsaufbau behoben werden, weswegen die benötigten Güter der Y-Klasse zugeteilt werden. Der **trendförmige** Bedarfsverlauf beschreibt ein ähnliches Risiko bei der Prognose des Güterbedarfs wie der saisonale Bedarfsverlauf. Der Unterschied ist, dass hierbei keine wiederholenden Nachfragemuster zu erkennen sind, sondern es sich um allgemeine Trends handelt. So kann beispielsweise im Mobilfunkmarkt ein eindeutiger Trend weg von klassischen Handygeräten hin zum Smartphone beobachtet werden. Auf diesen Trend kann man in der Bedarfsplanung in groben Zügen vertrauen und beispielsweise mehr berührungsempfindliche Displays (Touchscreens) bestellen als in den vorherigen Monaten.

- **Unregelmäßiger Bedarfsverlauf und Z-Güter:** Bei einem unregelmäßigen Bedarfsverlauf ist den vorangegangen Bestellperioden keine Information über die Zukunft zu entnehmen. Es ist keine Art Muster zu erkennen, weswegen man meist einen hohen Lagerbestand in Kauf nimmt, um flexibel auf die Nachfrage reagieren zu können.

6. Siehe hierzu die *Abschnitte 6.4.2 LB* und *6.5.3 LB*.

    Generell gibt es zwei wesentliche Kostenarten in der Produktion: Die **fixen** und die **variablen** Kosten. Fixe Kosten sind unabhängig von der Produktionsmenge und bleiben über einen längeren Zeitraum konstant (z.B. Miet-, Zinsaufwendungen). Variable Kosten sind von der betrieblichen Leistung abhängig und variieren je nach Produktionsmenge (z.B. Materialkosten, Fertigungslöhne). Bei einer Bestellung fallen typischerweise **fixe Kosten** an, die nicht von der Menge abhängen, zum Beispiel Versandkosten. Werden die Artikel anschließend gelagert, fallen dafür **Lagerhaltungskosten** an, welche als **variable Kosten** betrachtet werden. Die optimale **Losgröße** bei diesem Bestellmengenproblem ist die optimale Bestellmenge. Im Optimum entsprechen die bestellfixen Kosten den Lagerhaltungskosten.

    Im Kontext der Produktion stellt die Losgröße die Menge der Produkte eines Fertigungsauftrages dar, welche die Stufen des Fertigungsprozesses durchläuft.

    Betrachtet man einen Fertigungsprozess genauer, so fällt auf, dass die Maschinen beziehungsweise Anlagen zur Herstellung eines Produkts bei einem Produktwechsel oder auch zeitabhängig angehalten werden müssen, um beispielsweise die Anlage zur Herstellung eines anderen Produkts umzurüsten (z.B. Werkzeugwechsel) oder zu reinigen. Der damit verbundene Aufwand kann monetär bewertet werden und wird **Rüstkosten** genannt. Sofern diese Rüstkosten mengenunabhängig anfallen, können diese als fixe Kosten erachtet werden. Für die während des Produktionsprozesses entstehenden und zwischengelagerten halbfertigen Erzeugnisse fallen **Lagerhaltungskosten** an, welche auch hier variable Kosten darstellen. Für die optimale Losgröße im Kontext der Produktion gilt, dass die Rüstkosten den Lagerhaltungskosten entsprechen.

7. Siehe hierzu *Abschnitt 6.5.3 LB*.

   Die optimale Bestellmenge (EOQ) ergibt sich aus der minimalen Summe der Beschaffungskosten und den Lagerhaltungskosten. Für dieses einfache Modell sind folgende Annahmen notwendig:
   - Der Bedarf ist bekannt und zeitlich konstant, das heißt die Bedarfsrate (Mengeneinheit pro Zeiteinheit) ist in jeder Zeiteinheit gleich.
   - Die Lieferzeit und der Materialpreis (Beschaffungskosten) sind konstant.
   - Die Lagerhaltungskosten sind genau bestimmbar und konstant.
   - Die Nachfrage wird erfüllt (kein Lieferrückstand).

   In Bezug auf die genannten Größen ist also festzuhalten, dass es keine Unsicherheit gibt. Aus den genannten Annahmen lässt sich zudem herauslesen, dass nur ein Artikel beziehungsweise nur ein Produkt und nur eine Stufe (einstufige Beschaffung oder Produktion) betrachtet wird.

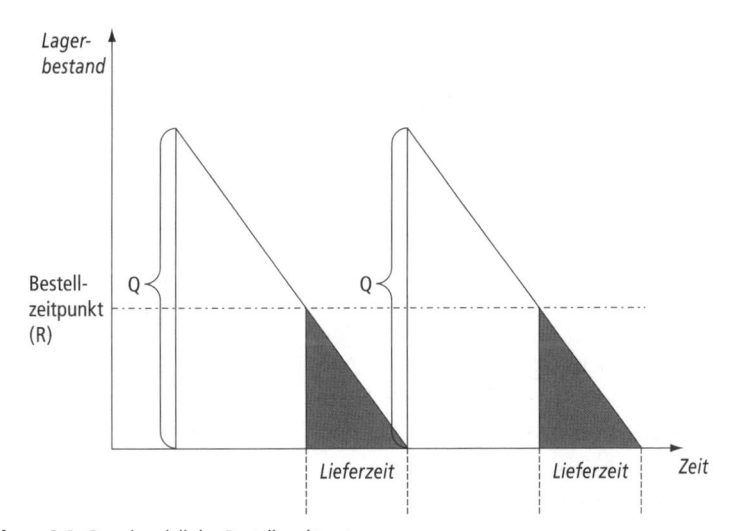

Abbildung 6.4: Grundmodell des Bestellpunktsystems

Der Sägezahneffekt kommt dadurch zustande, da ferner angenommen wird, dass die Lieferung der Bestellmenge zeitpunktgeballt (auf einmal) erfolgt. Übertragen auf die Produktion würde das bedeuten, dass mit unendlicher Produktionsgeschwindigkeit gefertigt wird.

Lösungen zu BWL praxisnah

1. Diese Frage bezieht sich auf *Abschnitt 6.3.2 LB*.

   Wir verwenden beispielhaft ein Notebook als Produkt für eine Qualitätsstrategie.

   a) Die **Qualitätsstrategie** bei der Leistungserstellung ist gekennzeichnet durch die Entwicklung eines Notebooks (oder auch einer (zusätzlichen) Dienstleistung), welches im Vergleich zum Wettbewerb einzigartige, für den Kunden relevante und wahrnehmbare Leistungseigenschaften aufweist. Dieser Verkaufsvorteil erlaubt es dem Unternehmen, einen höheren Preis für das Produkt oder für die Dienstleistung zu verlangen. Im Produktionsbereich kann die Qualitätsstrategie durch den Fokus auf Produktqualität und beziehungsweise oder auf Prozessqualität wie folgt erreicht werden:

   Die Produktqualität versucht Kundenbedürfnisse durch Produkte oder Dienstleistungen mit der „richtigen" Qualität zu erfüllen. Die Prozessqualität soll durch kontinuierliche Verbesserungen des Produktionsprozesses erhöht und die Kundenbedürfnisse durch die Herstellung fehlerfreier Produkte oder Dienstleistungen befriedigt werden. Bei der **Kostenstrategie** werden minimale Produktionskosten und die Vermeidung von Ineffizienzen im Produktionsprozess verfolgt. Diese Strategie wird häufig bei der Produktion standardisierter Produkte und Dienstleistungen, beispielsweise bei Massenware, verwendet. Oftmals können Kunden zwischen Produkten unterschiedlicher Hersteller nicht unterscheiden.

   Bei einem Produkt, beispielsweise einem Notebook, werden oft Standardkomponenten eingebaut, so dass ein niedriger Preis im Sinne einer **Kostenstrategie** alleine kein geeignetes Alleinstellungsmerkmal wäre, um sich gegenüber den Wettbewerbern abzugrenzen. Außerdem werden diese Standardkomponenten (Festplatte, Prozessor, Arbeitsspeicher etc.) von einer sehr begrenzten Anzahl von Lieferanten angeboten, so dass die Wettbewerber untereinander diese Standardkomponenten zu sehr ähnlichen Preisen beziehen. Bei der Verfolgung der **Qualitätsstrategie** kann sich der Hersteller beispielsweise durch eine robuste Verarbeitung des Gehäuses oder der Display-Scharniere, und damit durch eine längere Haltbarkeit gegenüber den Wettbewerbern unterscheiden.

   b) Nach *Garvin* kann man acht verschiedene Produkt- oder Dienstleistungsmerkmale für die Umsetzung einer Qualitätsstrategie verwenden. Der Fokus auf die eine oder andere Kombination verschiedener Produkt- oder Dienstleistungseigenschaften kann dabei den Erfolg der Qualitätsstrategie begründen. Die acht Merkmale nach *Garvin* umfassen dabei:

   - **Leistungsmerkmal:** z.B. Eigenschaften des Produkts oder der Dienstleistung;
   - **Zusatzfunktionen:** z.B. Extras, die die Basiseigenschaften des Produkts bzw. der Dienstleistung ergänzen;
   - **Zuverlässigkeit:** z.B. Wahrscheinlichkeit der Funktionsfähigkeit;
   - **Konformität:** z.B. Grad zu dem das Produkt oder die Dienstleistung etablierte Marktstandards erreicht;
   - **Lebensdauer:** z.B. Haltbarkeit des Produkts oder der Dienstleistung;
   - **Wartung:** z.B. Reparaturgeschwindigkeit, -service oder -kompetenz;
   - **Ästhetik:** z.B. Design, Gefühl, Geschmack, Geruch oder Klang eines Produkts oder einer Dienstleistung;
   - **Ansehen:** z.B. Image, Reputation des Produkts oder der Dienstleistung;

Die eben angedeutete Verstärkung der Display-Scharniere oder die robuste Verarbeitung des Gehäuses zielt auf die **Lebensdauer** des Notebooks ab. Ein effizientes Kühlsystem (z.B. für den Prozessor oder ggfs. für die Grafikkarte) erhöht die **Zuverlässigkeit**. Ferner könnte man verschiedene Service-Levels in Bezug auf die Reparaturgeschwindigkeit oder den Reparaturumfang anbieten, um sich bezüglich der **Wartung** gegenüber den Wettbewerbern zu unterscheiden.

c) In Bezug auf die zuvor dargestellten Qualitätsmerkmale müssen Sie sich überlegen, welche monetären Auswirkungen eine Erhöhung der Qualität verursachen. Man könnte beispielsweise die Break-even-Analyse einsetzen, um die Verschiebung des mengen- und wertmäßigen Break-even zu berechnen:

$$\text{Break-even(wertmäßig)} = \frac{\text{Summe Fixkosten}}{\text{(Deckungsquote je Stück)}} = \frac{\text{Summe Fixkosten}}{\frac{\text{Deckungsbeitrag je Stück}}{\text{(Verkaufspreis je Stück)}}}$$

$$= \frac{\text{Summe Fixkosten} * \text{(Verkaufspreis je Stück)}}{\text{Deckungsbeitrag je Stück}}$$

Vor der Einführung der Qualitätsstrategie wurde das Notebook für 900 € pro Stück verkauft, mit fixen Kosten in Höhe von 2.200.000 € und variable Kosten pro Stück von 275 €.

$$\text{Break-even(Menge)} = \frac{2.200.00\,\text{€}}{625\,\text{€}} = 3520$$

$$\text{Deckungsquote je Stück} = \frac{\text{Deckungsbeitrag je Stück}}{\text{(Verkaufspreis je Stück)}} = \frac{625\,\text{€}}{900\,\text{€}} = \frac{25}{36}$$

$$\text{Break-even(wertmäßig)} = \frac{2.200.000\,\text{€}}{\frac{25}{36}} = 3.168.000\,\text{€}$$

Sie müssen also 3.520 Notebooks verkaufen, um den Break-even zu erreichen. Es ergibt sich ein wertmäßiger Break-even bei einem Gesamtumsatz von 3.168.000 €.

Durch Ihre Qualitätsstrategie wird das Notebook zwar wertiger, jedoch erhöhen sich dadurch die variablen Kosten pro Stück auf 396 €. Sie halten den mengenmäßigen Break-even für eine realistische Größe. Angenommen es gelingt Ihnen, dass die Fixkosten gleichbleiben und Sie möchten den mengenmäßigen Break-even beibehalten – welchen Verkaufspreis (pneu) müssten Sie erzielen?

$$\frac{2.200.000\,\text{€}}{p_{neu} - 396} = 3520 \Leftrightarrow p_{neu} = 1021\,\text{€}$$

Sie müssten in dem Fall einen Verkaufspreis von 1.021 € am Markt erzielen können, um den Break-even zu erreichen.

d) Zur Umsetzung Ihrer Qualitätsstrategie sind zwei höherwertige Display-Scharniere notwendig. Im ersten Jahr gehen Sie dabei von einem Absatz von 3.600 Notebooks aus. Pro Bestellung fallen 4 € fixe Bestellkosten an und die Lagerhaltungskosten betragen 0,16 € je Display-Scharnier. Für die Berechnung der optimalen Bestellmenge wenden wir die EOQ-Formel an.

$$EOQ = \sqrt{\frac{2*(2*3600)*4}{0{,}16}} = \sqrt{360.000} = 600$$

Die optimale Bestellmenge (EOQ) beträgt somit 600 Display-Scharniere.

Finanzwirtschaft

7.1 Hauptthema des Kapitels.......................... 98
7.2 Aufgaben 99
    7.2.1   Aufgaben aus dem Lehrbuch...................... 99
    7.2.2   Ergänzende Aufgaben 100
    BWL praxisnah.................................... 101
7.3 Lösungen.. 102
    7.3.1   Lösungen zu den Aufgaben aus dem Lehrbuch 102
    7.3.2   Lösungen zu den ergänzenden Aufgaben 108

7 ÜBERBLICK

7.1 Hauptthema des Kapitels

Finanzkrisen ereigneten sich in der Vergangenheit und werden sich auch in der Zukunft ereignen. In der heutigen globalen Wirtschaft können aus unterschiedlichsten Gründen Krisen aller Art ausgelöst werden und es ist äußerst schwierig, diese vorherzusehen, zu vermeiden oder auch lokal zu begrenzen. Um souverän in Krisensituationen handeln zu können, werden bei wichtigen Fragen oft nur qualifizierte Fachleute eingesetzt, die nach bestem Wissen und Gewissen Entscheidungen treffen und sich ihrer Verantwortung bewusst sind. Im Finanzbereich ist es unabdingbar, nur diejenigen Geschäfte zu tätigen, die vollständig verstanden werden. Dieses Leitmotiv finanziellen Handelns gerät, wie die Wirtschaftskrise jüngst zeigte, von Zeit zu Zeit in Vergessenheit. Nichtsdestoweniger ist es ein wichtiger Baustein für stabile Finanzmärkte. Die **Finanzwirtschaft (Finance)** beschreibt alle Aktivitäten in einem Unternehmen, die sich mit Management von Kapital- und Geldflüssen beschäftigen. Die Hauptaufgaben der Finanzwirtschaft lassen sich in drei Bereiche, in *Investitionsentscheidung*, *Finanzierung* und in *Risikomanagement*, unterteilen. Meist werden alle diese Bereiche durch die Finanzabteilung im Unternehmen vollzogen, welche einerseits mit der Buchhaltung und dem Controlling, andererseits mit den Finanzmärkten außerhalb des Unternehmens in enger Zusammenarbeit stehen. Die Finanzabteilung eines Unternehmens ist in der Regel eine relativ unscheinbare Abteilung: Sie unterstützt die Hauptaktivitäten im Unternehmen und bleibt ansonsten dezent im Hintergrund. Die *Finanzwirtschaft* beinhaltet die Bewirtschaftung des elementarsten Gutes eines Unternehmens, das diesem zur Verfügung gestellt wird, nämlich des Kapitals.

Das Kapital stellt den Ausgangspunkt jeder Aktivität in einem Unternehmen dar, denn jede noch so geniale Idee und das sich daraus entwickelte Projektvorhaben benötigen zur Umsetzung finanzielle Mittel. In diesem Kapitel wurden verschiedene Aspekte der *Finanzwirtschaft* in einem Unternehmen analysiert und präsentiert, damit der Leser eine genaue Vorstellung davon erhält, was diese unterstützende Unternehmensfunktion abdeckt und bewirkt. Die Finanzmärkte und die darin agierenden Akteure werden gegenwärtig durchaus kritisch betrachtet, da in der Finanzwirtschaft nicht nur ein potenzieller, sondern auch ein realer Störfaktor für nachhaltiges Wirtschaften gesehen wird. Zugleich sind ebendiese Finanzmärkte unabdingbar. Die Abwicklung von Geschäften aller Art in der heutigen vernetzten Weltwirtschaft ist ohne intakte und gut funktionierende Finanzmärkte schlicht nicht möglich. Dies allein ist sicherlich kein Alleinstellungsmerkmal, da die Weltwirtschaft ohne eine hochentwickelte Logistik oder auch ohne eine moderne Informationstechnologie ebenfalls so nicht funktionieren würde.

Unter dem Begriff **Finance** verstehen wir das Management von Geldströmen. Dies beinhaltet vor allem die ökonomische Optimierung der Beschaffung und der Verwendung von Geld. Der Aufbau dieses Kapitels stellt sich in den Dienst dieser Maxime. Dies stellt ebenfalls die Basis des sogenannten *Financial Engineerings* dar. Darunter wird die Fähigkeit verstanden, verschiedenste Finanzinstrumente so zu kombinieren, dass dabei ein gewünschtes Ergebnis erreicht wird. Umgekehrt gilt für die Käufer von derartigen komplexen Produkten, welche aus mehreren Bausteinen bestehen, dass diese in ihre jeweiligen Bestandteile zerlegt werden müssen. Daraufhin können diese Einzelbestandteile auf einfache Art und Weise analysiert werden. So ist die Fähigkeit, Basisinstrumente vollständig zu verstehen und analysieren zu können, eine unabdingbare Voraussetzung für ein tieferes Verständnis des *Finanzwesens*.

Ein weiterer wichtiger Punkt ist die Abgrenzung des Finanzbereichs von der Finanz- und Betriebsbuchhaltung. Hier ist festzuhalten, dass im *Finanzwesen* nur Ein- und Auszahlungen, sprich der sogenannte *Cashflow* beziehungsweise das Bar- und Buchgeld, betrachtet werden. Das Wesen des *Cashflows* ist, dass seine Ströme die Salden von Bankkonten oder den Bargeldbestand verändern. Der *Cashflow* bezeichnet Bargeld oder Geld auf Konten (**Liquidität**), das kurzfristig zu seinem Nominalbetrag in Bargeld umgewandelt oder zu Zahlungen verwendet werden kann. Aufwendungen und Einnahmen wie Abschreibungen, Rücklagen oder Rückstellungen, die keine direkte Zahlung auslösen, gehören nicht in die Welt des *Finanzwesens*. Das *Finanzwesen* ist zudem zukunftsorientiert: Es gilt, den zukünftigen *Cashflow* zu bestimmen und basierend auf diesen Informationen die richtigen Entscheidungen zu treffen und die hierfür notwendigen Finanztransaktionen zu realisieren. Im Gegensatz dazu haben die Betriebsbuchhaltung und die Finanzbuchhaltung vor allem zur Aufgabe, ein wahrheitsgetreues Abbild der Vermögensentwicklung und des Firmenerfolges für die laufende oder für die abgelaufene Periode zu geben. Der Finanzdirektor eines Unternehmens, häufig *CFO (Chief Financial Officer)* genannt, ist in der Regel für die *Finanzabteilung (Treasury)* sowie für die *Finanz- und Betriebsbuchhaltung (Accounting and Controlling)* verantwortlich. Zwischen diesen Bereichen gibt es vielerlei Verbindungen, vor allem muss ein umfangreicher Informationsaustausch gewährleistet sein.

7.2 Aufgaben

7.2.1 Aufgaben aus dem Lehrbuch

1. Warum kann der Betrag, der einem Kunden in Rechnung gestellt wird, nicht als Cashflow bezeichnet werden?
2. Welches ist das maximale Verlustrisiko des Kreditgebers?
3. Wovon hängt die Höhe des Renditebetrages ab?
4. Wieso sind zukünftige Zahlungen weniger wert als heutige Zahlungen?
5. Wie können zukünftige Ein- und Auszahlungen durch heutige Kredite beziehungsweise Anlagen annulliert werden?
6. Wie kann die rechnerische Differenz zwischen der Zahl Eins und dem Bargeldfaktor interpretiert werden?
7. Wieso ist der *Net Present Value (NPV)* das relevante Entscheidungskriterium bei der Frage, ob eine Investition rentabel ist?
8. Worin unterscheiden sich Eigenkapital und Fremdkapital?
9. Wie werden die Durchschnittskosten der Finanzierung von Unternehmen berechnet?
10. Was versteht man unter finanziellen Risiken?
11. Warum werden bei der Berechnung der Standardabweichung

$$S = \sqrt{\frac{\sum (X - \bar{X})^2}{N}}$$

positive und negative Abweichungen gleich behandelt?

7.2.2 Ergänzende Aufgaben

1. Warum ist in der *Finanzwirtschaft (Finance)* das Management von Risiken von Bedeutung?

2. Welche Aussage ist am zutreffendsten?
   a) Abgezinste Einzahlungen müssen alle abgezinsten Ausgaben übertreffen. Dies ist eine rentable Investition!
   b) Eine Investition entspricht dem Hoffen auf zukünftige hohe Cashflows.
   c) Ein geringer negativer *NPV* kann durch andere Aktivitäten im Unternehmen ausgeglichen werden.
   d) Barwertfaktoren für mehr als fünf Jahre sind ungenau!

3. Welche Aussage ist am zutreffendsten?
   a) Eine Anlage in Aktien ist rentabler als eine Anlage in Zinspapiere, da die Laufzeit von Aktien unbegrenzt ist.
   b) Dividendenerträge sind verglichen zu Zinserträgen immer geringer.
   c) Die Finanzierung durch Aktien ist aus Unternehmenssicht am sichersten, da Aktienkapital nicht zurückgezahlt werden muss.
   d) Im Falle, dass in der Gewinn- und Verlustrechnung ein Verlust besteht, werden keine Dividenden gezahlt und die Zinszahlungen werden ebenfalls gekürzt.

4. Welche Aussage ist am zutreffendsten?
   a) Unternehmen mit geringem Eigenkapital können ihre Zinskosten verringern, indem sie den Eigenkapitalanteil erhöhen.
   b) Die Fremdkapitalkosten können die Eigenkapitalkosten übertreffen, wenn Zinsen steuerlich nicht abzugsfähig sind.
   c) Finanzierungsentscheidungen im Unternehmen können nicht zur Wertschöpfung im Unternehmen beitragen.
   d) Eigenkapitalkosten sind unabhängig vom Marktumfeld des Unternehmens zu sehen.

5. Welche Aussage ist am zutreffendsten?
   a) Ein Finanzplan wird für die Zukunft erstellt und dann nicht mehr verändert.
   b) Gewinnausschüttungen gehören nicht in den Finanzplan.
   c) Der Finanzplan baut auf dem Finanzbedarf auf.
   d) Die zukünftige Geschäftsentwicklung betrifft die Buchhaltung, aber nicht die Finanzierung des Unternehmens.

6. Was versteht man unter dem Begriff *Finanzwirtschaft (Finance)*?

7. In welche Bereiche lassen sich die Hauptaufgaben der *Finanzwirtschaft (Finance)* unterteilen?

8. Nennen sie zwei Unternehmensfunktionen, die in enger Zusammenarbeit mit der Finanzabteilung eines Unternehmens stehen.

7.2 Aufgaben

BWL praxisnah

1. Versuchen Sie Ihr Glück mit einer Aktieninvestition! Sie haben vor 12 Monaten durch einen Kredit 12.000 € erhalten. In den letzten 12 Monaten haben Sie an jedem ersten Handelstag eines Monats etwa 1.000 € in eine Aktie ihrer Wahl investiert. Der jeweilig verbleibende Betrag bleibt unverzinst auf Ihrem Konto. Nach 12 Monaten müssen Sie 12.600 € an die Bank zurückzahlen. Sie verkaufen am Rückzahlungstag all Ihre Aktien.

   a) Nutzen Sie eine kostenfreie Internetseite, beispielsweise *www.finanzen.net*, um eine reale Aktie und deren Handelspreise in Ihr Kalkül einzubeziehen. Errechnen Sie das Ergebnis dieser Investition. Wie verändert sich das Ergebnis, wenn das nicht investierte Geld auf Ihrem Konto jeden Monat mit 1% verzinst wird?

   b) Handelt es sich bei dem Ergebnis um einen *NPV*?

2. Die spanische Firma *Modelistics* entwickelt innovative Softwarelösungen im Bereich Intralogisik. Sie sind der Finanzdirektor (CFO) und haben zur Aufgabe, einen Finanzplan für die kommenden fünf Jahre zu erstellen. Hierbei sind viele Risiken zu beachten und in den Plan miteinzubeziehen.

   a) Definieren Sie in eigenen Worten den Begriff *Risiko*.

   b) Nennen und beschreiben Sie vier wesentliche Risikoarten.

   c) Klassifizieren Sie gemäß der folgend genannten Vorfälle die in *Teilaufgabe a* ermittelten Risikoarten.

      1. Verkäuferin Hamsa S. hat mehr verkauft als geplant.
      2. Peter S. zahlt unerwartet eine Rechnung, die ursprünglich als uneinholbar galt.
      3. Heidi T. hat zu früh bezahlt.
      4. Die Zahlung von Heinrich P. war in US Dollar zu leisten (USD) und der vorausgesehene Kurs war falsch.
      5. Die Zahlung der Rechnung von Kunde 31 wird irrtümlicherweise nicht ausgeführt.
      6. Helmut F. hat nicht gezahlt.

7.3 Lösungen

7.3.1 Lösungen zu den Aufgaben aus dem Lehrbuch

1. Die Antwort kann wie folgt formuliert werden:

   Da bei Rechnungsstellung ein bestimmter Betrag eingefordert wird, spricht man auch von der Forderung. In der Regel wird dem Kunden bis zur Zahlung eine Frist gewährt. Während dieser Frist findet noch keine Bewegung auf dem Bankkonto beziehungsweise keine Bewegung des Bargeldes statt. Erst bei Zahlung wird die Forderung zum Cashflow.

2. Die Antwort kann wie folgt formuliert werden:

   Der Begriff *Kredit* impliziert, dass es sich nur um Fremdkapital handeln kann. Der Kreditgeber erwartet, dass sowohl der zur Verfügung gestellte Kreditbetrag als auch die Zinsen fristgerecht bezahlt werden. Der maximale Verlust entspricht der Summe der vereinbarten Zinsen plus der des Kreditbetrags.

3. Die Antwort kann wie folgt formuliert werden:

   Die Höhe des Renditebetrags hängt in der vorgestellten Form vom Zinssatz und von der Laufzeit ab. Je höher der Zinssatz und die Laufzeit sind, desto höher ist der Renditebetrag. In dem Falle, dass eine derartige Finanztransaktion bis ans Ende der vereinbarten Laufzeit durchgeführt wird, wirken sich Änderungen der Zinssätze nicht auf den Cashflow aus.

4. Der Grund dafür kann wie folgt formuliert werden:

   In der Finanzwirtschaft ist es möglich, für jeden Tag eine Rendite zu erhalten. Eine maximale Rendite ist deshalb nur für Zahlungen möglich, die heute erfolgen. Für eine Einzahlung, die ich zwar bereits morgen erhalte, verliere ich jedoch einen Tag an Rendite. Der Barwertfaktor beträgt daher für heute 1. Barwertfaktoren für zukünftige Zahlungen müssen kleiner als 1 sein. Anhand der Differenz zwischen 1 und dem zukünftigen Barwertfaktor kann der Renditeverlust errechnet werden.

5. Folgende Begründung soll dies verdeutlichen:

   Die Annullierung erfolgt dadurch, dass zukünftige Ein- oder Auszahlungen durch eine gegenläufige Zahlung (umgekehrtes Vorzeichen) auf den Tag genau kompensiert werden. Die Summe aller Zahlungen für ein bestimmtes, in der Zukunft liegendes Datum ist damit Null.

   Es bleibt nun, den Betrag zu bestimmen, der heute eingesetzt werden muss, um diese zukünftige Zahlung zu generieren. Es handelt sich bei zukünftigen Auszahlungen um eine heutige Anlage, bei zukünftigen Einzahlungen um einen heutigen Kredit.

6. Die rechnerische Differenz zwischen der Zahl Eins und dem Bargeldfaktor kann wie folgt interpretiert werden:

   Barwertfaktoren, welche Werte zwischen Null und Eins annehmen können, stellen das Verhältnis zwischen dem heutigen und dem zukünftigen Wert einer Zahlung dar.

   Für den heutigen Tag beträgt der Barwertfaktor 1, da keinerlei Zinsen anfallen. Die Differenz des Faktors zu heute gibt die Zinsen bezogen auf die zukünftige Zahlung an. In diesem Zusammenhang ist die Rede vom *Abzinsen* oder *Discounting*, da für die zukünftigen Zahlungen Zinsabschläge erfolgen. Generell ist der Begriff des Discounting für die Ermittlung von Barwerten weitverbreitet. Die bereits erwähnten Barwertfaktoren können in Tabelle 7.1 wie folgt dargestellt werden:

	1	2	3	4	5	6	7	8	9	10
1%	0.9901	0.9803	0.9706	0.9610	0.9515	0.9420	0.9327	0.9235	0.9143	0.9053
2%	0.9804	0.9612	0.9423	0.9238	0.9057	0.8880	0.8706	0.8535	0.8368	0.8203
3%	0.9709	0.9426	0.9151	0.8885	0.8626	0.8375	0.8131	0.7894	0.7664	0.7441
4%	0.9615	0.9246	0.8890	0.8548	0.8219	0.7903	0.7599	0.7307	0.7026	0.6756
5%	0.9524	0.9070	0.8638	0.8227	0.7835	0.7462	0.7107	0.6768	0.6446	0.6139
6%	0.9434	0.8900	0.8396	0.7921	0.7473	0.7050	0.6651	0.6274	0.5919	0.5584
7%	0.9346	0.8734	0.8163	0.7629	0.7130	0.6663	0.6227	0.5820	0.5439	0.5083
8%	0.9259	0.8573	0.7938	0.7350	0.6806	0.6302	0.5835	0.5403	0.5002	0.4632
9%	0.9174	0.8417	0.7722	0.7084	0.6499	0.5963	0.5470	0.5019	0.4604	0.4224
10%	0.9091	0.8264	0.7513	0.6830	0.6209	0.5645	0.5132	0.4665	0.4241	0.3855

Tabelle 7.1: Die Entwicklung der Barwerte in Abhängigkeit von Zeit und Zinssatz

Für eine Einzahlung, die in 6 Jahren erfolgt und bei einem geltenden Zinssatz von 6% ergibt sich ein Faktor von 0,7050. 10.000 € in 6 Jahren sind also heute 7.050 € wert. Die Zinsdifferenz von 2.950 € entspricht der Differenz der Barwertfaktoren, multipliziert mit dem Betrag der zukünftigen Zahlung.

7. Der *NPV* ist aus folgendem Grund ein relevantes Kriterium zur Entscheidung, ob eine Investition rentabel ist:

Der Nettobarwert beinhaltet nicht nur alle Zahlungen, die im Rahmen einer Investition erfolgen, sondern auch die Finanzierungskosten. Dies wird in der folgenden Formel deutlich.

$$Nettobarwert = B_0 + \sum \frac{B_n}{(1+i)^n}$$

Da die Auszahlung B_0 heute erfolgt, muss sie nicht abgezinst werden. Alle zukünftigen Zahlungsströme werden mit dem jeweiligen Barwertfaktor multipliziert (abgezinst) und anschließend aufsummiert. Auf diese Weise lässt sich berechnen, ob auch die Finanzierungskosten erwirtschaftet werden. Tabelle 7.2 und Abbildung 7.1 zeigen die Ergebnisse einer beispielhaften Investitionsrechnung.

n = Jahr	heute (n)	n + 1	n + 2	n + 3	n + 4	n + 5
Zahlungen	−10.000,00	2.000,00	2.500,00	2.800,00	3.000,00	3.200,00
Bargeldfakt	1	0,95238	0,90703	0,86384	0,82270	0,78353
PV		1.904,76	2.267,57	2.418,75	2.468,11	2.507,28
Kumuliert	−10.000,00	−8.095,24	−5.827,66	−3.408,92	−940,81	1.566,47
NPV	1.566,47					

Tabelle 7.2: *NPV* einer Investition bei einem Zinssatz von 5%

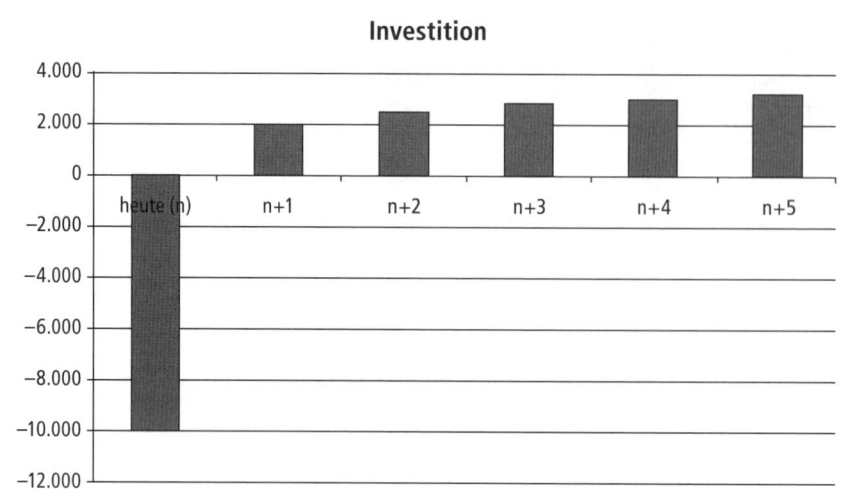

Abbildung 7.1: Zahlungsströme einer Investition

In obigem Beispiel zeigt eine erste überschlägige Berechnung, dass der Auszahlung von 10.000 € insgesamt Einzahlungen von 13.500 € gegenüberstehen. Hierbei sind die Finanzierungskosten noch nicht einbezogen, was durch die Multiplikation der jährlichen Bargeldfaktoren mit den jeweiligen Einzahlungen erfolgt. Die Summe der gesamten zukünftigen Einzahlungen beträgt nun nur noch 11.566,47 €: Die Differenz von 1.933,53 € muss für den Kreditgeber bereitgestellt werden. Da nach Abzug aller Kosten ein Betrag von 1.566,47 € generiert wird, ist die Investition dennoch rentabel. Die kumulierte Entwicklung kann den roten Balken in Abbildung 7.1 entnommen werden: Erst durch die Einzahlung im letzten Jahr wird die Investition rentabel. Ein Abbruch nach dem vierten Jahr würde einen Verlust von 940,81 € bedeuten. Es lässt sich somit feststellen, dass eine Investition rentabel ist, wenn der *NPV* größer Null ist.

8. Nachfolgend werden wesentliche Unterschiede zwischen Eigen- und Fremdkapital erklärt und zusammengefasst:
   - **Fremdkapital:** Fremdkapital bezeichnet die „Schulden" des Unternehmens, sprich das Kapital, das von Dritten zur Verfügung gestellt wird. Ein typisches Beispiel hierfür ist der Bankkredit: Beispielsweise kurzfristige Kredite, die jedes Jahr neu vereinbart werden müssen oder auch ein längerfristiger Kredit, der in $n + 2$ ausläuft. Bezüglich des Fremdkapitals handelt es sich um Kapital, das dem Unternehmen temporär zur Verfügung steht. Das Unternehmen muss regelmäßige Zahlungen leisten, die sowohl Zinsen als auch die Rückzahlung des geliehenen Kapitals beinhalten.
   - **Eigenkapital:** Das Kapital, das dem Unternehmen durch den Eigentümer zur Verfügung gestellt wird, stellt das Eigenkapital dar. Dieses Kapital steht dem Unternehmen dauerhaft zur Verfügung. Eine Rückzahlung des Eigenkapitals durch das Unternehmen ist unüblich. Es kann zwar unter gewissen Umständen reduziert werden, doch besteht prinzipiell keine Rückzahlungspflicht.

Die Charakteristika von Eigen- und Fremdkapital sind für die bekanntesten Grundinstrumente – für Aktie und Kredit – in Tabelle 7.3 aufgelistet.

Instrumente	Laufzeit	Renditezahlungen
Aktie	unbegrenzt	variabel; nur möglich, wenn Gewinn erwirtschaftet wird (Dividende)
Kredit	fest vereinbarte Laufzeit	fest vereinbart (Zins)

Tabelle 7.3: Instrumente der Finanzplanung

Da der Aktionär sein ursprünglich eingesetztes Kapital nicht zurückfordern kann und zudem auch in Zeiten von Verlusten kein Geld verlangen darf, ist diese Art der Geldquelle für das Unternehmen sicher und bedarf im laufenden Geschäft nur geringer Steuerung durch die Dividendenplanung. Im Fall der Kredite ist dies anders, da hier die Krediterneuerung und zudem die festen Zinszahlungen geplant werden müssen.

9. Im Folgenden wird die Berechnung der Durchschnittkosten der Finanzierung von Unternehmen aufgeführt:

   Unter Durchschnittskosten wird verstanden, dass für Investitionen ein durchschnittlicher Einsatz von Eigen- und Fremdkapital unterstellt wird. Es handelt sich sowohl um eine Kostengröße, die für die Vergangenheit berechnet werden kann, als auch um ein Konzept, das für zukünftige Vorhaben benötigt wird. Oft werden diese Durchschnittskosten *Weighted Average Cost of Capital (WACC)* genannt. Der *WACC* kann wie folgt berechnet werden:

   WACC = Eigenkapitalrente * Eigenkapital / Gesamtkapital + Zinsen * Fremdkapital / Gesamtkapital

   Die blaue Kurve in Abbildung 7.2 zeigt die Entwicklung der durchschnittlichen Finanzierungskosten in Abhängigkeit vom Verschuldungsgrad. In diesem Beispiel zeigt sich, dass optimale Finanzierungskosten in einem breiten Bereich bei einem Einsatz von 55% bis 65% Fremdkapital entstehen.

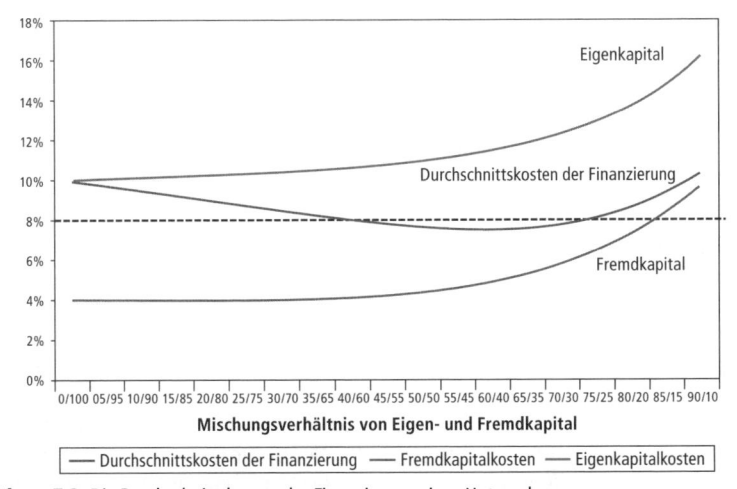

Abbildung 7.2: Die Durchschnittskosten der Finanzierung eines Unternehmens

10. Die finanziellen Risiken eines Unternehmens können wie folgt beschrieben werden:

    Ein finanzielles Risiko bezeichnet die Möglichkeit, dass Abweichungen von einem erwarteten Zustand erfolgen. Die Beurteilung des Risikos erfolgt vor allem durch das Ausmaß und durch die die Häufigkeit dieser Abweichungen.

    Da diese **Risikoursachen** im Zeitablauf verfolgt werden, kann herausgefunden werden, inwieweit sie für die Schwankungen verantwortlich sind. Es gilt wiederkehrende Vorfälle mit entsprechenden Maßnahmen zu bekämpfen, um die Standardabweichung der Zahlungen zu verringern. Im Verlauf der Zeit ist festzustellen, dass Prognosen exakter ausfallen, wenn die Ursachenforschung korrekt durchgeführt wurde. Um die entsprechenden Maßnahmen zu definieren, ist es sinnvoll, die entdeckten Ursachen wie im Beispiel in Tabelle 7.4 zu klassifizieren.

Steuerung	Klassifizierung	Ursache der Abweichung
Intern bzw. Extern	Kreditrisiko	Ein Kunde zahlt unerwartet eine Rechnung, die als uneinholbar galt.
Intern bzw. Extern	Marktrisiko	Die Zahlung war in US-Dollar zu leisten (USD) und der vorausgesehene Kurs war falsch.
Intern	Abwicklungsrisiko	Die Zahlung einer Rechnung wird irrtümlich nicht ausgeführt.
Intern	Businessrisiko	Ein Kunde hat zu früh bezahlt.
Intern bzw. Extern	Kreditrisiko	Ein Kunde hat nicht gezahlt.
Intern	Businessrisiko	Es wurde mehr verkauft als geplant.

Tabelle 7.4: Steuerung, Klassifizierung und Ursache der Abweichung

Nachfolgend werden die unterschiedlichen Risikoarten beschrieben:

- **Abwicklungsrisiko:** Hiermit sind Risiken gemeint, die aus der Abwicklung von Zahlungen entstehen können. Es kann sich sowohl um Fehler als auch um Betrug von Mitarbeitern handeln. In Anbetracht der komplexen Abläufe und der Notwendigkeit, verschiedenste Zahlungs- und Informatiksysteme zu nutzen, ist diese Problematik gegenwärtig äußerst wichtig geworden.

    Zur Steuerung sind vor allem interne Maßnahmen geeignet. So ist die Mitarbeiterauswahl ein enorm wichtiges Kriterium. Des Weiteren gilt es die Abläufe so zu gestalten, dass eine einzelne Person nicht alle Schritte einer Zahlung allein ausführen kann. Zudem sollten sogenannte Back up Ersatz-Systeme zur Verfügung gehalten werden.

- **Businessrisiko:** Hiermit sind Risiken gemeint, die aus der Geschäftstätigkeit eines Unternehmens entstehen. Dies meint vor allem Produkte, Märkte und auch die Konkurrenzsituation. So werden Zahlungsströme, die aus dem Verkauf von Nahrungsmitteln entstehen, prinzipiell konstanter sein als dies etwa in der Bauwirtschaft der Fall ist. In der Bauwirtshaft haben Konjunkturveränderungen in der Regel stärkere Schwankungen der Geschäftstätigkeit zur Folge. Die Steuerung des Businessrisikos ist im Prinzip keine Aufgabe der Finanzabteilung. Das Businessrisiko wird im Rahmen der Strategie des Unternehmens gesteuert. Wichtige Entscheidungen zur Steuerung dieses Risikos sind beispielsweise die Einführung neuer Produkte und der Eintritt in neue Märkte (Diversifikation).

- **Kreditrisiken:** Kreditrisiken sind besonders für Banken ein wesentlicher Punkt, da deren Kerngeschäft in der Kreditvergabe besteht. Ziel ist es, die Verluste aus Krediten klein zu halten. Verluste können dadurch entstehen, dass offene Beträge sowie Zinsen nicht, teilweise oder erst verspätet zurückgezahlt werden. Auch Unternehmen gewähren Kunden eine Frist zur Zahlung der Rechnungen. Es handelt sich hier ebenfalls um Kredite. Auch bei diesen sogenannten Forderungen können Ausfälle entstehen.

  Die Steuerung des Kreditrisikos erfolgt zunächst intern, indem geprüft wird, ob generell Waren beziehungsweise Kredite an ein Unternehmen verkauft beziehungsweise verliehen werden dürfen. Im Fall, dass die Rückzahlung gefährdet erscheint, wird die Kreditvergabe nicht erfolgen. Im Zuge der Entwicklung der Finanzmärkte ist es möglich geworden, Kreditrisiken zumindest für große Unternehmen und Staatsschuldner zu handeln und diese an Dritte zu veräußern. Dies ermöglicht, eine Absicherung zu erwerben, die im Fall des Kreditausfalls die Differenz ersetzt.

- **Marktrisiken:** Unter Marktrisiken werden die finanziellen Risiken von Finanzprodukten verstanden, die an Finanzmärkten gehandelt werden. Einige typische Marktrisiken sollen im Folgenden knapp vorgestellt werden.

  - **Währungsrisiken:** Fast alle Währungen werden an Finanzmärkten für heutige und zukünftige Termine gehandelt. So werden Währungsrisiken vielfach durch den Kauf oder Verkauf von Fremdwährungen von heutigen oder zukünftig erwarteten Zahlungen, durch Optionen und Bonds, abgesichert.

  - **Zinsrisiken:** Je nach Situation eines Unternehmens mag es sinnvoll sein, eine Zinsbindung für einen kurzen oder langen Zeitraum einzugehen. Inzwischen ist es beispielsweise für bestehende Kredite möglich, seine Zinsen am Markt zu modifizieren, ohne dies mit der kreditvergebenden Bank abzusprechen.

  - **Rohstoffrisiken:** Auch für Rohstoffe ist es möglich, bereits heute zukünftige Preise zu fixieren. Dies mag mit dem Lieferanten geschehen oder an den Finanzmärkten, die solche Verträge anbieten.

  - **Wertpapierrisiken:** Generell kann für die meisten Wertpapiere – für Aktien oder Anleihen – ebenfalls ein Risikoschutz an den Finanzmärkten erworben werden.

  Die Preise dieser Finanzrisiken ergeben sich zumeist aus Quantifizierungen: Je höher sich die vermuteten Schwankungen gestalten, desto höher ist der Preis für ein Risiko. Hohe Schwankungen der Zahlungsströme führten in vielen globalen Firmen auch dazu, dass viele Finanzabteilungen die Ursachen, die sie als wichtig identifizierten, aktiv managen, um das Hauptziel, immer liquide zu bleiben, zu gewährleisten.

11. Die Gleichbehandlung von positiven und negativen Abweichungen bei der Berechnung der Standardabweichung kann wie folgt begründet werden:

    Jede Art von Abweichungen kann Kosten verursachen. Bei positiven Abweichungen handelt es sich um Opportunitätskosten. Hier hätten zum Beispiel bessere Renditen erwirtschaftet werden können, wenn dies vorab bekannt gewesen wäre. Eine andere Sichtweise ist, dass jede Art von Abweichung zur Unsicherheit beiträgt, selbst wenn kein direkter Schaden eintritt. Es handelt sich also um ein Maß für Unsicherheit, wobei diese Unsicherheit auch Chancen bergen kann. Die Berechnung der Standardabweichung ist durch folgende mathematische Formel beschrieben:

$$S = \sqrt{\frac{\sum(X - \bar{X})^2}{N}}$$

Das in Tabelle 7.5 vorgestellte Beispiel zeigt, dass sich hier die Standartabweichung aus drei positiven und zwei negativen Abweichungen zusammensetzt.

n = Tag	heute (n)	$n+1$	$n+2$	$n+3$	$n+4$	$n+5$	Durchschnitt
Realität	500	1.000	3.000	7.500	4.000	1.000	
Abweichung		100%	200%	150%	–47%	–75%	65,67%
Abweichung vom Durchschnitt		34%	134%	84%	–112%	–141%	Varianz 1,1748
(Abweichung vom Durchschnitt) 2		0,1178	1,8045	0,7112	1,2618	1,9787	
Standardabweichung							108%

Tabelle 7.5: Berechnung einer Kennzahl zur Messung der durchschnittlichen Abweichung

7.3.2 Lösungen zu den ergänzenden Aufgaben

1. Siehe hierzu *Abschnitt 7.5 LB*.

   Zukünftige Zahlungen sind Einflüssen ausgesetzt, die Zahlungsströme verändern und heute nicht vorhersehbar sind. Es können daher in der beruflichen Praxis zwei Arten von Risiken entstehen:

   – Es wurde **zu wenig** Finanzierungskapital geplant. Dieses muss nun kurzfristig und möglichst schnell (und damit in der Regel teurer!) finanziert werden. Der schlimmste Fall wäre hierbei die Insolvenz, wenn nicht rechtzeitig eine Finanzierungsmöglichkeit gefunden werden könnte.

   – Es wurde **zu viel** Finanzierungskapital geplant und aufgenommen. Dadurch entstehen in der Regel höhere Finanzierungskosten als real nötig gewesen wären.

   Um dieses Risiko bestmöglich zu visualisieren und zu managen, werden in der beruflichen Praxis verschiedene Instrumentarien, beispielsweise Soll-Ist-Vergleiche (*Abschnitt 7.5.1 LB*) oder die Berechnung der Standardabweichung (*Abschnitt 7.5.2 LB*), benutzt.

2. Siehe hierzu *Abschnitt 7.3 LB*. Antwort *a* ist richtig.

   Eine Definition des Begriffes *Investition* kann anhand zweier Zahlungsströme getroffen werden:

   – Anhand einer Auszahlung *zu Beginn* der Transaktion, um die notwendigen Aktiva zu kaufen und

   – anhand der Einzahlungen *während der Transaktion*, die aus deren Aktiva erwirtschaftet werden.

Die Auszahlung zu Beginn wird in der Hoffnung getätigt, dass die späteren Einzahlungen „höher" sind als der investierte Betrag, so dass eine Rendite erwirtschaftet wird. Tabelle 7.6 und Abbildung 1.3 dienen der Veranschaulichung.

n = Jahr	heute *(n)*	*n* + 1	*n* + 2	*n* + 3	*n* + 4	*n* + 5
Zahlung	– 10.000,00	2.000,00	2.500,00	2.800,00	3.000,00	3.200,00

Tabelle 7.6: Zahlungsströme einer Investition

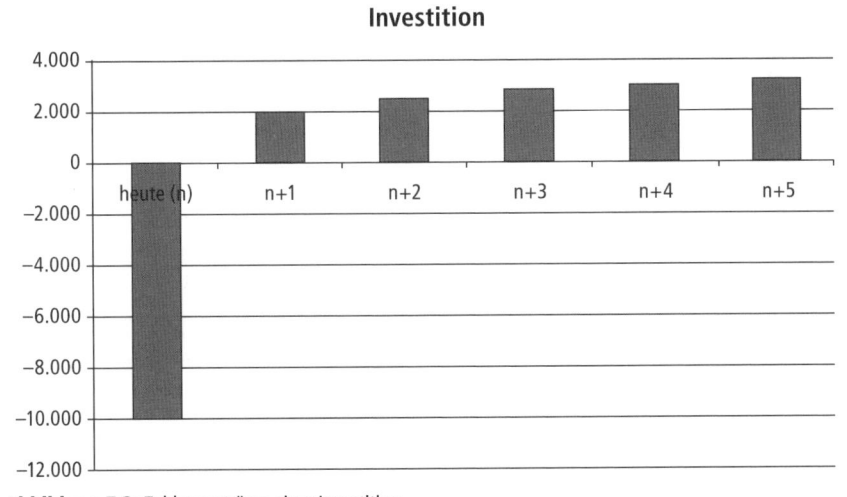

Abbildung 7.3: Zahlungsströme einer Investition

In Tabelle 7.6 und Abbildung 7.3 wird ein typisches Beispiel für eine Investition dargestellt. Es erfolgt heute eine Auszahlung von 10.000 €, die in den folgenden Jahren 2.000 €, 2.500 €, 2.800 €, 3.000 € und 3.200 € einbringt. Jede Investition ist durch ihr eigenes Auszahlungsprofil gekennzeichnet, womit das Bild aller Zahlungen gemeint ist. Es gibt Investitionen über kurze und lange Zeiträume, sehr unregelmäßige Zahlungen oder auch Investitionen, bei denen in den Folgejahren weitere Auszahlungen eintreten können.

3. Siehe hierzu *Abschnitt 7.4.2 LB*. Antwort *c* ist richtig.

Bei der **Beteiligungsfinanzierung** wird das Eigenkapital erhöht. Dies kann durch die bisherigen Eigentümer oder durch neue Eigentümer (Aktienemission) vollzogen werden. Bei dieser Art der Kapitalaufstockung bedarf es immer der Zustimmung der bisherigen Eigentümer, da es deren Gewinnansprüche am Unternehmen verringert. Die neuen Kapitalgeber erheben neben dem Anspruch auf die Gewinnbeteiligung auch einen Anspruch auf Mitsprache, tragen aber auch ihren Teil am Gesamtrisiko des Unternehmens. Diese Art der Außenfinanzierung wird häufig bei langfristigem Finanzierungsbedarf angewendet und dient in der Regel zur Finanzierung von Aktiva, die von den Banken als zu riskant empfunden werden.

4. Siehe hierzu *Abschnitt 7.4.3 LB*. Antwort a ist richtig.

   Zur Beantwortung dieser Frage wird auf das sogenannte „Prinzip der Nachrangigkeit" verwiesen. Dieses hilft, das Risiko der Kreditgeber zu reduzieren. Es bedeutet, dass zunächst alle Verluste durch das Eigenkapital ausgeglichen werden müssen und die Kreditgeber nur dann auch betroffen sind, falls diese Verluste das Eigenkapital übersteigen. Für die Kreditgeber (häufig Banken) bedeutet dies, dass sie durch das Eigenkapital geschützt werden.

   Je mehr Eigenkapital zur Verfügung steht, desto unwahrscheinlicher ist es, dass ein Kredit nicht zurückgezahlt werden kann. Das höhere Risiko der Inhaber muss entschädigt werden, da sonst niemand Aktien kaufen würde und nur Kreditfinanzierungen attraktiv wären. Hierin liegt das Problem: Kredite werden nur vergeben, wenn genügend Schutz in Form von Eigenkapital in einem Unternehmen existiert. So wird deutlich, dass es ohne Eigenkapital viel schwieriger ist, Fremdkapital aufzunehmen.

5. Siehe hierzu *Abschnitt 7.4.2 LB*. Antwort c ist richtig.

   Der **Finanzplan** ist eine Aufstellung, die beschreibt, durch welche Finanzierungen zu welchen Zeitpunkten der jeweilige Finanzbedarf beziehungsweise Finanzüberschuss beschafft und verwendet wird. Hierbei ist es wichtig zu wissen, ob die Finanzierung von außen oder von innen durchgeführt werden soll.

6. Siehe hierzu *Abschnitt 7.1.2 LB*.

   Die *Finanzwirtschaft (Finance)* beschreibt alle Aktivitäten in einem Unternehmen, die sich mit Management von Kapital- und Geldflüssen beschäftigen.

7. Siehe hierzu *Abschnitt 7.1.2 LB*. Die Hauptaufgaben der Finanzwirtschaft lassen sich in drei Bereiche unterteilen:
   - Investitionsentscheidung
   - Finanzierung
   - Risikomanagement

8. Siehe hierzu *Abschnitt 7.1.2 LB*.

   Im Unternehmen steht die Finanzabteilung einerseits mit der Buchhaltung in enger Zusammenarbeit (siehe *Kapitel 8* Rechnungswesen) und andererseits mit dem Controlling (siehe *Kapitel 9*).

Lösung zu BWL praxisnah

1. Diese Aufgabe bezieht sich auf die *Abschnitte 7.2.2 LB* und *7.3 LB*. Es handelt sich hierbei um eine Kreditfinanzierung für Anlagen in Aktien.

   a) Als Lösungsbeispiel wurde eine Investition in eine Aktie der Firma *Michelin* (siehe Tabelle 7.7) vom 1.7.2011 bis 2.7.2012 gewählt. Es wird ersichtlich, dass die Entwicklung des Aktienpreises die Zinskosten nicht deckt. Es handelt sich um eine Berechnung ex-post (siehe Tabelle 7.8). Die Einbeziehung der Verzinsung von Guthaben reduziert die Verluste, ist aber ungenügend, um die Finanzkosten zu kompensieren.

   b) Am 2.7.2012 stellte das Ergebnis den *NPV* dar, da es zu keinen weiteren zukünftigen Finanzflüssen kam.

7.3 Lösungen

Lösungen zu Kapitel 7

Monat	1	2	3	4	5	6	7	8	9	10	11	12	13
Kauf der Aktien der Firma Michelin (gehandelt an der Börse in Paris)													
Preis Börsenschluss	58,66	50,99	45,21	52,68	47,18	45,67	52,30	51,76	55,83	56,42	47,25	51,48	52,15
Handelsdatum	01.07.2011	01.08.2011	01.09.2011	03.10.2011	01.11.2011	01.12.2011	02.01.2012	01.02.2012	01.032012	02.04.2012	02.05.2012	01.06.2012	02.07.2012
Anzahl der gekauften Aktien	18	20	22	19	21	22	19	19	19	18	20	18	
Total Anzahl der Aktien	18	38	60	79	100	122	141	160	179	197	217	235	
Auszahlung	−1.055,88	−1.019,80	−994,62	−1.000,92	−990,78	−1.004,74	−993,70	−983,44	−1.060,77	−1.015,56	−945,00	−926,64	
Verkauf Aktien													12.255,25
Kredit	12.000,00												−12.600,00
Kontostand	10.944,12	9.924,32	8.929,70	7.928,78	6.938,00	5.933,26	4.939,56	3.956,12	2.895,35	1.879,79	934,79	8,15	−336,60
Verzinsung Guthaben													
Tage	0	31	32	29	30	32	30	29	32	30	30	31
Zinsen zu 1% (360 Tage)	0	9,42	8,55	7,95	6,41	5,81	5,31	4,15	3,23	2,62	1,61	0,82	0,06
Kontostand inkl. Zinsen	10.944,12	9.933,74	8.947,68	7.954,71	6.970,34	5.971,41	4.983,02	4.003,73	2.946,18	1.933,24	989,85	64,04	−280,66

Tabelle 7.7: Lösung mit Käufen der Aktie von *Michelin*

Lösungen zu Kapitel 7

	A	B	C	D	E	F	G	H	I	J	K	L	M	N
1	Monat	1	2	3	4	5	6	7	8	9	10	11	12	13
2														
3	Kauf der Aktien der Firma Michelin (gehandelt an der Börse in Paris)													
4	Preis Börsenschluss	58,66	50,99	45,21	52,68	47,18	45,67	52,3	51,76	55,83	56,42	47,25	51,48	52,15
5	Handelsdatum	01.07.2011	01.08.2011	01.09.2011	03.10.2011	01.11.2011	01.12.2011	02.01.2012	01.02.2012	01.032012	02.04.2012	02.05.2012	01.06.2012	02.07.2012
6	Anzahl der gekauften Aktien	18	20	22	19	21	22	19	19	19	18	20	18	
7	Total Anzahl der Aktien	=B6	=B7+C6	=C7+D6	=D7+E6	=E7+F6	=F7+G6	=G7+H6	=H7+I6	=I7+J6	=J7+K6	=K7+L6	=L7+M6	=M7*N4
8	Auszahlung	=B4*–B6	=C4*–C6	=D4*–D6	=E4*–E6	=F4*–F6	=G4*–G6	=H4*–H6	=I4*–I6	=J4*–J6	=K4*–K6	=L4*–L6	=M4*–M6	
9	Verkauf Aktien													
10	Kredit	12000												–12600
11														
12	Kontostand	=B10+B8	=B12+C8	=C12+D8	=D12+E8	=E12+F8	=F12+G8	=G12+H8	=H12+I8	=I12+J8	=J12+K8	=K12+L8	=L12+M8	=M12+N9 +N10
13														
14	Verzinsung Guthaben													
15	Tage	0	=C5–B5	=D5–C5	=E5–D5	=F5–E5	=G5–F5	=H5–G5	=I5–H5	=J5–I5	=K5–J5	=L5–K5	=M5–L5	=N5–M5
16	Zinsen zu 1% (360 Tage)	0	=C15/ 360*1%* B18	=D15/ 360*1%* C18	=E15/ 360*1%* D18	=F15/ 360*1%* E18	=G15/ 360*1%* F18	=H15/ 360*1%* G18	=I15/ 360*1%* H18	=J15/ 360*1%* I18	=K15/ 360*1%* J18	=L15/ 360*1%* K18	=M15/ 360*1%* L18	=N15/ 360*1%* M18
17														
18	Kontostand inkl. Zinsen	=B12+B16	=B12+C16 +C8	=C18+D16 +D8	=D18+E16 +E8	=E18+F16 +F8	=F18+G16 +G8	=G18+H16 +H8	=H18+I16+ I8	=I18+J16+ J8	=J18+K16+ K8	=K18+L16+ L8	=L18+M16 +M8	=M18+N1 6+N9+N10

Tabelle 7.8: Verwendete Formeln

7.3 Lösungen

2. a) Diese Aufgabe wird in *Abschnitt 7.5.3 LB* behandelt.

Ein **Risiko** bezeichnet die Möglichkeit, dass Abweichungen von einem erwarteten Zustand erfolgen. Die Beurteilung des Risikos erfolgt vor allem durch das Ausmaß und durch die Häufigkeit dieser Abweichungen.

b) Diese Frage wird in *Abschnitt 7.5.3 LB* behandelt. Folgende wesentliche Risikoarten existieren:

- **Abwicklungsrisiko:** Hiermit sind Risiken gemeint, die aus der Abwicklung von Zahlungen entstehen können. Es kann sich einerseits um Fehler handeln, jedoch auch um Betrug von Mitarbeitern. In Anbetracht der komplexen Abläufe und der Notwendigkeit, verschiedenste Zahlungs- und Informatiksysteme zu nutzen, ist diese Problematik gegenwärtig äußerst wichtig geworden. Zur Steuerung sind vor allem interne Maßnahmen geeignet. So ist die Mitarbeiterauswahl ein enorm wichtiges Kriterium. Weiterhin gilt es die Abläufe so zu gestalten, dass eine einzelne Person nicht alle Schritte einer Zahlung allein ausführen kann. Zudem sollten sogenannte Back-up Ersatz-Systeme zur Verfügung gehalten werden.

- **Businessrisiko:** Hiermit sind Risiken gemeint, die aus der Geschäftstätigkeit eines Unternehmens entstehen. Dies meint vor allem Produkte, Märkte und auch die Konkurrenzsituation. So werden Zahlungsströme, die aus dem Verkauf von Nahrungsmitteln entstehen, prinzipiell konstanter sein als dies etwa in der Bauwirtschaft der Fall ist. In der Bauwirtshaft haben Konjunkturveränderungen in der Regel stärkere Schwankungen der Geschäftstätigkeit zur Folge. Die Steuerung des Businessrisikos ist im Prinzip keine Aufgabe der Finanzabteilung. Das Businessrisiko wird im Rahmen der Strategie des Unternehmens gesteuert. Wichtige Entscheidungen zur Steuerung dieses Risikos sind beispielsweise die Einführung neuer Produkte und der Eintritt in neue Märkte (Diversifikation).

- **Kreditrisiken:** Kreditrisiken sind besonders für Banken ein wesentlicher Punkt, da deren Kerngeschäft in der Kreditvergabe besteht. Ziel ist es, die Verluste aus Krediten klein zu halten. Verluste können dadurch entstehen, dass offene Beträge sowie Zinsen nicht, teilweise oder erst verspätet zurückgezahlt werden. Auch Unternehmen gewähren Kunden eine Frist zur Zahlung der Rechnungen. Es handelt sich hier ebenfalls um Kredite. Auch bei diesen sogenannten Forderungen können Ausfälle entstehen. Die Steuerung des Kreditrisikos erfolgt zunächst intern, indem geprüft wird, ob generell Waren beziehungsweise Kredite an ein Unternehmen verkauft beziehungsweise verliehen werden dürfen. Im Fall, dass die Rückzahlung gefährdet erscheint, wird die Kreditvergabe nicht erfolgen. Im Zuge der Entwicklung der Finanzmärkte ist es möglich geworden, Kreditrisiken zumindest für große Unternehmen und Staatsschuldner zu handeln und diese an Dritte zu veräußern. Dies ermöglicht, eine Absicherung zu erwerben, die im Fall des Kreditausfalls die Differenz ersetzt.

- **Marktrisiken:** Unter Marktrisiken werden die finanziellen Risiken von Finanzprodukten verstanden, die an Finanzmärkten gehandelt werden. Einige typische Marktrisiken sollen hier knapp vorgestellt werden:

Währungsrisiken: Fast alle Währungen werden an Finanzmärkten für heutige und für zukünftige Termine gehandelt. So werden Währungsrisiken vielfach durch den Kauf oder Verkauf von Fremdwährungen von heutigen oder zukünftig erwarteten Zahlungen, durch Optionen und Bonds, abgesichert.

Zinsrisiken: Je nach Situation eines Unternehmens mag es sinnvoll sein, eine Zinsbindung für einen kurzen oder langen Zeitraum einzugehen. Inzwischen ist es beispielsweise für bestehende Kredite möglich, seine Zinsen am Markt zu modifizieren, ohne dies mit der kreditvergebenden Bank abzusprechen.

Rohstoffrisiken: Auch für Rohstoffe ist es möglich, bereits heute zukünftige Preise zu fixieren. Dies mag mit dem Lieferanten geschehen oder an den Finanzmärkten, die solche Verträge anbieten.

Wertpapierrisiken: Generell kann für die meisten Wertpapiere – für Aktien oder Anleihen – ebenfalls ein Risikoschutz an den Finanzmärkten erworben werden.

c) Diese Frage wird in *Abschnitt 7.5.3 LB* behandelt. Folgende Zuweisung kann getätigt werden:

1. **Businessrisiko:** Verkäuferin Hamsa S. hat mehr verkauft als geplant.
2. **Kreditrisiko:** Peter S. zahlt unerwartet eine Rechnung, die ursprünglich als uneinholbar galt.
3. **Businessrisiko:** Heidi T. hat zu früh bezahlt.
4. **Marktrisiko:** Die Zahlung von Heinrich P. war in US Dollar zu leisten (USD) und der vorausgesehene Kurs war falsch.
5. **Abwicklungsrisiko:** Die Zahlung der Rechnung von Kunde 31 wird irrtümlicherweise nicht ausgeführt.
6. **Kreditrisiko:** Helmut F. hat nicht gezahlt.

TEIL III

Unterstützende Funktionen

8	Rechnungswesen	117
9	Controlling	137
10	Organisation	157
11	Wissensmanagement und Informationssysteme	179
12	Human Resource Management	197
13	Leadership	215

Rechnungswesen

8.1 Hauptthema des Kapitels 118

8.2 Aufgaben 120
    8.2.1 Aufgaben aus dem Lehrbuch 120
    8.2.2 Ergänzende Aufgaben 121
    BWL praxisnah 125

8.3 Lösungen 126
    8.3.1 Lösungen zu den Aufgaben aus dem Lehrbuch 126
    8.3.2 Lösungen zu den ergänzenden Aufgaben 130

8 Rechnungswesen

8.1 Hauptthema des Kapitels

Hauptthema dieses Kapitels ist das Rechnungswesen als eine weitere wichtige Unternehmensfunktion. Hier werden nach bestimmten Regeln sämtliche Geld- und Leistungsbewegungen in einem Unternehmen erfasst. Das Rechnungswesen dient somit der Informationsbeschaffung und bildet häufig die Grundlage für Entscheidungen. Skandale wie jene um *Enron*, *Parmalat* oder *Madoff* wurden – zumindest zum Teil – aufgrund von Schwächen der Buchführungssysteme möglich. Der Gesetzgeber reagierte auf jede dieser Affären mit strengeren Buchführungspflichten, um die Gesellschaften **transparenter** zu gestalten. Dieses Transparenzkonzept schließt ein, dass das Rechnungswesen den verschiedenen Stakeholdern möglichst **zweckdienliche und verständliche Informationen** liefern soll. Die Relevanz des Rechnungswesens und dessen Aufgabe liegt in der zuverlässigen Aufbereitung und Darstellung von Daten und Informationen.

Das Rechnungswesen hat die Aufgabe des **systematischen Erfassens**, **Überwachens** und des **informationsseitigen Verdichtens** der durch unternehmerische Leistung erwirtschafteten Geld- und Leistungsströme. Zum einen werden von dem Rechnungswesen Geld- und Güterströme eines Unternehmens dokumentiert, um gegenüber den Stakeholdern Rechenschaft abzulegen *(externes Rechnungswesen)*. Zum anderen soll das Rechnungswesen der Geschäftsführung diejenigen Daten liefern, die zur Steuerung und Planung des Unternehmens notwendig sind *(internes Rechnungswesen)*.

Finanzwirtschaft *(Kapitel 7 LB)* und Controlling *(Kapitel 9 LB)* sind die beiden Unternehmensfunktionen, die intern die Informationen des Rechnungswesens am meisten nutzen. Diese beiden Funktionen bedienen sich des Rechnungswesens als primäre Informationsquelle und verarbeiten daraufhin dessen Informationen dem Bedarf entsprechend.

Der derzeit sehr häufig diskutierte Begriff *Corporate Governance* (engl. to govern = „leiten, verwalten, erziehen") benennt in diesem Zusammenhang das Steuerungs- und Regelungssystem in Bezug auf die Strukturen (Aufbau- und Ablauforganisation) einer politisch-gesellschaftlichen Einheit wie beispielsweise des Staates, der Gemeinden oder auch privater beziehungsweise öffentlicher Organisationen. In diesem Kontext beschreibt *Corporate Governance* demnach die Steuerung oder Regelung eines jeglichen Trägers der Wirtschaft. Der **Kontrollmechanismus** zwischen Eigentümer beziehungsweise Aktionär und Manager oder zwischen Führungskräften und Mitarbeitern sind hierbei von besonderem Interesse.

Das **interne Rechnungswesen** bezieht sich auf die Berechnung der Kosten. Der Preis für ein Produkt oder für eine Dienstleistung wird durch den Markt und somit durch das Angebot und die Nachfrage festgelegt. Ehe Unternehmen in den Markt eintreten, wollen sie in Erfahrung bringen, welche Preise sie festsetzen sollen und ob sie dabei noch Gewinne erwirtschaften. Der Preis sollte langfristig nicht niedriger sein als die Kosten. In anderen Worten dürfen die Kosten nicht höher sein als die geltenden Marktpreise. Bezüglich der Herstellung von Gütern bilden somit die Marktpreise die obere und die Kosten die untere Grenze. Die wesentliche Grundlage des Jahresabschlusses bildet das Erfassen und die richtige Zuordnung der Kosten in einem Unternehmen, welche letztendlich den Gewinn bestimmen.

Die Kostenrechnung ist kurzfristig ausgerichtet, wird kontinuierlich durchgeführt und dokumentiert beziehungsweise visualisiert sämtliche Vorgänge in einem Unternehmen. Die Kostenrechnung erfasst anfallende Kosten und rechnet diese direkt (Einzelkosten) oder indirekt (Gemeinkosten) den Kostenträgern (Produkte bzw. Dienstleistungen) über die Kostenstellen zu. Die wesentlichen **Bestandteile der Kosten- und Leistungsrechnung** sind demnach erstens die **Kostenartenrechnung**, das heißt die Ermittlung aller Kosten sowie die Zuteilung zu Kostenarten *(Cost Type Accounting)*; zweitens die **Kostenstellenrechnung**, das heißt die Zuteilung der angefallenen Kosten, welche direkt keinen Kostenträgern einzeln zugeteilt werden können, auf Kostenstellen *(Cost Center Accounting)*; und schließlich drittens die **Kostenträgerrechnung**, die Zuteilung entstandener Kosten auf die Produkte und Dienstleistungen *(Product related Cost Accounting)*.

Das externe Rechnungswesen bezieht sich auf die Konzepte der Buchführung. Zunächst resultiert das Rechnungswesen aus einer Übereinkunft darüber, auf welche Weise und zu welchem Zweck die Geschäfte eines Unternehmens aufgezeichnet werden sollen. Daraus leitet sich die Frage ab, wer die Informationen des Rechnungswesens anwenden und zu welchem Ergebnis diese Anwendung führen soll. Das Ergebnis soll den Nutzern Informationen über die Finanzsituation und über die Leistung des Unternehmens liefern.

Wenn das Rechnungswesen eine Übereinkunft darstellt, so impliziert dies, dass sich (Wirtschafts-)Akteure darauf verständigt haben, allgemeine Praktiken einzuhalten und zu akzeptieren. Dies wirft wiederum folgende Frage auf: Handelt es sich bei dem Rechnungswesen um eine Art „Gesetz"? Die Antwort hierfür ist weltweit uneinheitlich und hängt von dem entsprechenden Land ab, auf das man sich bezieht. In einigen Ländern ist die Buchführung als eine von dem Gesetzgeber geforderte Berichterstattung zu verstehen. Das Rechnungswesen basiert juristisch für den handelsrechtlichen Einzel- und Konzernabschluss, in Deutschland beispielsweise auf dem Handelsgesetzbuch (§§ 238 ff HGB). Anders als in Deutschland basiert die Rechnungslegung in der Schweiz auf dem Obligationenrecht (OR). Mittels Fachempfehlungen zur Rechnungslegung (FER oder Swiss GAAP FER), die als Mindeststandards anerkannt wurden, soll die Transparenz für Anleger bezüglich des Aufbaus und der Gliederung der Bilanzen und Erfolgsrechnungen erhöht werden. Es werden mit der Buchführung universell auch alternative Rechnungslegungsvorschriften erfüllt, beispielsweise die **IFRS (International Financial Reporting Standards)** oder die **US-GAAP (United States Generally Accepted Accounting Principles)**. Andere Länder, beispielsweise die USA, haben sich auf eine fachliche Praxis geeinigt *(Federal Accounting Standards Board)*. Generell zwingen Gesetze Unternehmen weltweit, Buchführung als solche zu betreiben. Es gibt jedoch bezüglich der Art und Weise der Buchführung keine Einheitlichkeit. Der Buchführungsprozess sollte unter Achtung dieser Prinzipien ablaufen. Ein Ergebnis dieses Prozesses stellt der Jahresabschluss dar. Jahresabschlüsse sollten generell die Bilanz, die Gewinn- und Verlustrechnung (GuV) und einen Anhang enthalten.

Das Rechnungswesen stellt sich nach wie vor vielen Herausforderungen und versucht dabei stets seiner Aufgabe und den Ansprüchen seiner Anspruchsgruppen treu zu bleiben. Die Vielfalt dieser Anspruchsgruppen erklärt zweifellos die Vielfalt ihrer Interessen. Folglich ist es möglich, dass das Rechnungswesen zwei einander entgegengesetzten Zielen entsprechen muss, da sich zwei unterschiedliche Nutzer für dieselben Finanzinformationen interessieren. So ist ein Investor an der künftigen Wirtschaftsleistung *(Performance)* des Unternehmens interessiert, während sich ein Gläubiger (z.B. Bank) vorwiegend für die Liquidität desselben Unternehmens interessiert. Die Konformität der Information in beiden Aufstellungen stellt eine weitere Herausforderung des Rechnungswesens dar und wird unter anderem unter der Bezeichnung *„book tax conformity"* diskutiert. Die Verknüpfung des Anreizsystems für Manager (Bonuszahlungen) mit buchhalterischen Kennzahlen stellt eine weitere Herausforderung des Rechnungswesens für die Zukunft dar.

8.2 Aufgaben

8.2.1 Aufgaben aus dem Lehrbuch

1. Wählen Sie zwei im selben Sektor gelistete Gesellschaften aus und beschaffen Sie deren Jahresabschluss. Woraus besteht er?

Quelle: Fotolia 30110228.

2. Suchen Sie in den Finanzdokumenten den Anhang und identifizieren Sie die verwendeten Buchführungsstandards und die Abschnitte, in denen die beachteten Buchführungsgrundsätze beschrieben werden. Wo treten Probleme hinsichtlich eines Vergleichs zweier unterschiedlicher Unternehmen auf?

3. Berechnen Sie ausgewählte Kennzahlen. Worin unterscheiden sich beide Unternehmen?
4. Welche Schlüsse lassen sich aus den in Aufgabe 3 ermittelten Unterschieden ziehen?
5. Werfen Sie einen Blick in die Finanztabelle: Diese nimmt Bezug auf Geschäfts-, Investitions- und Finanzierungsperioden. Untersuchen Sie, wie diese Tabelle bezogen auf die Bilanz und auf die Gewinn- und Verlustrechnung aufgebaut ist.
6. Definieren Sie den Begriff *Gewinn- und Verlustrechnung (GuV)*.
7. Definieren Sie die Begriffe *Aufwand* und *Ertrag*.

8.2.2 Ergänzende Aufgaben

1. Kreuzen Sie an, ob folgende Konti in der Bilanz oder in der Gewinn- und Verlustrechnung darzustellen sind.

	Bilanz				Gewinn / Verlustrechnung	
	Umlaufvermögen	Anlagevermögen	Schulden	Eigenkapital	Ertrag	Aufwand
Kasse						
Fahrzeuge						
Löhne						
Umsatz						
Betriebskredit						
Grundkapital						
Elektrizität						
Bankguthaben						
Maschinen						
Zinseinnahmen						
Steuern						
Bankschuld						
Vorräte						

2. Erstellen Sie anhand der folgenden alphabetisch geordneten Konti eine Gewinn- und Verlustrechnung und berechnen Sie den Jahresgewinn.

Abschreibungen	1.300.000
Dividendeneinnahmen	30.000
Energieaufwand	410.000
Erlösminderungen	370.000
Löhne	7.450.000
Materialeinkäufe	11.300.000
Miete	260.000
Sozialversicherungen	1.490.000
Steuern	598.000
Umsatz	24.600.000
Zinszahlungen	80.000
Erhaltene Zinsen	8.000

3. In der Gewinn- und Verlustrechnung werden die Aufwendungen, in der Kostenrechnung die Kosten ausgewiesen. Kreuzen Sie an, ob es sich bei den untenstehenden Sachverhalten um Aufwand, um Kosten oder ob es sich weder um Aufwand noch um Kosten handelt. Achtung: Es ist auch möglich, dass die Sachverhalte sowohl Aufwand als auch Kosten darstellen!

	Sachverhalt	Aufwand	Kosten	weder ... noch
1	Materialeinkäufe			
2	Anschaffungsausgaben für ein unbebautes Grundstück			
3	Unterhaltsarbeiten für eine betriebsfremde Liegenschaft, welche an Dritte vermietet wird			
4	Abschreibungen			
5	Einkommensteuerzahlung für den Geschäftsinhaber			
6	Kalkulatorische Miete			
7	Vertreterprovisionen			

Sachverhalt		Aufwand	Kosten	weder ... noch
8	Zinsen für betriebsfremdes Darlehen			
9	Kalkulatorischer Lohn			
10	Miete für Produktionsräume			

4. Bestimmen Sie für das Grand Hotel Bellevue Palace, ob Kostenarten, Kostenstellen oder Kostenträger vorliegen.

		Kostenart	Kostenstelle	Kostenträger
1	Lingerie (Wäscherei)			
2	Warenkosten Gäste (Nahrungsmittel)			
3	Küche			
4	Restaurant und Speisesaal			
5	Reinigungsmaterial			
6	Leistungen der Beherbergung			
7	Löhne			
8	Leistungen der Küche (Speisen)			
9	Kalkulatorische Abschreibungen			
10	Direktion			
11	Rezeption / Empfang			

5. Deckungsbeitragsrechnung: Ein Unternehmen ermittelt in der Kostenrechnung für den Monat Oktober folgende Daten:

Gesamtkosten (davon sind 90% variabel)	100.000 €
Produktionsmenge = Absatzmenge	18.000 Stück
Verkaufspreis pro Stück	8 €

a) Berechnen Sie die variablen Stückkosten in €.
b) Berechnen Sie die fixen Kosten im Monat Oktober in €.

c) Berechnen Sie den Deckungsbeitrag pro Stück in €.
d) Wie viele Stücke hätte das Unternehmen im Oktober mindestens verkaufen müssen, damit sie keinen Verlust erleidet (Break-Even-Point)?
e) Unter ansonsten konstanten Rahmenbedingungen produziert das Unternehmen im Monat November 19.000 Stück. Berechnen Sie den Gewinn des Monats November.

6. Einzelbewertung versus Gruppenbewertung: Ein Unternehmen besitzt an einem Standort drei Gebäude, über welche folgende Informationen bekannt sind:

	Buchwert	Aktueller Wert
Gebäude 1	60 Mio.	55 Mio.
Gebäude 2	35 Mio.	25 Mio.
Gebäude 3	20 Mio.	30 Mio.

Zur Erinnerung: Das Niederstwertprinzip verlangt, dass jeweils der tiefere der beiden Werte verwendet werden muss.

Berechnen Sie den gesamten Bilanzwert der obigen Immobilien gemäß der Gruppen- und Einzelbewertung.

7. Am 01.10. des Jahres 1 wurde eine Maschine zum Preis von 80.000 € gekauft. Die Nutzungsdauer der Maschine beträgt fünf Jahre. Berechnen Sie die zu verbuchenden linearen Abschreibungen in den Jahren 1 bis 6 beziehungsweise den jeweiligen Buchwert der Maschine am Jahresende.

8. Am 01.01. des Jahres 3 wurde ein Gebäude zum Preis von 1.200.000 € gekauft. Die Nutzungsdauer des Gebäudes wird auf 40 Jahre geschätzt. Die Abschreibungen sollen nach der degressiven Methode erfolgen. Der jährliche Abschreibungssatz beträgt 3,5%. Berechnen Sie die zu verbuchenden Abschreibungen in den Jahren 3 bis 6 beziehungsweise den jeweiligen Buchwert des Gebäudes am Jahresende.

9. Welche Aussage ist in Bezug auf die Wirtschaftlichkeit am zutreffendsten?
    a) Dieses Maß wird generell für die Effizienz und für den rationalen Umgang mit knappen Ressourcen eines Unternehmens oder der Teile eines Unternehmens genommen.
    b) Diese Kennzahl kann als Synonym für die Produktivität eines Unternehmens oder der Teile eines Unternehmens verstanden werden.
    c) Dieses Maß wird unter anderem für die Rentabilität eines Unternehmens oder der Teile eines Unternehmens in Form eines Prozenzsatzes genommen.
    d) Keine der vorigen Aussagen trifft zu.

10. Welche der folgenden Aussagen ist am zutreffendsten? In der Gewinn- und Verlustrechnung (GuV) werden …
    a) Kosten und Leistung gegenübergestellt.
    b) Aufwand und Leistung gegenübergestellt.
    c) Aufwand und Ertrag gegenübergestellt.
    d) Kosten und Ertrag gegenübergestellt.

11. Welche der folgenden Antworten ist richtig? **IFRS** ist die Abkürzung für …
    a) Independent Financial Reporting System.
    b) Internationale Föderation für Rechnungswesen und Steuern.
    c) International Financial Reporting Standards.
    d) Indische Föderation für Rechnungswesen und Steuern.

> **BWL praxisnah**
>
> 1. Sie möchten am Samstagabend zusammen mit Ihrem Freund mit dem Bus ins nahegelegene Stadtzentrum fahren. Als Sie an der Bushaltestelle ankommen, stellen Sie fest, dass der nächste Bus in zehn Minuten fahren wird. Nutzen Sie diese Wartezeit, um mit Ihrem Freund folgende Fragen zu diskutieren:
>   a) Welche fixen und variablen Kosten fallen bei einem Busunternehmen an?
>   b) Welche Kriterien haben Sie verwendet, um bei der *Teilaufgabe a.* die variablen und die fixen Kosten zu unterscheiden?
>   c) Welche fixen und variablen Kosten verursachen Sie dem Busunternehmen, wenn Sie in wenigen Minuten in den Bus einsteigen werden, um ins Stadtzentrum zu fahren?
>
> *Quelle: Fotolia 33883646.*

8.3 Lösungen

8.3.1 Lösungen zu den Aufgaben aus dem Lehrbuch

1. Diese Antwort wird in *Abschnitt 8.4.5 LB* behandelt.

   Der Buchführungsprozess sollte unter Achtung der beschriebenen Prinzipien ablaufen. Ein Ergebnis dieses Prozesses stellt der Jahresabschluss dar. Der Jahresabschluss besteht aus folgenden Elementen:
   - **Bilanz**
   - **Gewinn-** und **Verlustrechnung (GUV)**
   - **Anhang** (und Lagebericht)

   Da es sich um börsenkotierte Gesellschaften handelt, erstellen diese ihre Jahresrechnung eventuell nach den IFRS. In diesem Fall sind noch eine Geldflussrechnung (auch als Kapitalflussrechnung bezeichnet) und eine Eigenkapitalveränderungsrechnung (auch als Eigenkapitalnachweis bezeichnet) zwingend vorgeschrieben.

   Kennzahlen werden verwendet, um schnelle und verdichtete Informationen über die Leistung eines Unternehmens oder über Teile desselben zu erhalten. Ebenso werden anhand von Kennzahlen die Planung, die Steuerung und die Kontrolle in einem Unternehmen unterstützt. Die Kennzahlen geben der Geschäftsführung Hinweise darüber, inwiefern die Maßstäbe rationellen Wirtschaftens erreicht werden oder nicht.

2. Diese Antwort wird in *Abschnitt 8.4.5 LB* behandelt.

   Es ist festzuhalten, dass es bezüglich der Art und Weise der Buchführung keine Einheitlichkeit gibt. Folgende Antwort soll daher als generelle Orientierung zur konkreten Beantwortung dieser Frage dienen:

   Es ist eine allgemeine Tendenz zu einem allseits anerkannten Standard zu erkennen, der von der *IASB (International Accounting Standards Board)*, einer unabhängigen Berufskörperschaft, aufgestellt worden ist. Diese Übereinkunft stützt sich auf Grundsätze, durch deren Einhaltung die Qualität der Daten garantiert werden soll. Die IASB schreiben im Wesentlichen vor, dass die Daten aus dem Rechnungswesen für alle Anforderungen ihrer Nutzer zweckdienlich sein müssen. Sie postulieren zudem wie folgt: Sobald die Anforderungen der Investoren erfüllt werden, sind zugleich die meisten Anforderungen der anderen Nutzer erfüllt.

   Zur Beschaffung der Daten legen die IASB Buchführungsgrundsätze fest. Diese Grundsätze sind von zweierlei Art: Die einen beziehen sich auf das Buchführungssystem und gelten als Basisanforderungen. Die anderen betreffen speziell die Merkmale, welche die Informationen aus dem Rechnungswesen besitzen müssen, damit sie zweckdienlich sind.

3. Diese Antwort wird in *Abschnitt 8.4.5 LB* behandelt.

   Im Folgenden werden Informationen behandelt, die zur Berechnung ausgewählter Kennzahlen helfen sollen, anhand derer sich Unternehmen unterscheiden können.

   Wesentliche Kennzahlen im Rechnungswesen:
   - **Wirtschaftlichkeit:** Ertrag wird bei der Wirtschaftlichkeit als Wertezuwachs, sprich als Wert von verkauften Gütern oder als erbrachte Leistung in Form eines Geldwertes, eingesetzt. Aufwand wird sowohl in Materialbedarf, in Arbeitsstunden oder in andere Arten von Leistungen, die in einen Geldwert umgerechnet werden, eingesetzt. Wirtschaftlichkeit ist ein Maß für Effizienz beziehungsweise für Sparsamkeit und ist daher dimensionslos.

$$\text{Wirtschaftlichkeit} = \frac{\text{Ertrag}}{\text{Aufwand}}$$

– **Produktivität:** Produktivität lässt sich entsprechend den verschiedenen Produktionsfaktoren untergliedern. Bei der Ermittlung der Faktorproduktivität wird die Menge der erzeugten Güter ins Verhältnis zur Einsatzmenge eines Faktors gesetzt, beispielsweise die Arbeits- oder die Maschinenproduktivität. Hierbei werden stets die entsprechenden Inputfaktoren verwendet. Für die Arbeitsproduktivität wäre das die Ausbringungsmenge im Verhältnis zu den eingesetzten Arbeitsstunden. Für die Maschinenproduktivität wären dies die eingesetzten Maschinenstunden im Verhältnis zur Ausbringungsmenge.

$$\text{Produktivität} = \frac{\text{Ausbringungsmenge}}{\text{Einsatzmenge}} = \frac{\text{Output}}{\text{Input}}$$

– **Rentabilität:** Die Rentabilität ist das Verhältnis zwischen erzieltem Erfolg (z.B. Gewinn) und eingesetztem Kapital (Gesamt- oder Eigenkapital). Hierbei wird das Kapital, sprich der in Geld gemessene Wert, in Beziehung gesetzt. Die Rentabilität wird in der Regel als Prozentsatz dargestellt. Je nach der Bezugsgröße unterscheiden wir verschiedene Arten der Rentabilität:

  – **Eigenkapitalrentabilität:** Die Eigenkapitalrentabilität, auch *Return on Equity (ROE)* genannt, bezeichnet eine betriebswirtschaftliche Kennzahl und Steuerungsgröße. Zur Berechnung der Eigenkapitalrentabilität setzt man den Jahresüberschuss (nach Steuern) eines Unternehmens ins Verhältnis zu dem zu Beginn der Periode zur Verfügung stehenden Eigenkapital. Das Eigenkapital kann entweder als Durchschnitt oder zu Jahresbeginn ermittelt werden.

$$\text{Eigenkapitalrendite} = \frac{\text{Gewinn}}{\text{Eigenkapital}}$$

  – **Return on Investment:** Eine Variante der Gesamtkapitalrentabilität ist der *Return on Investment (ROI)*, welcher die Fremdkapitalzinsen in der Gleichung nicht berücksichtigt. Hierbei wird die Rendite einer unternehmerischen Tätigkeit am Gewinn im Verhältnis zum eingesetzten Kapital gemessen. Entgegengesetzt zur Gesamtkapitalrendite werden hier die Fremdkapitalzinsen nicht berücksichtigt.

$$\text{ROI} = \frac{\text{Gewinn}}{\text{Gesamtkapital}}$$

4. Diese Antwort wird in *Abschnitt 8.4.5 LB* behandelt.

   Basierend auf den ausgewählten Kennzahlen kann man folgende Schlüsse aufgrund bestehender Unterschiede zwischen zwei Unternehmen ziehen:

   – **Wirtschaftlichkeit:** Dieses Maß wird generell für die Effizienz und den rationalen Umgang mit knappen Ressourcen eines Unternehmens oder der Teile eines Unternehmens genommen (Sparsamkeit). Die Wirtschaftlichkeit wird generell als das Verhältnis zwischen einem erreichten Erfolg und den dafür benötigten Mitteleinsatz definiert. Ziel ist es hierbei, mit einem möglichst geringen Aufwand einen entsprechenden Ertrag zu erreichen oder mit einem gegebenen Aufwand einen möglichst hohen Ertrag zu erzielen.

- **Produktivität:** Produktivität ist ein Maß für die Leistungsfähigkeit und indiziert das Verhältnis von produzierten Gütern und den dafür benötigten Produktionsfaktoren. Unter Produktivität wird das (Mengen-)Verhältnis zwischen dem produzierten Output und dem dafür eingesetzten Input (Produktionsfaktoren) verstanden.
- **Rentabilität:** Die Rentabilität ist das Verhältnis zwischen erzieltem Erfolg (z.B. Gewinn) und eingesetztem Kapital (Gesamt- oder Eigenkapital). Hierbei wird das Kapital, sprich der in Geld gemessene Wert, in Beziehung gesetzt. Die Rentabilität ist eine Kennzahl für Erfolg und wird als Prozentsatz angegeben. Häufig wird der Begriff *Rendite* als Synonym für Rentabilität verwendet, wobei sich der Begriff der Rendite besser als jährlicher Gesamtertrag einer Kapitalanlage beschreiben lässt und somit eher in der Finanzwelt anzusiedeln ist. Die Rentabilität stellt eine zentrale Kennzahl für den Erfolg eines Unternehmens dar und wird normalerweise als Prozentsatz dargestellt. Je nach der Bezugsgröße unterscheiden wir verschiedene Arten der Rentabilität:
    - **Eigenkapitalrentabilität:** Die Eigenkapitalrentabilität, auch *Return on Equity (ROE)* genannt, bezeichnet eine betriebswirtschaftliche Kennzahl und Steuerungsgröße. Diese zeigt, wie hoch das vom Kapitalgeber investierte Kapital innerhalb einer Rechnungsperiode verzinst wurde. Im Gegensatz zu der Umsatzrendite kann die Eigenkapitalrendite leicht zweistellig und sogar dreistellig sein. Ein Unternehmer oder Gesellschafter kann anhand der Eigenkapitalrentabilität erkennen, ob seine Investition in das Unternehmen mehr oder weniger rentabel ist als in eine andere Kapitalanlage.
    - **Return on Investment:** Eine Variante der Gesamtkapitalrentabilität ist der *Return on Investment (ROI)*, welcher die Fremdkapitalzinsen in der Gleichung nicht berücksichtigt. Hierbei wird die Rendite einer unternehmerischen Tätigkeit am Gewinn im Verhältnis zum eingesetzten Kapital gemessen.

5. Diese Antwort wird in *Abschnitt 8.4.5 LB* behandelt.

    Generell ist festzuhalten, dass sich die Frage auf der Basis von zwei unterschiedlichen Arten von Finanztabellen beantworten lässt: Dies ist einerseits der Finanzierungsplan von allen aktuellen und geplanten Investitionen und andererseits die Finanztabellen, welche die in der Bilanz aufgeführten Finanzierungsposten auf der Aktiv- und Passivseite detailliert erläutern. Nachfolgend werden beide Möglichkeiten behandelt.
    - **Finanzierungsplan von allen aktuellen und geplanten Investitionen:** Der Finanzierungsplan gibt zum einem Auskunft, wie die einzelnen Positionen des aktuellen und geplanten Anlagevermögens (Aktiva) der Bilanz finanziert (Passiva) sind beziehungsweise werden (z.B. Art, Dauer, Kosten der Finanzierung). Abhängig von der geplanten Nutzungsdauer der einzelnen Investitionen kann man feststellen, ob die Finanzierung adäquat erfolgt oder geplant ist. In der Regel sollte das Anlagevermögen gemäß seiner Nutzungsdauer finanziert werden. Dies bedeutet: Maschinen mit einer Nutzungsdauer von zehn Jahren sollten auf zehn Jahre finanziert werden. Im Gegensatz dazu sollte ein PC mit einer Nutzungsdauer von vier Jahren entsprechend auf vier Jahre finanziert werden. Zum anderen kann man erkennen, wie sich die einzelnen Aktiv- beziehungsweise Passivkonten in der Bilanz zukünftig in Ihrer Struktur verändern werden.
    - Bezogen auf die GuV-Rechnung kann festgestellt werden wie hoch die einzelnen Abschreibungen des Anlagevermögens derzeit sind und wie sie sich im Zeitablauf verändern werden.

- **Finanztabellen, welche die in der Bilanz aufgeführten Finanzierungsposten auf der Aktiv- und Passivseite detailliert erläutern:** Sie klassifizieren die einzelnen Finanzpositionen in einer Matrix nach ihrer Art, Herkunft sowie Dauer und vergleichen diese mit der vorangegangenen Geschäftsperiode. Die Stakeholder des Unternehmens bekommen dadurch detailliertere Informationen zu den einzelnen Bilanzkonten und können sich ein besseres Bild von der Firma machen.

6. Diese Antwort wird in *Abschnitt 8.1.1 LB* behandelt.

    Der Begriff Gewinn- und Verlustrechnung (GuV) kann wie folgt beschrieben worden:

    In der Gewinn- und Verlustrechnung (GuV) werden Aufwand und Ertrag gegenübergestellt. Diese Größen beziehen sich im Gegensatz zu Kosten und Leistung nicht auf das betriebsnotwendige Vermögen, sondern auf das Gesamtvermögen. In dieser Rechnung werden demnach auch Größen berücksichtigt, die nicht zwingend mit der betrieblichen Tätigkeit in Verbindung stehen. Das Gesamtvermögen wird entweder durch einen Aufwand oder durch einen Ertrag beeinflusst. Sämtliche Erträge und Aufwände einer Periode, in der Regel im Zeitraum eines Geschäftsjahres, werden aufgezeichnet und einander gegenübergestellt. Die Berechnung des Gesamtvermögens ist demnach eine Rechnung des externen Rechnungswesens und wird daher stark gesetzlich geregelt. Aus dem Unterschied zwischen Aufwand und Ertrag ergibt sich der Gewinn beziehungsweise der Verlust.

Quelle: Fotolia 34383374.

7. Diese Antwort wird in *Abschnitt 8.1.1 LB* behandelt.

    Die Begriffe *Aufwand* und *Ertrag* können wie folgt definiert werden:

    - **Aufwand:** Der Aufwand beschreibt generell einen Einsatz oder eine Leistungserbringung, um einen gewissen Nutzen zu erzielen. Beispielsweise kann dieser in Geldeinheiten, Arbeitsstunden oder auch in Materialbedarf benannt werden. Betriebswirtschaftlich bedeutet der Begriff *Aufwand* den bewerteten Verbrauch sämtlicher Güter, sprich der Waren und Dienstleistungen während einer bestimmten Periode. Ein Aufwand kann zugleich Auszahlungen, Ausgaben sowie Kosten darstellen.

- **Ertrag:** Das Gegenteil von Aufwand ist Ertrag. Generell bezeichnet der Begriff *Ertrag* das Resultat wirtschaftlicher Leistung. Betriebswirtschaftlich bedeutet Ertrag den Wertzuwachs eines Unternehmens. Dieser Wertzuwachs wird gemäß des Prinzips der Erfolgswirksamkeit einer betreffenden Periode zugeordnet.

8.3.2 Lösungen zu den ergänzenden Aufgaben

1. Siehe hierzu *Abschnitt 8.4.5 LB*.

   Es folgt ein Lösungsvorschlag:

	Bilanz				Gewinn / Verlustrechnung	
	Umlauf-vermögen	Anlage-vermögen	Schulden	Eigen-kapital	Ertrag	Aufwand
Kasse	X					
Fahrzeuge		X				
Löhne						X
Umsatz					X	
Betriebskredit			X			
Grundkapital				X		
Elektrizität						X
Bankguthaben	X					
Maschinen		X				
Zinseinnahmen					X	
Steuern						X
Bankschuld			X			
Vorräte	X					

2. Siehe hierzu *Abschnitt 8.4.5 LB*.

Umsatz	24.600.000
Erlösminderungen	– 370.000
Materialaufwand	– 11.300.000
Lohnaufwand	– 7.450.000
Sozialversicherungsaufwand	– 1.490.000
Mietaufwand	– 260.000
Energieaufwand	– 410.000
Abschreibungsaufwand	– 1.300.000

Dividendenerträge	30.000
Zinsaufwand	– 80.000
Zinsertrag	8.000
Steueraufwand	– 598.000
Betrag des Jahresgewinns	= 1.380.000

3. Siehe hierzu *Abschnitt 8.1.1 LB* (insbesondere der Absatz „Abgrenzung zwischen der Gewinn- und Verlustrechnung und der Kostenrechnung).

Sachverhalt		Aufwand	Kosten	weder ... noch
1	Materialeinkäufe	X	X	
2	Anschaffungsausgaben für ein unbebautes Grundstück			X
3	Unterhaltsarbeiten für eine betriebsfremde Liegenschaft, welche an Dritte vermietet wird	X		
4	Abschreibungen	X	X	
5	Einkommensteuerzahlung für den Geschäftsinhaber			X
6	Kalkulatorische Miete		X	
7	Vertreterprovisionen	X	X	
8	Zinsen für betriebsfremdes Darlehen	X		
9	Kalkulatorischer Lohn		X	
10	Miete für Produktionsräume	X	X	

Zur Erinnerung:
- Da Kosten im Zusammenhang mit der betrieblichen Tätigkeit des Unternehmens entstehen, handelt es sich bei den Sachverhalten 3 und 8 nicht um Kosten.
- Kalkulatorische Größen (siehe Sachverhalte 6 und 9) fließen zwar in die Kostenrechnung mit ein, gelten jedoch nicht als Aufwand.
- Bei Sachverhalt 2 werden die bezahlten Anschaffungskosten für das Grundstück in der Bilanz aktiviert (Buchungssatz: Grundstücke an Bank). Somit handelt es sich weder um Aufwand noch um Kosten.

– Bei Sachverhalt 5 wird eine private Rechnung des Geschäftsinhabers bezahlt. Da dieser das Geld später an das Unternehmen zurückbezahlen muss, hat das Unternehmen ein Guthaben gegenüber dem Inhaber (Buchungssatz: Guthaben gegenüber Geschäftsinhaber bzw. Bank). Somit handelt es sich hierbei weder um Aufwand noch um Kosten.

4. Siehe hierzu *Abschnitt 8.3 LB*.

		Kostenart	Kostenstelle	Kostenträger
1	Lingerie (Wäscherei)		X	
2	Warenkosten Gäste (Nahrungsmittel)	X		
3	Küche		X	
4	Restaurant und Speisesaal		X	
5	Reinigungsmaterial	X		
6	Leistungen der Beherbergung			X
7	Löhne	X		
8	Leistungen der Küche (Speisen)			X
9	Kalkulatorische Abschreibungen	X		
10	Direktion		X	
11	Rezeption / Empfang		X	

5. Siehe hierzu *Abschnitt 8.3.5 LB*.

   a) Variable Stückkosten in €:

Gesamtkosten	100%	Euro 100.000
Variable Kosten	90%	Euro 90.000
Produktionsmenge		:18.000
Variable Stückkosten		Euro 5 pro Stück

   b) Fixe Kosten im Monat Oktober in €:

Gesamtkosten	100%	Euro 100.000
-Variable Kosten	90%	Euro -90.000
-Fixe Kosten		Euro 10.000

c) Deckungsbeitrag pro Stück in €:

Verkaufspreis	100%	Euro 8
-Variable Kosten	90%	Euro -5
= Deckungsbeitrag		Euro 3

d) Verkaufte Menge im Break-Even-Point:

$$\text{Break-even Menge} = \frac{Fixkosten}{DB} = \frac{10.000}{3} = 3.333{,}33 \text{ Stücke} \longrightarrow \text{d.h. aufgerundet } 3.3334 \text{ Stücke}$$

Kontrollrechnung:

Fixkosten	3.333,33 x EURO 8	EURO 26.667
-Variable Kosten	3.333,33 x EURO 5	EURO -16.667
-Fixe Kosten		EURO -10.000
= Gewinn		EURO 0

e) Gewinn im Monat November:

Umsatz	19.000 x EURO 8	EURO 152.000
-Variable Kosten	19.000 x EURO 5	EURO -95.000
-Fixe Kosten		EURO -10.000
= Gewinn		EURO 47.000

6. Siehe hierzu *Abschnitt 8.4.2 LB*.
   - **Gruppenbewertung:**
   Der Vergleich erfolgt auf Stufe „Gesamttotal Gebäude", das heißt:

Total Buchwert	115 Mio.
Total Aktueller Wert	110 Mio.

   Da der tiefere der beiden Werte zu wählen ist, erfolgt die Bewertung zu 110 Mio.
   - **Einzelbewertung:**
   Der Vergleich erfolgt auf Stufe „Einzelnes Gebäude", das heißt bei jedem einzelnen Gebäude ist jeweils der tiefere Wert zu wählen.

Gebäude 1	55 Mio.
Gebäude 2	+ 25 Mio.
Gebäude 3	+ 20 Mio.
Total	**100 Mio.**

   Die Bewertung erfolgt somit zu 100 Mio.

7. Siehe hierzu *Abschnitt 8.4.4 LB*.

Kauf am 01.10 Jahr 1		80.000
Abschreibung Jahr 1 (nur 3 Monate)	1)	- 4.000
Buchwert per 31.12. Jahr 1		76.000
Abschreibung Jahr 2		- 16.000
Buchwert per 31.12 Jahr 2		60.000
Abschreibung Jahr 3		- 16.000
Buchwert per 31.12. Jahr 3		44.000
Abschreibung Jahr 4		- 16.000
Buchwert per 31.12. Jahr 4		28.000
Abschreibung Jahr 5		- 16.000
Buchwert per 31.12. Jahr 5		12.000
Abschreibung Jahr 6 (nur 9 Monate)	2)	- 12.000
Buchwert per 31.12. Jahr 6		0

$^{1)}$ 80.000 : 5 Jahre = 16.000 x 3/12 = 4.000

$^{2)}$ 80.000 : 5 Jahre = 16.000 x 9/12 = 12.000

8. Siehe hierzu *Abschnitt 8.4.4 LB*.

Kauf am 01.01 Jahr 3	1.200.000	100%			
Abschreibung Jahr 3	- 42.000	- 3,5%			
Buchwert per 31.12. Jahr 3	1.158.000	96,5%	100%		
Abschreibung Jahr 4	- 40.530		- 3,5%		
Buchwert per 31.12. Jahr 4	1.117.470		96,5%	100%	
Abschreibung Jahr 5	- 39.111			- 3,5%	
Buchwert per 31.12. Jahr 5	1.078.359			96,5%	100%
Abschreibung Jahr 6	- 37.743				- 3,5%
Buchwert per 31.12. Jahr 6	1.040.616				96,5%

9. Siehe hierzu *Abschnitt 8.4.5 LB*. Antwort *a* ist richtig.
10. Siehe hierzu *Abschnitt 8.4.1 LB*. Antwort *c* ist richtig.
11. Siehe hierzu *Abschnitt 8.1.1 LB*. Antwort *c* ist richtig.

Lösungen zu BWL praxisnah

1. Diese Frage bezieht sich auf *Abschnitt 8.3.5 LB*.
   a) Als fixe Kosten könnten beispielsweise genannt werden:
      – Personalkosten (Löhne und Sozialversicherungen)
      – Abschreibungen der Fahrzeuge
      – Abschreibung des Busdepots

- Versicherungsprämie
- Treibstoffkosten (zumindest ein großer Teil)
- Reinigungskosten der Fahrzeuge (zumindest ein großer Teil)
- Wartungsarbeiten an den Fahrzeugen
- Verwaltungskosten (z.B. Direktion, Sekretariat)

Als variable Kosten könnten beispielsweise genannt werden:
- Zusätzliche Treibstoffkosten, welche durch die vielen Fahrgäste verursacht wurden
- Zusätzliche Reinigungskosten, welche durch die vielen Fahrgäste verursacht wurden

b) Die variablen Kosten verändern sich in Abhängigkeit von der Herstellungsmenge, fixe Kosten bleiben bei einer Veränderung der Herstellungsmenge konstant. Es stellt sich somit die Frage nach der Herstellungsmenge eines Busunternehmens.

Bei der Antwort zur *Teilaufgabe a* wurde die Anzahl der Fahrgäste, welche befördert werden, als Herstellmenge verwendet. Deshalb wurden die Treibstoffkosten auch als mehrheitlich fixe Kosten bezeichnet. Unabhängig von der Anzahl der Fahrgäste muss der Bus nämlich seine Route zu den vorgegebenen Zeiten abfahren. Somit wird, auch wenn gar kein Fahrgast den Bus benutzen sollte, Treibstoff verbraucht. Je mehr Fahrgäste den Bus jedoch benutzen werden, desto schwerer wird dieser, weswegen der Treibstoffverbrauch ansteigt. Aus diesem Grund wurden die zusätzlichen Treibstoffkosten bei *Teilaufgabe a* als variable Kosten bezeichnet.

Allenfalls könnte man bei einem Busunternehmen auch die Anzahl der Fahrten beziehungsweise die Anzahl der gefahrenen Kilometer als Herstellungsmenge bezeichnen. Dadurch würden einige der obigen fixen Kosten zumindest teilweise zu variablen Kosten werden. Wird wegen mangelnder Nachfrage beispielsweise die erste Fahrt am frühen Morgen ersatzlos gestrichen, kann das Unternehmen sicherlich teilweise Personalkosten und Treibstoffkosten einsparen.

Es kann somit festgestellt werden, dass die Unterscheidung in fixe und in variable Kosten einerseits von der Definition der Herstellungsmenge, andererseits aber auch vom zeitlichen Horizont abhängig ist. Kurzfristig betrachtet sind viele Kosten als fixe Kosten zu bezeichnen. Würde man jedoch den zeitlichen Horizont verlängern, so wären längerfristig viele Kosten wieder beeinflussbar und somit variabel (z.B. Angestelltenlöhne).

2. Sie verursachen keine variablen Kosten: Auch wenn durch Ihre Anwesenheit der Bus schwerer wird, ist der von Ihnen verursachte zusätzliche Treibstoffverbrauch faktisch nicht nachweisbar. Es ist zu hoffen, dass dasselbe auch für die durch Ihre Anwesenheit verursachten zusätzlichen Reinigungskosten gilt.

Controlling

9.1 Hauptthema des Kapitels........................ 138
9.2 Aufgaben 139
    9.2.1 Aufgaben aus dem Lehrbuch.................... 139
    9.2.2 Ergänzende Aufgaben 140
    BWL praxisnah...................................... 144
9.3 Lösungen.. 146
    9.3.1 Lösungen zu den Aufgaben aus dem Lehrbuch 146
    9.3.2 Lösungen zu den ergänzenden Aufgaben 149

9.1 Hauptthema des Kapitels

In zunehmend komplexer werdenden Organisationen spielt das Controlling als Unterstützungsfunktion der Unternehmensführung eine Schlüsselrolle: Das Controlling liefert dem Management relevante und verlässliche Informationen und leistet Hilfe bezüglich der Erledigung von Planungs- und Kontrollaufgaben. Controlling ist dabei vor allem für die Gestaltung der Planungsprozesse verantwortlich. Um über eine objektive Grundlage zur Kontrolle zu verfügen, stellen die Definition und die Messung von Kennzahlen wesentliche Ergänzungen für die Leitung eines Unternehmens dar. Das Controlling unterstützt durch Methoden und Werkzeuge des betrieblichen Informationsmanagements, um diese Aufgaben sinnvoll ausfüllen zu können und hilft auf diese Weise bei der Umsetzung der Unternehmensstrategie sowie der Sicherstellung ihrer Effizienz.

Controlling in Unternehmen ist eine relativ junge Wissenschaft: Auf den Weg gebracht wurde sie durch die Massenproduktion und den Taylorismus. Die Industrialisierung führte zu einer Distribution und Delegierung von Entscheidungs- und Umsetzungsspielräumen und brach infolgedessen mit den damals bestehenden Konventionen, nach denen eine Entscheidung von jeweils nur einer Person getroffen und durchgeführt wurde. Diese Spielräume brachten nicht nur Flexibilität mit sich, sondern auch Unsicherheit – und damit das akute Bedürfnis nach Kontrolle.

Bei Controlling handelt es sich um eine komplexe Tätigkeit, welche je nach Zielstellung unterschiedliche Formen annehmen kann. **Controlling bedeutet weit mehr als bloße Kontrolle.** In der Theorie sind mehrere Definitionen für das *„Controlling-Konzept"* zu finden, die jedoch uneinheitlich sind und sich mit der Zeit weiterentwickelt haben. All diese Definitionen weisen auf die Komplexität ihrer Praktiken und Instrumente hin, mit denen die unterschiedlichen Zeithorizonte des Managements langfristig wie kurzfristig erfasst werden sollen.

Die Funktionen des Controllings für Organisationen sind vielfältig. Dem Controlling kommt bei der Festlegung der Strategie einer Organisation sowie bei der Überwachung ihrer praktischen Umsetzung eine *Unterstützungsfunktion der Unternehmensführung* zu. Zudem besteht die Funktion des Controllings in der *Planung und Kontrolle* des effizienten Einsatzes der verfügbaren Ressourcen der Zielstellungen. Darüber hinaus *stellt* das Controlling *Methoden zur Steuerung* des Betriebes entsprechend der Strategie *bereit*, um dadurch die Entscheidungsfindung zu unterstützen. Schließlich hat Controlling auch die Funktion, als *Bindeglied* zwischen der Führungsebene und den Mitgliedern der Organisation zu wirken.

Generell kann man unterschiedliche Arten von Kosten unterscheiden. Die Unterscheidung in **variable** und **fixe Kosten** ist beim Controlling von großer Bedeutung. Im Betriebszyklus eines Unternehmens lassen sich drei wichtige Etappen unterscheiden: Die Beschaffung, die Herstellung und der Vertrieb. Jede dieser Etappen generiert Folgekosten, die zur Bildung der Selbstkosten eines Produktes führen. Entsprechend der drei aufeinanderfolgenden Etappen des Produktionszyklus unterscheidet man demnach zwischen drei verschiedenen Kostenarten: Den **Beschaffungskosten**, den **Produktionskosten** und den **Selbstkosten**.

In jeder Etappe des Betriebszyklus eines Unternehmens fallen Aufwendungen an, die betriebsbedingt sind und innerhalb der Kosten des Produktes kalkuliert werden. Bei den betriebsbedingten Aufwendungen handelt es sich um diejenigen Kosten, die im allgemeinen Rechnungswesen gebucht werden. Generell sollte zwischen zwei Hauptkategorien der Aufwendungen, zwischen den direkten und den indirekten Aufwendungen, unterschieden werden: Jede dieser Aufwandskategorien kann wiederum in zwei Kategorien, in *variable* oder in *fixe Aufwendungen*, unterteilt werden.

Eines der Hauptanliegen des Controllers ist die Berechnung der **Selbstkosten**. Selbstkosten werden häufig auch Vollkosten genannt. Bei den Selbstkosten eines Produktes handelt es sich um die Summe aller Aufwendungen (direkte und indirekte, variable und fixe), die mit der Herstellung eines Produktes verbunden sind (z.B. Aufwendungen bedingt durch Rohstoffe, Arbeitskräfte, elektrischen Strom, Miete, Zinsen). Bei den Selbstkosten handelt es sich um die *Summe aus direkten und indirekten Kosten* eines Produkts. Die Berechnung erfordert, dass die indirekten Aufwendungen auf die verschiedenen von dem Unternehmen hergestellten Produkte aufgeteilt werden. Einen wesentlichen, exakteren Ansatz stellt die **Prozesskostenrechnung** dar. In der Prozesskostenrechnung erfolgt die Umlage der Gemeinkosten auf die Prozesse, denen sie zugeordnet werden können.

Der Begriff der **Rentabilitätsschwelle** ist eng mit der Analyse der Aufwendungen nach dem Kriterium „variabel" und „fix" verbunden und entspricht dem Produktionsvolumen beziehungsweise dem Umsatz, der weder Gewinn noch Verlust generiert. Die Rentabilitätsschwelle wird in der beruflichen Praxis oft auch *Totpunkt* oder *Break-Even* genannt und beschreibt den Punkt, an dem die Gesamtkosten durch die Gesamteinnahmen gedeckt sind und das Ergebnis, sprich der Nettogewinn, gleich Null ist.

Ein sehr bekanntes Tool, das zur Messung, Visualisierung und Steuerung von Unternehmen in der unternehmerischen Praxis verwendet wird, ist die *Balanced Scorecard* von *Kaplan* und *Norton* (1992). Die *Balanced Scorecard* ist auf wesentliche Informationen reduziert, welche für das Management aus strategischer Sicht von Bedeutung sind. Sie enthält jeweils definierte Ziele, deren Zielerreichung über Kennzahlen gemessen wird. Die Schritte zur Zielerreichung erfolgen über definierte Maßnahmen, die ebenfalls in der *Balanced Scorecard* festgelegt werden.

9.2 Aufgaben

9.2.1 Aufgaben aus dem Lehrbuch

1. Welche Bedeutung kommt dem Controlling in einem Unternehmen zu?
2. Wählen Sie ein Unternehmen aus, dessen Geschäftstätigkeit und Strategie Sie kennen. Identifizieren Sie dort die Rolle des Controllers.
3. Wie wichtig ist es Ihrer Meinung nach, die Selbstkosten eines Produktes berechnen zu können?
4. Erklären Sie den Unterschied zwischen direkten und indirekten Aufwendungen sowie zwischen variablen und fixen Aufwendungen.

5. Erklären Sie den Unterschied zwischen Selbstkosten und Verkaufspreis. Verwenden Sie dazu ein konkretes Beispiel.
6. Erklären Sie die Bedeutung der Rentabilitätsschwelle für ein Unternehmen.

9.2.2 Ergänzende Aufgaben

1. Ein CEO telefonierte kürzlich mit dem langjährigen Controller seines Unternehmens und begann das Telefongespräch wie folgt:

   „Lieber Herr Keller,

   die Arbeit, die Sie mit Ihrem Team während den letzten Wochen erledigt haben, hat mir sehr gut gefallen. Ihre Analysen sind gut recherchiert und klar verständlich. Ich habe den Eindruck, dass Sie sehr genau verstanden haben, in welche Richtung wir unser Unternehmen weiterentwickeln müssen und wie wir unsere Ziele erreichen können. Nun werden wir am nächsten Montag eine Sitzung der Geschäftsleitung abhalten, bei der ich Sie gerne dabeihaben würde. In dieser Sitzung müssen wir entscheiden, ob wir in Tschechien eine neue Produktionsstätte eröffnen sollen, welche die Märkte in Osteuropa beliefern könnte. Dafür könnten wir endlich die Produktionsstätte in Skandinavien, die uns in den letzten Jahren so oft Schwierigkeiten bereitet hat, schließen."

   Quelle: Fotolia 41471142.

   a) Welche Erwartungen hat der CEO an seinen Controller?
   b) Welche Probleme könnten sich aus diesem Rollenverständnis ergeben?

2. Für die Monate April und Juni hat der Controller folgende Informationen ermittelt:

	April	Juni
Produzierte Menge	30.000 Stück	31.000 Stück
Gesamtkosten	100.000 €	102.000 €

Berechnen Sie die fixen und die variablen Kosten pro Monat sowie die variablen Kosten pro Stück.

3. Nennen Sie ein Beispiel für sprungfixe Kosten an einer Schule.

4. Die Zurechnung der direkten und indirekten Kosten auf die Produkte erfolgt in der Praxis häufig unter Zuhilfenahme eines Betriebsabrechnungsbogens (BAB). Aus diesem BAB können beispielsweise die Selbstkosten jedes einzelnen Produktes abgelesen werden. Der Controller des Schuhproduzenten *Müller GmbH*, der die zwei Produkte „Turnschuh" und „Wanderschuh" herstellt, liefert Ihnen folgende Informationen:

	Kosten	Kostenstelle (= Ort der Kostenentstehung)		Kostenträger (= Produkte)	
		Produktion	Verwaltung	Turnschuh	Wanderschuh
Rohmaterial	500.000 €			....	....
Löhne	800.000 €			....	....
Gehälter	300.000 €	....	....		
Miete	60.000 €	....	....		
Zwischentotal (Summe)		....	....		
Verrechnung Produktion		....		....	....
Herstellkosten (Summe)				....	....
Verrechnung Verwaltung			....	....	....
Selbstkosten (Summe)		....	....	....	....

Ergänzende Hinweise:
- Das Rohmaterial wird zu 40% für die Produktion von Turnschuhen verwendet. Der verbleibende Rest wird für die Fabrikation von Wanderschuhen eingesetzt.
- Die Löhne können im Verhältnis 3:7 auf die Turn- und Wanderschuhe zugerechnet werden.
- Die Gehälter enthalten 50.000 € für die Vorarbeiter in der Produktion. Deren Arbeit kann nicht direkt einem Produkt zugeordnet werden. Die verbleibenden Gehälter betreffen die Verwaltungsangestellten (inkl. Direktion).
- Die Mietkosten sind proportional zur genutzten Fläche auf die Kostenstellen zu verteilen. Die Produktion benötigt eine Fläche von 250m^2, die Verwaltung eine Fläche von 50m2.
- Aufgrund von Erfahrungswerten ist bekannt, dass die Kosten der Kostenstelle Produktion mit 25% bezüglich der Turnschuhe und mit 75% bezüglich der Wanderschuhe belastet werden müssen.
- Die Kosten der Kostenstelle Verwaltung sollen proportional zu den Verkaufspreisen der Schuhe verrechnet werden. Die Turnschuhe werden zu 50 €, die Wanderschuhe zu 75 € verkauft.

a) Bei welchen der vier genannten Kostenarten handelt es sich um direkte beziehungsweise indirekte Kosten?
b) Ergänzen Sie für den Schuhproduzenten *Müller GmbH* den obigen BAB und berechnen Sie die Selbstkosten der Produkte „Turnschuh" und „Wanderschuh".

5. Für den Monat September hat der Controller folgendes Zahlenmaterial zusammengetragen:

Direkte Kosten (100% variabel) von Produkt A	30.000 €
Direkte Kosten (100% variabel) von Produkt B	50.000 €
Indirekte Kosten (100% fix)	100.000 €
Produktionsmenge A	5.000 Stück
Produktionsmenge B	4.000 Stück

a) Berechnen Sie die direkten Stückkosten für die Produkte A und B.
b) Berechnen Sie die indirekten Stückkosten für die Produkte A und B. Dabei sollen die indirekten Kosten anteilig zu den direkten Kosten zugerechnet werden.
c) Berechnen Sie für die Produkte A und B die Selbstkosten pro Stück.
d) Aufgrund der obigen Ergebnisse entscheidet der Manager, dass im Monat November:
- 4.000 Stück von Produkt A hergestellt werden, welche alle sofort zum Preis von 14 € verkauft werden können.
- 3.000 Stück von Produkt B hergestellt werden, welche alle sofort zum Preis von 30 € verkauft werden können.

Der Manager berechnet, dass der geplante Gesamtgewinn für den Monat November 7.610 € betragen wird. Im Detail:

	Produkt A	Produkt B
Verkaufspreis	14,00	30,00
Selbstkosten (siehe Teilaufgabe c)	-13,50	-28,13
Gewinn	0,50	1,87
Anzahl Stück	x 4.000	x 3.000
Gewinn	2.000	5.610

Beurteilen Sie die Berechnung des Managers. Stimmt seine Rechnung?

6. Das Kleinunternehmen *Gerber GmbH* stellt das Produkt BF her. Für das nächste Jahr sind aus der Planungsrechnung folgende Informationen bekannt:

Geplante Verkaufsmenge von BF	120.000 Stück
Geplanter Verkaufspreis pro Stück BF	9 €
Geplante variable Stückkosten BF	4 €
Geplante Fixkosten	500.000 €

Berechnen Sie die Rentabilitätsschwelle (Break-Even-Point), namentlich die Menge und den Umsatz.

7. Welche der folgenden Aussagen ist am zutreffendsten?

   Das **Durchführungscontrolling** nimmt im Controlling-Gesamtsystem der Organisation einen vorrangigen Platz ein, da …

   a) dort die Entscheidungen für die strategische Planung gefällt werden.
   b) es als Schnittstelle zur Logistik und dem *Supply Chain Management (SCM)* fungiert.
   c) es als Schnittstelle zwischen Strategischem Controlling (strategische Planung) und operativem Controlling fungiert.
   d) es als Schnittstelle zwischen der taktischen und der betrieblchen Ebene fungiert.

8. Zur Ermittlung der Selbstkosten eines Produktes müssen drei wesentliche Etappen durchlaufen werden. Welcher der folgenden Schritte wird nicht benötigt?

   a) Berechnung der indirekten Kosten
   b) Berechnung der Selbstkosten
   c) Berechnung der Prozesskosten
   d) Berechnung der direkten Stückkosten

9 Controlling

> **BWL praxisnah**
>
> 1. In der *Neuen Zürcher Zeitung* ist am 1. Juni 2012 folgender Artikel von *Giorgio V. Müller* erschienen (siehe *www.nzz.ch/aktuell/wirtschaft/uebersicht/xstrata-manager-werden-vergoldet-1.17136416*, Stand 2. Juni 2012):

Xstrata-Manager werden vergoldet

Kritik an generösen Halteprämien im Zusammenhang mit der Fusion mit Glencore. Um Schlüsselpersonal von Xstrata längerfristig an die fusionierte Glencore Xstrata zu binden, erhalten diese hohe Boni. Die nicht ergebnisorientierte Ausschüttung könnte den Zusammenschluss zu Fall bringen.

Am Donnerstagabend sind mit Blick auf die bevorstehenden außerordentlichen Generalversammlungen von Xstrata und Glencore International weitere Details des geplanten Zusammenschlusses der beiden Bergbaukonzerne publik gemacht worden. Für Brisanz sorgten im 144 Seiten umfassenden Dokument die fürstlichen Beträge, die die Topmanager des britisch-schweizerischen Bergbaukonzerns Xstrata erhalten sollen, damit sie dem Unternehmen auch nach der Fusion zum weltweit viertgrößten Bergbaumulti treu bleiben. Insgesamt stehen den 73 Xstrata-Managern dafür bis zu 250 Mio. £ (373 Mio. Fr.) zur Verfügung.

Goldene Handschellen

Die dicksten *„golden handcuffs"* sind für Konzernchef Mick Davis reserviert. Mit einem Basissalär von rund 1,5 Mio. £ und nochmals fast so viel als Bonus und für Nebenkosten gehört der 54-jährige Südafrikaner schon jetzt zu den bestbezahlten Konzernchefs in der Bergbaubranche. Nun winkt ihm in den nächsten drei Jahren eine jährliche Prämie von 9,6 Mio. £, wovon zwei Drittel in bar und der Rest in Glencore-Xstrata-Aktien beglichen werden soll. Die Entlohnung der Xstrata-Manager stieß bereits an der letzten Generalversammlung auf Widerstand: Bei der Konsultativabstimmung wurde der Vergütungsbericht nur dank der von Glencore gehaltenen 34%-Beteiligung an Xstrata gutgeheißen.

In einem Schreiben rechtfertigt Xstrata-Verwaltungsratspräsident Sir John Bond, der auch bei Glencore Xstrata dem Gremium vorstehen wird, die Zahlungen damit, dass das Managementteam um Davis für die gute Wertentwicklung von Xstrata in den vergangenen Jahren verantwortlich gewesen ist und dies nun auch im Gemeinschaftsunternehmen im Sinne der Aktionäre tun soll. Als Davis 2001 die Leitung des überschuldeten Unternehmens übernahm, war Xstrata rund 500 Mio. $ wert, am Freitag betrug die Börsenkapitalisierung 44 Mrd. $.

Fusion nach Plan

Der als gleichberechtigte Fusion ohne Zahlung einer Prämie (*„merger of equals"*) strukturierte Zusammenschluss würde ein Unternehmen mit 130 000 Mitarbeitern in 33 Ländern mit einem Jahresumsatz von knapp 210 Mrd. $ kreieren. Rund 84% des Betriebsgewinns erwirtschaften die über 150 Minen und Metallverarbeitungsstätten, den Rest die Handelsaktivitäten, die Glencore in die Ehe einbringt. Größter Einzelaktionär von Glencore Xstrata wäre Glencore-Chef Ivan Glasenberg mit 8,7%. Im vergangenen September hat er für gut 50 Mio. Fr. weitere Glencore-Aktien erworben und hält zurzeit 15,8% des Baarer Rohwarenhändlers.

Damit der Zusammenschluss über die Bühne gehen kann, müssen am 12. Juli in Zug die Xstrata-Aktionäre grünes Licht geben. Weil die Stimmen von Hauptaktionär Glencore und seinen Managern dabei nicht zählen, reicht eine Ablehnung von lediglich 16% der Xstrata-Publikumsaktionäre, um die Fusion zu Fall zu bringen.

Am ursprünglichen Angebot an die Xstrata-Aktionäre (NZZ 8. 2. 12) – je Aktie 2,8 neue Glencore-Titel zu zahlen, jährlich 500 Mio. $ Kosten aus Synergien einzusparen und schon im ersten vollen Geschäftsjahr gewinnverdichtend zu wirken – hat sich nichts geändert. Hingegen ist seit der Ankündigung der Börsenwert der beiden Unternehmen um je fast einen Viertel eingebrochen. Wenn alles nach Plan läuft, werden die auch an der SIX Swiss Exchange gehandelten Xstrata-Aktien im dritten Quartal dekotiert.

a) Erläutern Sie anhand dieses Zeitungsartikels, insbesondere anhand der aufgeführten Bonuszahlungen, die *Principal-Agent-Theorie*.

b) Simulieren Sie im Rahmen eines Rollenspiels die Generalversammlung vom 12. Juni 2012.

   Mögliche Simulation der Generalversammlung vom 12. Juni 2012:
   - **Rolle des Aktionärs (Rolle 1):** Als Aktionär planen Sie, an der Generalversammlung das Wort zu ergreifen und die anderen Aktionäre zur Ablehnung der Halteprämien aufzufordern. Bereiten Sie eine dreiminütige Rede vor, welche insbesondere Argumente gegen diese Boni-Zahlungen enthält.
   - **Rolle des John Bond (Rolle 2):** Sie sind John Bond, der Verwaltungsratspräsident der *Xstrata*. Da Sie mit Kritik einzelner Aktionäre an den Boni-Zahlungen rechnen, bereiten Sie eine Replik auf die zu erwartende Kritik vor. Gefragt sind insbesondere Argumente, die diese Zahlungen rechtfertigen beziehungsweise als angemessen erscheinen lassen. Es ist zu beachten, dass es keine zeitliche Begrenzung gibt. Als Verwaltungsratspräsident leiten Sie nämlich die Generalversammlung und können sich selbst beliebig viel Redezeit einräumen!

   Im Idealfall können Sie mit einem Partner zusammenarbeiten, so dass jede Person eine Rolle übernehmen kann. Ansonsten können Sie auch beide Rollen einnehmen.

Quelle: Fotolia 28556433.

9.3 Lösungen

9.3.1 Lösungen zu den Aufgaben aus dem Lehrbuch

1. Für die Beantwortung dieser Frage können uns die Definition und die wesentlichen Funktionen des Controllings weiterhelfen (siehe *Abschnitt 9.1.1 LB*).

   Der Begriff *Controlling* kann als Prozess verstanden werden, mit dem Manager andere Mitglieder der Organisation (z.B. Mitarbeiter) so beeinflussen, dass sie ihre Strategien umsetzen. Ebenso werden unter dem Begriff *Controlling* alle Maßnahmen subsumiert, die getroffen werden, damit Führungskräfte und verschiedene Verantwortliche in regelmäßigen Zeitabständen Zahlenmaterial zur Einschätzung des Betriebs erhalten. Der Vergleich dieser Zahlen mit früheren oder künftigen Daten kann Führungskräfte dazu bewegen, geeignete Korrekturmaßnahmen einzuleiten.

   Zusammenfassend kann die Bedeutung des Controllings für ein Unternehmen anhand folgender Funktionen beschrieben werden:
   - Unterstützung der Unternehmensführung bei der Festlegung der Strategie der Organisation sowie bei der Überwachung deren praktischer Umsetzung;
   - Planung und Kontrolle des effizienten Einsatzes der verfügbaren Ressourcen entsprechend kurzfristiger und langfristiger Zielstellungen;
   - Bereitstellen von Methoden zur Steuerung des Betriebes entsprechend deren Strategie sowie zur Findung der besten Entscheidungen;
   - Bindeglied zwischen der Führungsebene und den Mitgliedern der Organisation; Controlling berührt ebenfalls weitere Unternehmensfunktionen in unterschiedlicher Intensität.

2. Die Frage wird in *Abschnitt 9.2.4 LB* behandelt.

   In der beruflichen Praxis ist die **Rolle des Controllers** in einzelnen Unternehmen unterschiedlich und kann drei verschiedene Formen annehmen: Die des Entscheiders, des Beraters und die des Informationsdienstleisters. Diese drei Rollen schließen sich gegenseitig nicht aus.

   a) **Entscheider:** In dieser Rolle hat der Controller den Auftrag, Entscheidungen über die Ressourcenallokation zwischen den Bereichen des Unternehmens zu treffen.

   b) **Berater:** In dieser Rolle hat der Controller den Auftrag, die Finanzsituation zu beherrschen und zu identifizieren. Durch dieses Wissen kann und soll der Controller das Management auf Probleme aufmerksam machen und beratend bei der Entscheidungsfindung mitwirken.

   c) **Informationsdienstleister:** In dieser Rolle fungiert der Controller als Berichterstatter, als Datensammler und als Konsolidierer beziehungsweise als Budgettechniker. Er überwacht den Geschäftsverlauf systematisch anhand von Soll-Ist-Vergleichen, um gegebenenfalls auf Abweichungen hinzuweisen, welche Korrekturen von der Geschäftsleitung veranlassen können.

3. Die Antwort wird in *Abschnitt 9.3.3 LB* behandelt.

   In der betrieblichen Praxis werden anstelle des Begriffs *Selbstkosten* je nach Sektor auch die Begriffe *Gestehungspreis* oder *Produktionskosten* für die Vollkosten eines Produktes verwendet. **Selbstkosten** enthalten zusätzlich zu den Herstellungskosten den Vertriebsaufwand (z.B. Aufwand für Werbung, Transportpreis).

   Die Selbstkosten eines Produktes dürfen nicht mit dem Verkaufspreis verwechselt werden. Der Verkaufspreis beinhaltet die Gewinnspanne, weswegen er logischerweise immer höher sein muss als die Selbstkosten, damit das Unternehmen Gewinn erzielen und seine Geschäftstätigkeit in Zukunft fortführen kann.

   Folgende Argumente können angeführt werden:
   - **Selbstkosten als Basis zur Ermittlung des „idealen" Verkaufspreises:** Um einen entsprechenden Verkaufspreis festlegen zu können, ist es für ein Unternehmen von großer Bedeutung, die Selbstkosten eines Produktes zu kennen.
   - **Selbstkosten als mittelfristige Untergrenze des Verkaufspreises:** Oft wird der Verkaufspreis weitestgehend vom Markt vorgegeben. Die Selbstkosten stellen dabei eine gewisse Untergrenze dar: Liegt der Verkaufspreis über längere Zeit gleich oder unterhalb der Selbstkosten, ist die Firma nicht wettbewerbsfähig und muss die Kostenstruktur reduzieren.

4. Die Antwort wird in *Abschnitt 9.3 LB* behandelt.

   Zur Berechnung der Selbstkosten eines Produktes betrachten wir nur dessen betriebsbedingte Aufwendungen. Zunächst muss zwischen den zwei Hauptkategorien dieser Aufwendungen, zwischen den direkten und den indirekten Aufwendungen, unterschieden werden: Jede dieser Aufwandskategorien kann wiederum in zwei Kategorien, in variable Aufwendungen und in fixe Aufwendungen, unterteilt werden.
   - **Direkte Aufwendungen:** Bei direkten Aufwendungen handelt es sich um Aufwendungen, die eindeutig und ohne Zwischenrechnung den Kosten eines bestimmten Produktes oder einer bestimmten Leistung zugewiesen werden können (z.B. Aufwendungen für Rohstoffe, Lohnkosten für Arbeitskräfte zur Herstellung entsprechend der aufgewendeten Zeit, Verpackungsmaterial).
   - **Indirekte Aufwendungen:** Bei indirekten Aufwendungen handelt es sich um Aufwendungen, die nicht den Kosten eines Produktes oder einer Leistung zugeordnet werden können, ohne Zwischenrechnungen anzustellen. Diese Aufwendungen werden unter Verwendung von Verteilerschlüsseln auf die betreffenden Produkte oder Leistungen aufgeteilt oder „angerechnet" (z.B. Aufwendungen für die Instandhaltung, Abschreibungen, Aufwendungen für Wasser und elektrischen Strom, Lohnaufwendungen für das Verwaltungspersonal).
   - **Variable Aufwendungen:** Bei variablen Aufwendungen handelt es sich um Sachleistungen oder um finanzielle Aufwendungen, die sich bei einer Änderung der betrachteten Bezugsgröße (z.B. Umsatz) ebenfalls ändert.
   - **Fixe Aufwendungen:** Bei fixen Aufwendungen handelt es sich um Fixkosten, die unabhängig von dem Umfang der Tätigkeit eines Unternehmens entstehen.

5. Die Antwort wird in *Abschnitt 9.3.3 LB* behandelt. Folgendes fiktives Beispiel soll als Antwort auf diese Frage dienen:

Selbstkosten enthalten zusätzlich zu den Herstellungskosten den Vertriebsaufwand (z.B. Aufwand für Werbung, Transportpreis). Ein Bäcker benötigt für die Herstellung und den Verkauf einer Brezel im Wesentlichen folgende Produktionskosten:

	Angaben in €
Arbeitszeit	0,02
Maschinen	0,01
Transport	0,01
Lauge	0,01
Mehl	0,01
Restliche Zutaten	0,01
Strom	0,01
Miete	0,03
Werbung	0,02

Die Selbstkosten in unserem Beispiel belaufen sich auf 0,13 €. Dies sind die gesamten Ausgaben, die für die Herstellung und den Verkauf einer Brezel anfallen. Liegt also der Verkaufspreis einer Brezel bei 0,40 €, so hat der Bäcker einen Gewinn von 0,27 € für eine Brezel zu verzeichnen.

6. Die Antwort wird in *Abschnitt 9.3.4 LB* behandelt. Die **Rentabilitätsschwelle** hat folgende Bedeutung für ein Unternehmen:

Der Begriff der Rentabilitätsschwelle ist eng mit der Analyse der Aufwendungen nach dem Kriterium „variabel" und „fix" verbunden und entspricht dem Produktionsvolumen beziehungsweise dem Umsatz, der weder Gewinn noch Verlust generiert. Die Rentabilitätsschwelle wird in der beruflichen Praxis oft auch Totpunkt oder auch Break-Even genannt und beschreibt den Punkt, an dem die Gesamtkosten durch die Gesamteinnahmen gedeckt sind und das Ergebnis, sprich der Nettogewinn gleich Null ist. Die Rentabilitätsschwelle entspricht somit der zu verkaufenden Menge, mit der das Unternehmen die Gesamtheit seiner Aufwendungen vollkommen deckt. Ausgehend von dieser Definition lässt sich die Berechnungsformel für die Rentabilitätsschwelle leicht finden.

9.3.2 Lösungen zu den ergänzenden Aufgaben

1. Siehe hierzu *Abschnitt 9.2.4 LB*.

    a) Die Beschreibung der Ausgangslage vermittelt den Eindruck, dass der CEO den Controller gerne dabeihaben würde, weil er zu wissen glaubt, dass dieser ihn bei der geplanten Schließung der Produktionsstätte in Skandinavien unterstützen werde.

    Eventuell erwartet der CEO, dass der Controller mit dem entsprechenden Zahlenmaterial Argumente für die Schließung der Filiale beziehungsweise für eine Neueröffnung in Tschechien liefern wird. Unter Umständen erwartet er sogar, dass der Controller bei der Abstimmung aktiv für die Schließung stimmen würde – was ganz in seinem Sinne wäre. Da die Erwartungen anhand der Kürze des Telefonats nicht eindeutig erkennbar sind, muss der Controller im Laufe des Gesprächs noch genau abklären, was von ihm erwartet wird, sollte er an der Sitzung teilnehmen.

    b) Die Rolle des Controllers als **Informationsdienstleiter** könnte an der Sitzung gefragt sein. Es ist zu vermuten, dass der Controller Daten und Informationen über die Produktionsstätte in Skandinavien beziehungsweise in Tschechien gesammelt hat. Diese könnten der Geschäftsleitung nun in einer aufbereitenden Form (Stichwort „zielgruppenorientierte Darstellung") präsentiert werden. Das *„Sammeln und Jagen" von Informationen (fact finding)* ist eine typische Aufgabe des Controllers und stellt für Manager eine willkommene, sehr geschätzte Unterstützung dar. Sofern dem Controller keine fachtechnischen Fehler unterlaufen sind, ist dieser Teil der Arbeit weitgehend risikolos.

    Beispiel: Die Gewinnrendite in der Produktionsstätte in Skandinavien beträgt 0,34 %.

    Die Rolle des Controllers als **Berater** könnte an der Sitzung ebenfalls gefragt sein. Nun wäre eine Interpretation des Zahlenmaterials oder eine Kommentierung dessen verlangt. Da diese Arbeit nun eine wertende Komponente enthält, gestaltet sich die Angelegenheit etwas heikler. Insbesondere besteht die Gefahr, dass dem Controller der „Schwarze Peter" zugeschoben werden könnte – dass er als Vorwand für unpopuläre Entscheidungen den Kopf hinhalten muss.

    Beispiel: Der Controller kommentiert die berechnete Gewinnrendite von 0,34 % mit dem Begriff *katastrophal*. Die Geschäftsleitung beschließt daraufhin, den Standort Skandinavien aufzugeben und kommuniziert dies an die betroffenen Personen mit folgenden Worten: „Unser Controller hat festgestellt, dass die Produktionsstätte in Skandinavien defizitär und deshalb nicht mehr tragbar ist. Er empfahl uns, Ihren Standort zu schließen. Schweren Herzens haben wir daher dieser Schließung zugestimmt."

    Die Rolle des Controllers als **Entscheider** ist grundsätzlich heikel. Häufig wird verlangt, dass derjenige, der Entscheidungen fällt, auch für deren Konsequenzen verantwortlich sein sollte. In diesem Sinne ist das Entscheiden primär eine Aufgabe des Managers – und weniger eine Aufgabe des Controllers. Im vorliegenden Fall ist eine eventuelle Stimmabgabe an der Sitzung sicherlich nicht zulässig. Als Controller verfügt Herr Keller zudem nicht über denselben Wissensstand wie die Mitglieder der Geschäftsleitung.

2. Siehe hierzu *Abschnitt 9.3.1 LB*.

   Da die fixen Kosten von der produzierten Menge unabhängig sind, ist der Betrag der Fixkosten in beiden Monaten identisch. Die Veränderung der Gesamtkosten ergibt sich daher nur aus der Zunahme der variablen Kosten.

   Da eine Zunahme der Menge von 1.000 Stück zu einer Kostensteigerung von 2.000 € führte, müssen somit die variablen Kosten pro Stück 2 € betragen (= 2.000 € / 1.000 Stück).

	April	Juni
Variable Kosten	60.000 €	62.000 €
Fixe Kosten (als Differenz)	40.000 €	40.000 €
Gesamtkosten	100.000 €	102.000 €

3. Siehe hierzu *Abschnitt 9.3.1 LB*.

   Als Beispiele für sprungfixe Kosten an einer Schule sind Lehrerlöhne oder auch die Raummiete zu nennen: Richtet eine Schule eine neue zusätzliche Klasse ein, müssen zusätzliche Lehrkräfte angestellt werden. Dies hat einen Anstieg der Lehrerlöhne zur Folge. Die Lehrerlöhne bleiben jedoch auf diesem höheren Niveau fix – egal, ob die neue Klasse nun aus 14, 17 oder aus 22 Schülern besteht. Erst wenn zusätzlich eine weitere Klasse eröffnet werden würde, würden die Lehrerlöhne erneut ansteigen. Dieselbe Argumentation gilt auch für die Kosten, die die Miete eines zusätzlichen Klassenzimmers verursachen würde.

4. Siehe hierzu die *Abschnitte 9.3.2 LB* und *9.3.3 LB*.

   a) Beim Rohmaterial und bei den Löhnen handelt es sich um direkte Kosten, da eine Zurechnung auf die einzelnen Produkte möglich ist. Bei den Gehältern und der Miete handelt es sich um indirekte Kosten, da man nur ermitteln konnte, wo diese Kosten entstanden sind. Diese Kosten müssen mit einem Verteilschlüssel auf die Produkte umgelegt werden, weil eine direkte Zuteilung auf die Produkte nicht möglich ist.

   b) Im Folgenden werden die Ergänzung der BAB und die Berechnung der Selbstkosten der Produkte „Turnschuh" und „Wanderschuh" dargestellt:

	Kosten	Kostenstelle (= Ort der Kostenentstehung)		Kostenträger (= Produkte)	
		Produktion	Verwaltung	Turnschuh	Wanderschuh
Rohmaterial	500.000			200.000 [1]	300.000 [2]
Löhne	800.000			240.000 [3]	560.000 [4]
Gehälter	300.000	50.000 [5]	250.000 [6]		
Miete	60.000	50.000 [7]	10.000 [8]		
Zwischentotal		100.000	260.000		
Verrechnung Produktion		-100.000		25.000 [9]	75.000 [10]
Herstellkosten				465.000	935.000
Verrechnung Verwaltung			-260.000	104.000 [11]	156.000 [12]
Selbstkosten		0	0	569.000	1.091.000

[1] 200.000 = 500.000 x 40%

[2] 300.000 = 500.000 − 200.000 (siehe [1])

[3] 240.000 = 800.000 x 30%

[4] 560.000 = 800.000 x 70%

[5] 50.000 gemäß ergänzendem Hinweis

[6] 250.000 = 300.000 − 50.000 (siehe [5])

[7] und [8]

	Fläche	Prozent	Kosten
Produktion	250 m²	83,33%	50.000
Verwaltung	50 m²	16,67%	10.000
Total	300 m²	100,00%	60.000

[9] 25.000 = 100.000 x 25%

[10] 75.000 = 100.000 x 75%

[11] und [12]

	Verkaufspreis	Prozent	Kosten
Turnschuh	EURO 50	40%	104.000
Wanderschuh	EURO 75	60%	156.000
Total	EURO 125	100%	260.000

5. Siehe hierzu *Abschnitt 9.3.3 LB*.

   a) Berechnung:

   Produkt A: 6,00 € (= 30.000/5.000)

   Produkt B: 12,50 € (= 50.000/4.000)

b) Siehe hierzu *Abschnitt 9.3.3 LB*.

	Direkte Kosten	Prozent	Indirekte Kosten (Gesamtbetrag)	Anzahl Stück	Indirekte Kosten pro Stück
Produkt A	30.000 €	37,5%	37.500 €	5.000	7,50 €
Produkt B	+ 50.000 €	+ 62,5%	+ 62.500 €	4.000	15,63 €
Total	= 80.000 €	= 100%	= 100.000 €		

c) Siehe hierzu *Abschnitt 9.3.3 LB*.

	Produkt A	Produkt B
Direkte Kosten[a]	6,00 €	12,50 €
Indirekte Kosten[b]	+ 7,50 €	+ 15,63 €
Selbstkosten	= 13,50 €	= 28,13 €

a Siehe *Teilaufgabe a*.
b Siehe *Teilaufgabe b*.

d) Siehe hierzu *Abschnitt 9.3.3 LB*.

Die Berechnung ist falsch. Der Manager wurde Opfer der sogenannten Problematik der Fixkostenverteilung: Die indirekten Stückkosten (hier nur fixe Kosten) wurden somit anhand der Mengen des Monats September berechnet. Da im Monat November die produzierten Mengen abgenommen haben, müsste die Berechnung neu vorgenommen werden. Die korrekte Berechnung für den Monat November ergibt einen Verlust von −15.500 €!

	Produkt A	Produkt B	Total
Verkaufspreis	14	30	
Anzahl Stück	x 4.000	x 3.000	
Total Umsatz	56.000	90.000	146.000
Direkte Stückkosten (100% variabel)	-6,00	-12,50	
Anzahl Stück	x 4.000	x 3.000	
Direkte Kosten	-24.000	-37.500	-61.500
Indirekte Kosten (100% fix)			-100.000
Verlust			-15.500

6. Siehe hierzu *Abschnitt 9.3.4 LB*.

    Gemäß Formel aus dem Lehrbuch gilt:
    $$PN = 0 = (Q * p) - (Q * v) - CF \text{ bzw. } Q(p - v) = CF$$

    In Worten ausgedrückt bedeutet dies:
    $$\text{Menge} * \text{Deckungsbeitrag} = \text{Fixkosten}$$

    Zur Erinnerung:
    $$\text{Deckungsbeitrag} = \text{Verkaufspreis} - \text{variable Kosten}$$

    Setzt man die obigen Zahlen in die Formel ein, so erhält man:
    $$Q(p - v) = CF$$
    $$Q(9 - 4) = 500.000$$

    Die gesuchte Menge Q im Break-Even-Point beträgt somit 100.000 Stück (= 500.000/5). Dies bedeutet, dass bei einer Produktion und bei einem Verkauf von 100.000 Stück gerade ein Gewinn von 0 € erzielt wird. Werden mehr als 100.000 Stück verkauft, wird Gewinn generiert. Werden weniger als 100.000 Stück produziert, resultiert Verlust.

	Kontrollrechnung		
	für 99.990 Stück	für 100.000 Stück	für 100.010 Stück
Umsatz	899.910	900.000	900.090
Variable Kosten	−399.960	−400.000	−400.040
Fixe Kosten	−500.000	−500.000	−500.000
Ergebnis	= −50	= 0	= +50
	Verlust	Break-Even	Gewinn

7. Siehe hierzu *Abschnitt 8.1.1 LB*. Antwort c ist richtig.

    Das Durchführungscontrolling nimmt im Controlling-Gesamtsystem der Organisation einen vorrangigen Platz ein, da es als Schnittstelle zwischen Strategischem Controlling (strategische Planung) und operativem Controlling dient.

8. Siehe hierzu *Abschnitt 9.3.3 LB*. Antwort c ist richtig.

    Die Berechnung der Prozesskosten wird nicht als Schritt zur Berechnung der Selbstkosten benötigt. Zur Ermittlung der Selbstkosten eines Produktes müssen folgende drei Etappen durchlaufen werden:
    - 1. Schritt: Berechnung der indirekten Kosten
    - 2. Schritt: Berechnung der direkten Stückkosten
    - 3. Schritt: Berechnung der Selbstkosten

Lösungen zu BWL praxisnah

1. Siehe hierzu *Abschnitt 9.2.3 LB*.

   a) Als *Prinzipal* gelten die Aktionäre der beiden Unternehmen beziehungsweise des neuen Unternehmens. Als *Agent* gelten die Manager der betroffenen Unternehmen. Es stellt sich nun die Frage, inwiefern die Interessen und Ziele der Aktionäre sowie der Manager übereinstimmen beziehungsweise voneinander abweichen.

   Beide Gruppen dürften an einem wirtschaftlich starken neuen Unternehmen interessiert sein. Die Manager benötigen eine herausfordernde Tätigkeit, für welche sie eine marktgerechte Entschädigung beziehen dürfen. Die Aktionäre sind vor allem an zukünftigen Cashflows, an Gewinnen und an Wertsteigerungen interessiert. Beidseitige Erwartungen kann ein wirtschaftlich gesundes Unternehmen erfüllen.

   Heikler wird es bei der Beurteilung der Boni-Zahlungen. Die Aktionäre möchten sicherlich, dass das Unternehmen von guten, erfahrenen und erfolgreichen Managern geführt wird. Allerdings ist zu bezweifeln, dass die bestehenden Manager nur mit dieser Prämie gehalten werden können. Die Manager dürfen den Job behalten, erhalten neue spannende Aufgaben und stärken ihre persönliche Stellung, ihre Bedeutung sowie ihr Selbstverständnis. Sind das nicht Anreize genug, um im neuen Unternehmen zu verbleiben? Der Aktionär würde es wahrscheinlich vorziehen, 250 Mio. £ als Dividende ausbezahlt zu erhalten.

   Andererseits könnten die Manager argumentieren, dass das Unternehmen schlussendlich nur dank ihrer Arbeit erfolgreich ist. Die Rolle des Aktionärs beschränke sich auf die Zurverfügungstellung von Geld, gefolgt von „Nichtstun". Die Manager würden also den weitaus größeren Anteil zum Erfolg beitragen. Somit wäre es nur fair, eine entsprechende Entlohnung zu erhalten.

   Fazit: Bezüglich der Verwendung der 250 Mio. £ besteht zwischen den Aktionären und den Managern ein Interessenskonflikt.

   b) Siehe hierzu *Abschnitt 9.2.3 LB*.

   – **Rolle 1: Rolle des Aktionärs: Eine Rede gegen die Boni-Zahlungen**

   „Sehr geehrter Herr Präsident, sehr geehrte Aktionärinnen und Aktionäre, die uns vorgeschlagenen Boni-Zahlungen sind wirtschaftlich eindeutig nicht gerechtfertigt. Die unbestrittenermaßen guten Leistungen unseres Managements in den vergangen Jahren wurden durch dessen Entlohnung (inkl. wesentliche Boni) in diesen vergangenen Jahren bereits marktgerecht honoriert. Ein Sprichwort lautet „Wer hat, dem wird gegeben"… – wobei: Wenn ich mir den Antrag des Verwaltungsrats anschaue, müsste man das Sprichwort wohl abändern in „Wer bereits reichlich hat, der will sich noch mehr nehmen".

   Eine Bonuszahlung wäre sicherlich gerechtfertigt, wenn sie eine besonders gute Leistung oder einen außerordentlichen Einsatz honorieren würde – doch ich frage Sie: Worin besteht hier die Leistung der Manager? Stellt das bloße „Nicht-Kündigen" bereits eine solche belohnungswürdige Leistung dar?

   Ich weise darauf hin, dass die Manager neue, spannende Aufgaben erhalten und dass diese ihre persönliche Stellung – ihre Bedeutung – ja ihr Selbstverständnis stärken. Das sind sicherlich Anreize genug, um auch im neuen Un-

ternehmen zu verbleiben. Auf Manager, die nur des Geldes wegen bei uns bleiben wollen, können wir verzichten! Ich erinnere hier an die uns allen wohl bekannte Weisheit „Reisende soll man nicht aufhalten".

Bleibt darauf hinzuweisen: Wenn es keine Boni-Zahlungen gibt, dann könnte dieses Geld für andere Zwecke verwendet werden. Konkret könnten wir Aktionäre heute beschließen, dass diese 250 Mio. £ als Dividende an uns ausbezahlt werden. In Anbetracht der schon nicht gerade bescheidenen Saläre unserer Manager gefällt mir dieser Gedanke äußerst gut – denn schlussendlich sind wir Aktionäre die Eigentümer der Gesellschaft. Wir tragen das wirtschaftliche, unternehmerische Risiko. Wird also Gewinn erwirtschaftet, sollte dieser in erster Linie auch uns zu Gute kommen.

Aus diesen Gründen werde ich bei der nun anstehenden Abstimmung die vorgeschlagenen, überrissenen, nicht gerechtfertigten Boni-Zahlungen ablehnen. Ich fordere Sie auf, es mir gleichzutun.

Besten Dank!"

– **Rolle 2: Rolle des John Bond: Mögliche Argumente zur Rechtfertigung der Boni-Zahlungen**

„Die Manager haben in der Vergangenheit den Unternehmenswert massiv gesteigert (von 500 Mio. $ im Jahr 2001 auf 44 Mrd. $ im Jahr 2012). Von dieser Wertsteigerung haben in erster Linie die Aktionäre profitiert. Das ist wohl Nachweis genug, dass unsere Manager zu außerordentlichen Leistungen fähig sind.

Gerade in Zeiten des Umbruchs, in Zeiten der Veränderung braucht unser Unternehmen erfahrene und erfolgreiche Manager mit ihrem Wissen. Ein allfälliger Verlust dieses Know-hows während des Fusionsprozesses wäre eine kleine Katastrophe und könnte zu einem massiven Rückgang der Aktienkurse führen. Und unter allfälligen Aktienkursverlusten würden dann alle Aktionäre schmerzhaft leiden."

Organisation

10.1 Hauptthema des Kapitels. 158
10.2 Aufgaben 160
    10.2.1 Aufgaben aus dem Lehrbuch. 160
    10.2.2 Ergänzende Aufgaben 160
    BWL praxisnah 162
10.3 Lösungen. 164
    10.3.1 Lösungen zu den Aufgaben aus dem Lehrbuch 164
    10.3.2 Lösungen zu den ergänzenden Aufgaben 169

10.1 Hauptthema des Kapitels

Wären Unternehmen nicht organisiert, würde in ihrer Führung Chaos vorherrschen. Da sich jedoch nicht alle Abläufe im Voraus organisieren lassen, steht stets die Frage offen, ob eine **organisatorische Maßnahme** (z.B. Aufstellen eines übergreifenden Regelwerkes) ergriffen oder aber eine **Einzelentscheidung** (z.B. Bewilligung eines Bonus für einen einzelnen Mitarbeiter) gefällt werden soll. Die Organisation von Unternehmen darf keinesfalls dem Zufall überlassen werden. In diesem Kapitel wird daher die Notwendigkeit ersichtlich, die Arten und die Vielschichtigkeit von Organisationen im strukturellen Sinne zu beschreiben. Es wird den Gründen nachgegangen, weswegen Unternehmen in Form von Strukturen entstehen und existieren.

Betrachtet man die Umwelt als umfassenden Rahmen, in dem sich Aktivitäten – gleichgültig, ob wirtschaftlicher, politischer oder gesellschaftlicher Natur – abspielen, so stellen Unternehmen in gewisser Weise ein **Subsystem** dar. Dieses Subsystem, das aufgrund seiner Leistungsfähigkeit und Effizienz existiert, bildet eine kleinere Einheit des Marktes ab. Unternehmen beinhalten Strukturen, Regeln, Kultur und viele andere Aspekte, die ein Unternehmen vom anderen abgrenzen und definieren.

Die Abgrenzung des Subsystems als Unternehmen oder Organisation von der Umwelt hat den Ursprung darin, dass Pflichten, Kontrolle und Zuständigkeiten erst nachgelagert definiert und ausgeübt werden können. Das Subsystem, wie es in diesem Abschnitt beschrieben wird, beinhaltet im Kern feste Strukturen und ein kollektives Gedächtnis, welches essentiell für dessen Wirtschaftlichkeit und Entwicklung ist. Generell lassen sich zwei Perspektiven für die Erklärung der Existenz von Organisationen festhalten: Aus der **Outside-in-Perspektive** bildet hierfür das **Effizienzkriterium** eines der Hauptmotive, aus der **Inside-out-Perspektive** bildet es die **Arbeitsteilung**.

Nach *Chandlers* Erkenntnis „*structure follows strategy*"[1] sind nur diejenigen Unternehmen erfolgreich, denen es gelingt, die Struktur derart zu gestalten, dass die Strategie (siehe *Kapitel 2*) permanent mit operativen Maßnahmen unterstützt wird. Längerfristigen Erfolg erzielt nur derjenige, der fähig ist, Strategie, Struktur und Kultur aufeinander abzustimmen. Die Frage nach erfolgreichen Organisationsstrukturen stand lange im Vordergrund. In der Vergangenheit wurde ebendieser Sachverhalt unterschiedlich diskutiert. Es ist zwar unbestritten, dass organisatorische Strukturen im Management notwendig sind, doch kann man sich diesbezüglich fragen, in welchem Ausmaß, mit welchen Prinzipien, mit welchen Instrumenten und in welcher organisatorischen Form diese aufgebaut werden.

---

1 Chandler, A. D.: „Strategy and structure: Chapters in the history of the industrial enterprise", M.I.T. Press, 1962.

Dem Begriff *Organisation* können grundlegend drei Bedeutungen beigemessen werden: Organisation als *Instrument*, als *Unternehmensfunktion* und als *Institution*. Verantwortlich für die Unternehmensfunktion *Organisation* ist in der Regel der sogenannte **Chief Operating Officer (COO)**, welcher sich primär auf das operative Geschäft eines Unternehmens konzentriert. Seine wesentliche Aufgabe besteht darin, sämtliche Prozesse und Leistungen des Unternehmens zu führen, zu organisieren und zu steuern. In einem Unternehmen spielt Organisation eine wesentliche Rolle, welche sich in folgende Einsatzbereiche aufteilen lässt: In *Prozess-* und *Ablauforganisation*, in *Struktur-* beziehungsweise *Aufbauorganisation* und schließlich in *Führungskonzepte*. Je nach Situation ereignet sich eine Überorganisation oder auch eine Unterorganisation des Unternehmens. Die Organisation eines Unternehmens ist nicht nur auf aufbaustrukturelle Fragen zu reduzieren, sondern ganzheitlich zu betrachten. Die Organisationstheorie wurde in diesem Kontext stark von der Systemtheorie beeinflusst.

Das Ziel von Organisationsformen besteht darin, den organisatorischen Ablauf eines Unternehmens bestmöglich auf dessen Zweck, Vision, Mission und schließlich auf dessen konkrete Ziele abzustimmen. Im Rahmen der zeitlichen Unternehmensentwicklung sind permanent organisatorische Anpassungen vorzunehmen. In diesem Zusammenhang wird oft von den Herausforderungen der organisatorischen Lücke gesprochen, welche den Unterschied zwischen dem organisatorischen Soll- und dem organisatorischen Ist-Zustand eines Unternehmens beschreibt. Im Rahmen der organisatorischen Arbeitsteilung und Arbeitsverknüpfung stehen verschiedene Grundformen zur Auswahl. Organisationsformen können zum einen in Strukturtypen unterschieden werden, welche eine langfristige fixe Verankerung anstreben, zum anderen gibt es Organisationsformen, die zeitlich befristet sind. Darüber hinaus existieren eindimensionale und auch mehrdimensionale Organisationsformen. In diesem Zusammenhang stellen die virtuelle Organisation und die Clusterorganisation zwei grundlegende moderne Organisationsformen dar.

Die Führungsorganisation, häufig auch *Corporate Governance* genannt, befasst sich mit der Struktur der Geschäftsführung und mit deren Kontrolle. Die Führungsorganisation eines Unternehmens hat demnach zu gewährleisten, dass das Unternehmen führbar beziehungsweise lenkbar ist.

10.2 Aufgaben

10.2.1 Aufgaben aus dem Lehrbuch

1. Wodurch begründet sich die Existenz von Organisationen in der Umwelt?
2. Nennen und beschreiben Sie
   a) die Rolle von Organisation
   b) die Bedeutung von Organisation.
3. Beschreiben Sie die Spannungsfelder einer Organisation.
4. Welche Vor- und Nachteile weist eines der im LB genannten eindimensionalen Organisationskonzepte auf?
5. Welche Anforderungen sollten in einem Unternehmen gegeben sein, damit die Vorzüge einer Matrixorganisation zum Tragen kommen?
6. Erörtern Sie die wesentlichen Unterschiede zwischen Aufsichtsratmodell und Board-Modell.

10.2.2 Ergänzende Aufgaben

1. Welche Aussage ist am zutreffendsten? Gründe für die Existenz von Organisationen aus der Outside-in-Perspektive sind...
   a) das Effizienzkriterium und die Simplifizierung der Umwelt.
   b) die Arbeitsteilung und das Bedürfnis nach Organisation.
   c) die Kontrolle der Umwelt und das Bedürfnis nach Ordnung.
   d) eine entfesselte Leistungserstellung und eine einzigartige Kultur.
2. Welche Aussage ist am zutreffendsten? Der Begriff *Organisation* im Sinne einer Institution kann definiert werden als...
   a) eine Einheit, die für das Organisieren und Strukturieren von Prozessen im Unternehmen zuständig ist.
   b) ein Gebilde, das sich durch seine komplexen und verstrickten Abläufe auszeichnet.
   c) eine soziale Struktur, die sich von der Umwelt unterscheidet und abgrenzt.
   d) ein Instrument, das eingesetzt wird, um Kontrolle über alle Mitarbeiter auszuüben.
3. Welche Aussage ist am zutreffendsten?
   a) Adhocratie ist vor allem durch feste Strukturen gekennzeichnet.
   b) Bei einer Adhocratie erfolgt die Koordination hauptsächlich durch formelle Kommunikation.
   c) Adhocratie wird vor allem von kleinen und mittelständischen Unternehmen angewandt.
   d) Bei einer Adhocratie werden Entscheidungen in erster Linie aufgrund von Fachwissen gefällt.

4. Welche Aussage ist am zutreffendsten? Der Einsatzbereich Prozess- und Ablauforganisation befasst sich insbesondere mit der...
   a) Einbruchs- und Abbauorganisation.
   b) Sicherstellung und Verbesserung der organisatorischen Effizienz.
   c) funktionalen Organisation.
   d) Technostruktur einer Organisation.
5. Nennen Sie jeweils drei wesentliche Vor- und Nachteile der Produktorganisation.
6. Welche Aussage ist am zutreffendsten? Die funktionale Organisationsform ...
   a) orientiert sich an den Kerntätigkeitsfeldern eines Unternehmens.
   b) orientiert sich an den Kernprodukten eines Unternehmens.
   c) ist eine Finanz-Holding-Struktur.
   d) besteht aus mehreren rechtlich selbständigen Unternehmen.
7. Nennen Sie jeweils drei Vor- und Nachteile einer Matrixorganisation.
8. Nennen Sie vier unterschiedliche Formen des Produktmanagements.
9. Seit dem Jahr 2012 werden in einem Unternehmen die vier Geschäftsbereiche *Ernährung, Reisen, Finanzdienstleistungen* sowie *Transport* von nur einem Manager geleitet. Dieser trägt die weltweite Verantwortung. Er bestimmt die Strategie, die Entwicklung und Umsetzung von Produktinnovationen und definiert die Produktprogramme der einzelnen Betriebe. Die regionale Dimension dieses internationalen Unternehmens wird durch drei Regionalmanager für die wichtigsten Absatzmärkte USA, Afrika und Europa abgedeckt. Um welche Organisationsform handelt es sich hierbei?
10. Nennen und beschreiben Sie fünf Aufgaben eines Produktmanagers.
11. Die *Essmalwas AG* stellt Milch- und Fleischprodukte, Süß- und Teigwaren her und befindet sich derzeit in einer schweren Krise. Das Unternehmen ist in folgende Abteilungen gegliedert: Human Resources, Forschung und Entwicklung, Produktion, Vertrieb und Finanzwesen. Die Marktsituation der einzelnen Produkte hat sich in letzter Zeit stark verändert. Bei manchen Produkten stagniert der Absatz. Laufend bringen Konkurrenten neue Produkte auf den Markt, um diesen anzukurbeln. Der Vertrieb beklagt sich über mangelnde Innovation in den einzelnen Produktbereichen. Es wird die Meinung vertreten, dass das Unternehmen zu langsam auf neue Trends reagiert und daher nicht schnell genug am Markt ist.

    Herr Esser, Vorstandsvorsitzender der *Essmalwas AG*, hat die kritische Situation des Unternehmens erkannt und beauftragt die Beratungsfirma *ChangeNOW* mit der Erstellung einer Ist-Analyse und mit der Entwicklung eines neuen erfolgversprechenden Organisationsmodells für das Unternehmen.
    a) Erstellen Sie eine Skizze der dargestellten Organisationform. Um welche Organisationsform handelt es sich hierbei? Diskutieren Sie die Vor- und Nachteile für die *Essmalwas AG*.
    b) Entwerfen Sie im Auftrag von *ChangeNOW* einen Reorganisationsvorschlag. Begründen Sie Ihre Antwort.

BWL praxisnah

1. Lassen Sie es sich gut gehen! Besuchen Sie zuerst ein klassisches Café und dann eine Bäckerei mit Tischen und Stühlen. Bestellen Sie sich jeweils ein Getränk und ein Gebäck, beispielsweise ein Croissant oder ein Stück Kuchen. Alternativ dazu können Sie sich auch daran zurückerinnern, als Sie das letzte Mal ein klassisches Café und eine Bäckerei besucht haben.

   a) Beschreiben Sie die jeweilige Ablaufstruktur (v.a. Bestellung u. Bezahlung): Wie sind beide Organisationen strukturiert und welche Rolle spielt der Kunde in der Organisation? Wo liegen die Vor- und Nachteile einer jeden Struktur? Welches ist wohl die effizientere Struktur und warum?

   b) In welcher der beiden Organisationen haben Sie sich als Kunde besser und zuvorkommender bedient gefühlt? Inwiefern könnte dies mit den identifizierten Unterschieden von *Teilaufgabe a* in Verbindung stehen?

   c) Analysieren Sie die Governance beider Organisationen und vergleichen Sie diese miteinander: Wo treten Unterschiede auf? Welches Risiko ist damit verbunden?

   Quelle: Fotolia 42431907.

2. Auch im Sport ist Organisation von elementarer Bedeutung! Die Spieler einer jeden Mannschaft haben unterschiedliche Rollen inne. Innerhalb der Mannschaft besteht sowohl eine gewisse Struktur als auch eine gewisse Hierarchieanordnung. Stellen Sie sich vor, Sie sind der neue Trainer einer Sportmannschaft Ihrer Wahl (z.B. der Fussballnationalmannschaft der Herren) und werden damit beauftragt, die bestehenden Strukturen einer Mannschaft zu reformieren.

   a) Zeichnen Sie die Struktur der Mannschaft auf und ordnen Sie die Spieler beziehungsweise Spielerinnen nach ihren Funktionen.

   b) Ordnen Sie nun die Spieler beziehungsweise Spielerinnen nach ihrer hierarchischen Position in der Mannschaft.

c) Begründen Sie, wieso eine hierarchische Anordnung notwendig ist und nennen Sie beispielhaft zwei Situationen, bei denen eine klare hierarchische Struktur zu einer effektiveren Problemlösung führt.

d) Eine Organisation hat zur Aufgabe, ihre Mitglieder zu zielorientiertem Zusammenwirken zu veranlassen. Diskutieren Sie anhand Tabelle 10.1 die Spannungsfelder einer Organisation am Beispiel Ihrer Mannschaft.

Sachorientierung		Personenorientierung
Formalisierung		Symbolorientierung
Effizienzorientierung		Effektivitätsorientierung
Organisation	versus	Organisation auf Zeit
monolithische Orientierung		polyzentrische Orientierung
steile Konfiguration		flache Konfiguration
Identitätsentwicklung		kontextuelle Anpassung
Fremdgestaltung		Eigengestaltung

Tabelle 10.1: Spannungsfelder in der Organisation
Quelle: Bleicher (1991), S. 60.

e) Wieso kann eine flache hierarchische Konfiguration bei einer Mannschaft sinnvoll sein? Begründen Sie Ihre Antwort.

Quelle: Fotolia 22626788.

10.3 Lösungen

10.3.1 Lösungen zu den Aufgaben aus dem Lehrbuch

1. Diese Antwort wird in *Abschnitt 10.1.1 LB* behandelt. Die Existenz von Organisationen in der Umwelt kann folgendermaßen begründet werden:

   Betrachtet man die Umwelt als umfassenden Rahmen, in dem sich Aktivitäten gleichgültig ihrer wirtschaftlichen, politischen oder gesellschaftlichen Natur abspielen, so stellen Unternehmen in gewisser Weise ein Subsystem dar. Dieses Subsystem, das aufgrund seiner Leistungsfähigkeit und Effizienz existiert, bildet eine kleinere Einheit des Marktes ab. Unternehmen beinhalten Strukturen, Regeln, Kultur und viele andere Aspekte, die ein Unternehmen vom anderen abgrenzen und definieren. Die Abgrenzung des Subsystems als Unternehmen oder Organisation von der Umwelt hat den Ursprung darin, dass Pflichten, Kontrolle und Zuständigkeiten erst nachgelagert definiert und ausgeübt werden können. Das Subsystem, wie es in diesem Abschnitt beschrieben wird, beinhaltet im Kern feste Strukturen und ein kollektives Gedächtnis, welches essentiell für dessen Wirtschaftlichkeit und Entwicklung ist. Generell lassen sich **zwei Perspektiven** für die *Erklärung der Existenz von Organisationen* festhalten:

   - **Outside-in-Perspektive:** Eines der Hauptmotive für die Existenz von Organisationen aus Outside-in-Perspektive stellt in diesem Zusammenhang das **Effizienzkriterium** dar. Jenes besagt, dass Strukturen und ein kollektives Gedächtnis hauptverantwortlich für die Entwicklung von Routinen, Regeln und einer homogenisierten Leistungserstellung sind. In diesem abgegrenzten Rahmen wird die komplexe Umwelt reduziert (Simplifizierung) und zu einem gewissen Grad kontrolliert. Dieses Vorgehen macht eine effizientere und stärker kontrollierte Leistungserstellung möglich.

   - **Inside-out-Perspektive:** Aus Inside-out-Perspektive sind andere Hauptmotive für den Aufbau von organisationalen Strukturen relevant. Vor dem industriellen Zeitalter bestanden Unternehmen zumeist aus einer einzelnen Person, die jegliche Tätigkeit – vom Einkauf, über die Erstellung bis hin zum Verkauf – selbst ausführte. Da in der Zeit der Industrialisierung die Unternehmen und die Komplexität der Leistungserstellung wuchsen, wurde die **Arbeitsteilung** unabdingbar. Aus dem Unternehmer, der alle Angelegenheiten selbst ausführte, wurde ein „Dirigent", der zahlreiche Mitarbeiter führte, delegierte und die Arbeit aufteilte. Es entstand das Bedürfnis nach Organisation – das Bedürfnis danach, verschiedene Tätigkeiten, Rollen und Aufgaben zu ordnen und zu strukturieren.

2. Diese Antwort wird in *Abschnitt 10.1.3 LB* behandelt.

   a) Grundlegend können dem Begriff *Organisation* drei Bedeutungen beigemessen werden: Organisation als *Instrument*, als *Unternehmensfunktion* und als *Institution*. In einem Unternehmen spielt Organisation eine wesentliche Rolle. Sie lässt sich in die Einsatzbereiche *Prozess-* und *Ablauforganisation*, *Struktur-* beziehungsweise *Aufbauorganisation* und *Führungskonzepte* aufteilen.

   Abbildung 10.1 zeigt, dass die jeweiligen **Einsatzbereiche der Organisation** auf unterschiedliche Aufgaben und Ziele ausgerichtet sind:

   - **Prozess-** und **Ablauforganisation:** Dieser Einsatzbereich konzentriert sich primär auf die Optimierung interner Prozesse, insbesondere auf die Sicherstellung und Verbesserung der organisatorischen Effizienz (Verteilungsbeziehungen).

- **Struktur-** beziehungsweise **Aufbauorganisation:** Dieser Einsatzbereich ist darauf fokussiert, Voraussetzungen für das Erreichen unternehmerischer Ziele bezüglich der Produkte und Märkte zu schaffen. Im Mittelpunkt steht hierbei die Erhöhung der Effektivität (Arbeitsbeziehung). Eng mit der Aufbauorganisation ist die Regelung der Verantwortlichkeiten verbunden.
- **Führungskonzepte:** Dieser Einsatzbereich steht in unmittelbarem Zusammenhang mit Corporate Governance. Im Sinne der strategischen Ziele gilt es, Führungskonzepte aufzubauen, welche die Lenkbarkeit des Unternehmens garantieren und sicherstellen. Dies geschieht in erster Linie durch Regelungen und Verantwortlichkeiten.

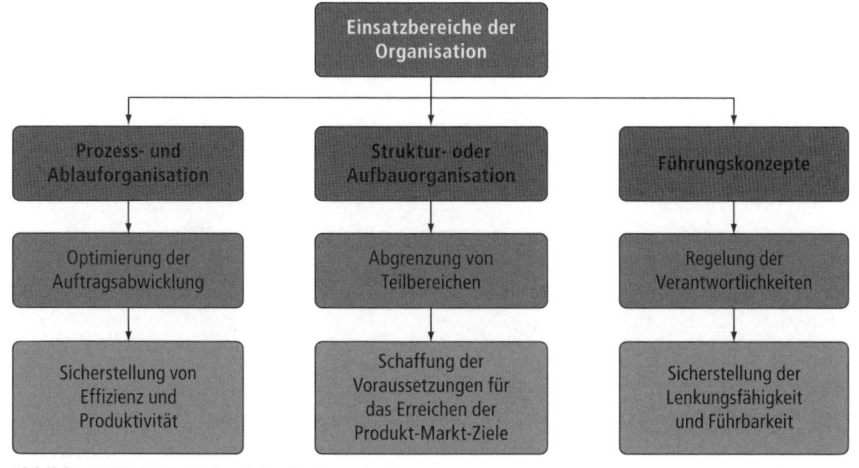

Abbildung 10.1: Einsatzbereiche der Organisation

b) Dem Begriff *Organisation* können grundlegend drei Bedeutungen beigemessen werden:
   - **Instrument:** Der Begriff *Organisation* kann im Sinne eines Instruments verstanden werden und beschreibt den Prozess des Strukturierens und Organisierens.
   - **Unternehmensfunktion:** In diesem Zusammenhang ist die Organisation als eine Einheit innerhalb des Unternehmens zu sehen, welche für das Organisieren und Strukturieren von Abläufen und Prozeduren verantwortlich ist.
   - **Institution:** Der Begriff *Organisation* kann im Sinne einer Institution verstanden werden und damit eine soziale Struktur beschreiben, die zur Aufgabe hat, ihre Mitglieder zu zielorientiertem Zusammenwirken zu veranlassen. Eine Organisation als solche grenzt sich von ihrer Umwelt ab und kann als Synonym für die Begriffe *Unternehmen* und auch *Firma* verstanden werden.

Verantwortlich für die Unternehmensfunktion *Organisation* ist in der Regel der sogenannte Chief Operating Officer (COO), welcher sich primär auf das operative Geschäft eines Unternehmens konzentriert. Seine wesentliche Aufgabe besteht darin, sämtliche Prozesse und Leistungen des Unternehmens zu führen, zu organisieren und zu steuern.

3. Diese Antwort wird in *Abschnitt 10.1.1 LB* behandelt. Eine detaillierte Beschreibung der Spannungsfelder findet sich in *Abschnitt 10.2.1 LB*.

Nach *Bleicher* (1991) kann die Organisation eines Unternehmens anhand verschiedener Dimensionen charakterisiert werden. Die Dimensionen stellen Spannungsfelder dar und verdeutlichen die Pole, zwischen denen sich die strategiegerechte Organisation orientieren kann. Die einzelnen Spannungsfelder lassen sich in vier Gruppen – in **Technostruktur** versus **Soziostruktur**, **mechanische** versus **organische Struktur**, **Hierarchie** versus **Netzwerke** und in **Fremdorganisation** versus **Selbstorganisation** – aufteilen.

Sachorientierung		Personenorientierung
Formalisierung		Symbolorientierung
Effizienzorientierung		Effektivitätsorientierung
Organisation	**versus**	Organisation auf Zeit
monolithische Orientierung		polyzentrische Orientierung
steile Konfiguration		flache Konfiguration
Identitätsentwicklung		kontextuelle Anpassung
Fremdgestaltung		Eigengestaltung

Tabelle 10.2: Spannungsfelder in der Organisation
Quelle: Bleicher (1991), S. 60.

4. Antwort wird in *Abschnitt 10.3.1 LB* behandelt.

Zu den eindimensionalen Konzepten gehören folgende drei Organisationsformen: Die **funktionale Organisation**, die **divisionale Organisation** und die **Holdingorganisation**. Zur Beantwortung dieser Frage wählen wir die *funktionale Organisation*:

Die eindimensionale funktionale Organisationsform orientiert sich an den Kerntätigkeitsfeldern eines Unternehmens. Es werden hierbei verschiedene Unternehmensfunktionen unterschieden wie Produktion, Marketing, Human Ressource Management, Finanzen und Sales (Verkauf). Zum einen spiegelt die funktionale Organisation den Fluss der Realgüter vom Eingang der Rohstoffe bis hin zum Verkauf der Produkte wider. Zum anderen zeigt sie den Auftragsdurchlauf von der Auftragsannahme im Verkauf (Sales) über die Auftragsabwicklung in der Produktion bis hin zur Bereitstellung der Ressourcen.

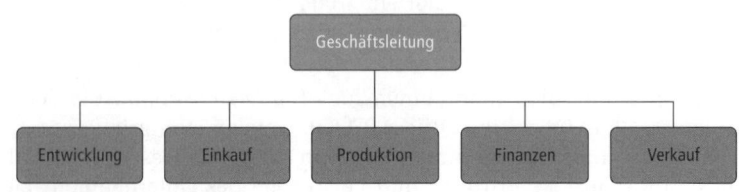

```
                    Geschäftsleitung
        ┌──────┬──────┬──────┬──────┐
    Entwicklung Einkauf Produktion Finanzen Verkauf
```

Abbildung 10.2: Funktionale Organisation
Quelle: Straub nach Bleicher (1991), S. 389.

Als älteste Organisationsform ist die funktionale Organisation heute vor allem in kleineren und mittelständischen Betrieben anzutreffen. Da bei größeren Unternehmen die Koordination der funktionalen Stellen überproportional zunimmt, ist diese Organisationsform dort eher selten vorzufinden. Die funktionale Organisationsstruktur eignet sich besonders, wenn die Rahmenbedingungen des Unternehmens stabil und überschaubar sind, eine Arbeitsteilung möglich ist, das Unternehmen eine homogene Produktpalette aufweist und wenn Routineaufgaben überwiegen. Die Vor- und Nachteile dieser Organisationsform sind in Tabelle 10.3 zusammengefasst. Mit zunehmendem Wachstum eines Unternehmens, beispielsweise durch eine Erweiterung der Produktpalette, nimmt der Koordinationsbedarf zu. Des Weiteren nehmen die Spezialisierungsvorteile der funktionalen Organisation dadurch ab. Verändern sich dabei auch noch die Umweltbedingungen (z.B. durch eine veränderte Markt- bzw. Wettbewerbssituationen), bietet die funktionale Organisationsstruktur keine ausreichende Flexibilität. Ein Wechsel zu einer divisionalen Organisation ist daher oft sinnvoll.

Vorteile	Nachteile
einfache, überschaubare Strukturen	viele Schnittstellen und Interdependenzen können zu Koordinationsproblemen führen
maximale Nutzung von Spezialisierungseffekten	Gefahr von Bereichsegoismen
klar definierte und abgegrenzte Aufgaben und Kompetenzen	Überlastung der Unternehmensführung (Nicht-Routine-Aufgaben und Kamineffekt)
funktionale Aufteilung	Überbetonung des Spezialistentums
bereichsinterne Kommunikation und Koordination wird begünstigt	eingeschränkte Möglichkeit der Personalentwicklung
	geringe Motivationskraft bedingt durch den fehlenden Sinnbezug der einzelnen Aufgaben

Tabelle 10.3: Vor- und Nachteile der funktionalen Organisation

5. Diese Antwort wird in *Abschnitt 10.3.2 LB* behandelt. Die Vorzüge einer **Matrixorganisation** kommen zum Tragen, wenn folgende wesentliche Anforderungen erfüllt sind:

Die Matrixorganisation basiert auf zwei unternehmerischen Dimensionen, die gleichberechtigt in einer Organisation kombiniert werden. Sie eignet sich, sobald für die Erreichung der unternehmerischen Ziele zwei Dimensionen (z.B. Funktionen, Produkte oder Märkte) als gleichwertig eingestuft werden. Durch die Überlagerung beider Dimensionen wird erreicht, dass der Zugriff der Fachspezialisten auf die koordinierenden Stellen erleichtert wird.

Ein wichtiges Ziel der Matrixorganisation ist die Verbesserung der Zusammenarbeit zwischen den einzelnen Dimensionen. Damit dieses Ziel erreicht werden kann, bedarf es gewisser Regeln. Grundlegend geht es darum, die Kompetenzen der beiden Dimensionen abzustecken, damit es diesbezüglich keine Überschneidungen oder Lücken gibt. Die Verteilung von Macht und Kompetenzen sind folglich elementare Grundprinzipien der Matrixstruktur.

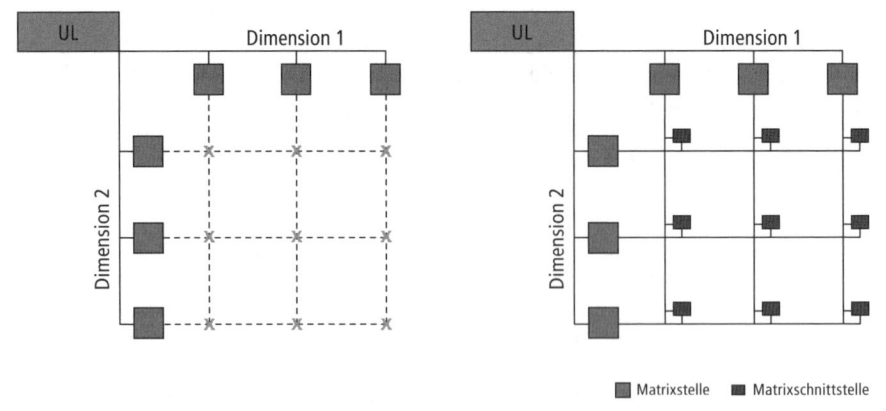

Abbildung 10.3: Matrixorganisation ohne und mit organisatorischer Einheit
Quelle: Bleicher (1993), S. 569ff.

Die Matrixorganisation kommt in erster Linie bei größeren Unternehmen mit mehr als 250 Mitarbeitern zum Einsatz. Diese Unternehmen verfügen in der Regel über mehrere verschiedene Leistungsangebote und über mindestens zwei relevante unternehmerische Dimensionen. Wie Tabelle 10.5 zu entnehmen ist, sind außerdem folgende Anforderungen von Bedeutung:

Höhere Anforderungen (Flexibilität, Teamarbeit, unternehmerisches Denken) an die Mitarbeiter: Die Mitarbeiter sollten diesen Herausforderungen gewachsen sein.

Hohe Ansprüche an die Informationsverarbeitung: Eine möglichst gute IT-Ausstattung und IT-Kompetenz sind von Vorteil.

Großer Bedarf an qualifizierten Führungskräften: Die Mitarbeiter sollten die nötigen Qualifikationen dafür besitzen.

6. Diese Antwort wird in *Abschnitt 10.5 LB*, bezüglich des Aufsichtsratsmodells in *Abschnitt 10.5.1 LB* und bezüglich des Board-Modells in *Abschnitt 10.5.2 LB*, behandelt.

    Die **Führungsorganisation (Corporate Governance)** befasst sich mit der Struktur der Geschäftsführung und mit deren Kontrolle. Zwei wichtige Ansätze im internationalen Vergleich stellen das *Aufsichtsratsmodell* und das *Board-Modell* dar. Die Unterschiede dieser beiden Ansätze können wie folgt beschrieben werden:

    – **Aufsichtsratsmodell:** Das Aufsichtsratssystem beschreibt ein duales Corporate Governance-System. Es besteht aus einem Zweikammersystem, welches Führung und Kontrolle auf zwei Organe aufteilt. Dieses Modell ist vorwiegend in Deutschland, Österreich, den Niederlanden und Dänemark verbreitet. Es schreibt die Organe *Aufsichtsrat*, *Vorstand* und *Hauptversammlung der Aktionäre* vor. Im Interesse der Stakeholder fungiert der Aufsichtsrat als Organ, das das geschäftsführende Organ, sprich den Vorstand eines Unternehmens, überwacht. Der Aufsichtsrat und der Vorstand werden durch einen Vorsitzenden präsidiert. Das System ermöglicht zudem, dass im Aufsichtsrat Mitarbeiter vertreten sind (Mitarbeitervertretung). Für Unternehmen mit mehr als 2.000 Mitarbeitern ist es Vorschrift, im Aufsichtsrat zur Hälfte eine Vertretung der Mitarbeiter aufzuweisen. Der Vorstand wird aus internen Mitgliedern zusammengesetzt und besitzt als Kollektiv eine uneingeschränkte Führungsverantwortung. Er übernimmt vollumfänglich die Aufgaben des Strategischen Managements. Der Aufsichtsrat hat

somit nur indirekt Einfluss auf die Unternehmensstrategie, indem er die Zusammensetzung des Vorstandes bestimmen kann. Diese klare Trennung zwischen Führung und Kontrolle wird als wesentlicher Vorteil des Aufsichtsratsmodells betrachtet. Folgende Punkte stehen in diesem Zusammenhang im Wesentlichen zur Diskussion:

- Beteiligung der Arbeitnehmerseite im Aufsichtsrat;
- Möglichkeit, eine Fülle von Aufsichtsratsmandaten gleichzeitig wahrzunehmen;
- Möglichkeit, gleichzeitig Aufsichtsratsmandate bei Wettbewerbern wahrzunehmen;
- Häufig anzutreffende Praxis, dass Vorstandsvorsitzende nach dem Ausscheiden aus dem Vorstand die Position des Aufsichtsratsvorsitzenden einnehmen;

- **Board-Modell:** Das Board-System beschreibt ein monistisches *Corporate Governance*-System. Führung und Kontrolle sind in einem Gremium zusammengefasst. Es ist vorwiegend in den angelsächsischen Ländern, aber auch in Italien, Frankreich und Spanien anzutreffen. Ziel eines Unternehmens ist es in diesem Zusammenhang vor allem, den Shareholder Value zu steigern. Einstufig ist das System in dem Sinne, dass Führung und Kontrolle des Unternehmens integriert wahrgenommen werden. Das Board ist das einzige Verwaltungsorgan und setzt sich aus internen und externen Direktoren zusammen. Der *Chairman of the Board (Verwaltungsratspräsident)* steht an der Spitze und kann unter anderem gleichzeitig die Position des Präsidenten und *Chief Executive Officer (CEO)* einnehmen. Somit verfügt der *Chairman* über große Macht, was in den letzten Jahren zu häufigen Diskussionen geführt und sich zu einem zentralen Thema in den Medien entwickelt hat. Die Aufgaben des Boards werden häufig ergänzt durch spezielle Ausschüsse. Ein *Audit Committee* aus externen Direktoren und Fachexperten wird gebildet, damit die Überwachung des Boards unabhängig geschehen kann. Mit diesen möglichen Ausschüssen kommt das angelsächsische System dem deutschen Aufsichtsratsmodell sehr nahe.

Beim Board-Modell werden die externen Direktoren stärker in strategische Entscheide der Unternehmensführung eingebunden. Dies wird häufig als Vorteil gesehen. Zugleich bedeutet dies jedoch auch, dass die externen Direktoren besser informiert sein und eine höhere zeitliche Verfügbarkeit aufweisen müssen. Als Nachteil ist die mögliche Machtfülle zu erwähnen, wenn eine Personalunion aus Chairman und CEO vorliegt. Zudem existiert generell die Gefahr, dass eine ungleiche Machtverteilung im Unternehmen entsteht

10.3.2 Lösungen zu den ergänzenden Aufgaben

1. Siehe hierzu *Abschnitt 10.1.1*. Antwort a ist richtig.

    Eines der Hauptmotive für die Existenz von Organisationen aus *Outside-in-Perspektive* stellt in diesem Zusammenhang das **Effizienzkriterium** dar. Jenes besagt, dass Strukturen und ein kollektives Gedächtnis hauptverantwortlich für die Entwicklung von Routinen, Regeln und einer homogenisierten Leistungserstellung sind. In diesem abgegrenzten Rahmen wird die komplexe Umwelt reduziert (Simplifizierung) und zu einem gewissen Grad kontrolliert. Dieses Vorgehen macht eine effizientere und stärker kontrollierte Leistungserstellung möglich.

2. Siehe hierzu *Abschnitt 10.1.3*. Antwort c ist richtig.

   Der Begriff *Organisation* kann im Sinne einer Institution verstanden werden und beschreibt damit eine soziale Struktur, die zum Ziel hat, ihre Mitglieder zu zielorientiertem Zusammenwirken zu veranlassen. Eine Organisation als solche grenzt sich von ihrer Umwelt ab und kann als Synonym für die Begriffe *Unternehmen* oder auch *Firma* verstanden werden.

3. Siehe hierzu *Abschnitt 10.2.2 LB*. Antwort d ist richtig.

   Die **Adhocratie**, auch *Projektstruktur* genannt, weist nur bedingt feste Strukturen auf. In dieser fließenden Struktur werden die Experten verschiedener Disziplinen in Teams zusammengebracht. Die Aktivitäten werden durch Projektorganisation und durch informelle Kommunikation koordiniert. Die Experten sind über die ganze Organisation verstreut und verändern kontinuierlich die Kräfteverhältnisse innerhalb des Unternehmens. Die Entscheidungen werden in erster Linie nicht hierarchisch, sondern aufgrund des Fachwissens gefällt. Da fixe Strukturen fehlen, kann es vorkommen, dass die Koordination der Aktivitäten dadurch erschwert wird. Kreative Expertenteams können sich verselbstständigen. Aufgrund der Vorteile wird diese Konfiguration, zumindest für eine gewisse Zeit, in erster Linie von kleinen, innovativen Unternehmen gewählt.

4. Siehe hierzu *Abschnitt 10.1.3 LB*. Antwort b ist richtig.

   Dieser Einsatzbereich konzentriert sich primär auf die Optimierung interner Prozesse, insbesondere auf die Sicherstellung und Verbesserung der organisatorischen Effizienz (Verteilungsbeziehungen).

5. Diese Antwort wird in *Abschnitt 10.3.3 LB* behandelt.

   Die wesentlichen Vor- und Nachteile können Tabelle 10.4 entnommen werden.

Vorteile	**Nachteile**
verbesserte Umsetzung von Teilstrategien	Produktmanagement als zweite unternehmerische Dimension schafft vor allem Kompetenzprobleme
erhöhte Schlagkraft der Absatzkraft	die fachtechnischen und persönlichen Anforderungen an den Produktmanager sind enorm
Entlastung der Geschäftsleitung von Koordinationsaufgaben	
erhöhte Innovationsmöglichkeiten	

Tabelle 10.4: Vor- und Nachteile der Produktmanagement-Organisation
Quelle: Straub (2011) in Anlehnung an Baldegger (2007), S. 331.

6. Siehe hierzu *Abschnitt 10.3.1 LB*. Antwort a ist richtig.

   Wie in Abbildung 10.4 dargestellt, orientiert sich die eindimensionale funktionale Organisationsform an den Kerntätigkeitsfeldern eines Unternehmens. Es werden hierbei verschiedene Unternehmensfunktionen unterschieden, beispielsweise Produktion, Marketing, Human Resource Management, Finanzen und Verkauf beziehungsweise Sales.

```
                    ┌─────────────────┐
                    │ Geschäftsleitung │
                    └────────┬────────┘
      ┌──────────┬───────────┼───────────┬──────────┐
 ┌─────────┐ ┌────────┐ ┌──────────┐ ┌────────┐ ┌────────┐
 │Entwicklung│ │Einkauf │ │Produktion│ │Finanzen│ │Verkauf │
 └─────────┘ └────────┘ └──────────┘ └────────┘ └────────┘
```

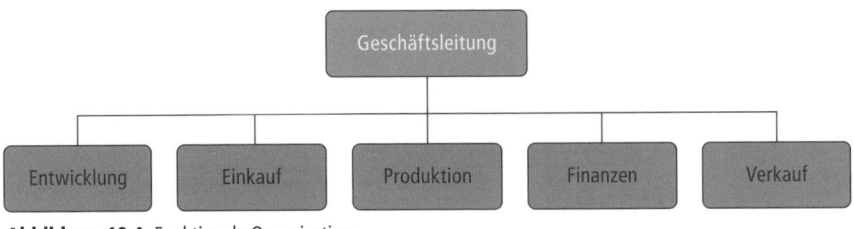

Abbildung 10.4: Funktionale Organisation
Quelle: Straub (2011) nach Bleicher (1991), S. 389.

7. Siehe *Abschnitt 10.3.2 LB*.

   Die wesentlichen Vor- und Nachteile können Tabelle 10.5 entnommen werden.

Vorteile	Nachteile
Verbesserung der innerbetrieblichen Kommunikation und Zusammenarbeit	Doppelunterstellung der Mitarbeiter kann zu Kompetenzproblemen führen
effizienter Einsatz von Spezialisten	Kompetenzkonflikte können durch Mitarbeiter provoziert werden
Förderung der Teamfähigkeit durch erhöhte Interaktion	unterschiedliche Denkweisen in den zwei Dimensionen können zu Problemen führen
interdisziplinäre Zusammenarbeit fördert die Innovationsfähigkeit	höhere Anforderungen (Flexibilität, Teamarbeit und unternehmerisches Denken) an die Mitarbeiter
Matrixfunktion erhöht Flexibilität und Dynamik	hohe Ansprüche an die Informationsverarbeitung
partizipative Lösungsfindung fördert das Betriebsklima	Gefahr der Bürokratisierung durch Überregulierung von Kompetenzen
spezialisierte Leistungsfunktionen entlasten die Geschäftsleitung	großer Bedarf an qualifizierten Führungskräften
flexiblere Anpassung der Strukturen an veränderte Markt- und Wettbewerbsbedingungen	
vielfältige Möglichkeiten der Personalentwicklung	

Tabelle 10.5: Vor- und Nachteile der Matrixorganisation

8. Siehe hierzu *Abschnitt 10.3.3 LB*.

   Das Produktmanagement überlagert in der Regel die eigentliche Organisationsform (z.B. funktionelle Organisation) mit einer produktbezogenen Sekundärstruktur. Dieses Matrix-Produktmanagement ist eine mögliche organisatorische Form der Verankerung eines Produktmanagers. Alternativen hierzu bilden das Stabs- und das Linien-Produktmanagement sowie der Produktausschuss (siehe Abbildung 10.5).

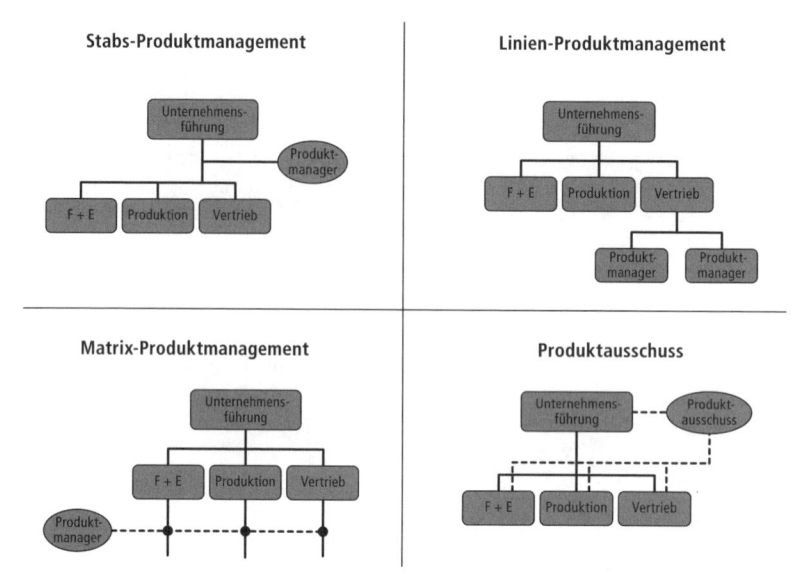

Abbildung 10.5: Formen des Produktmanagements
Quelle: Vahs (1997), S. 151.

9. Siehe *Abschnitt 10.3.2 LB*. Es handelt sich hierbei um die Matrixorganisation.

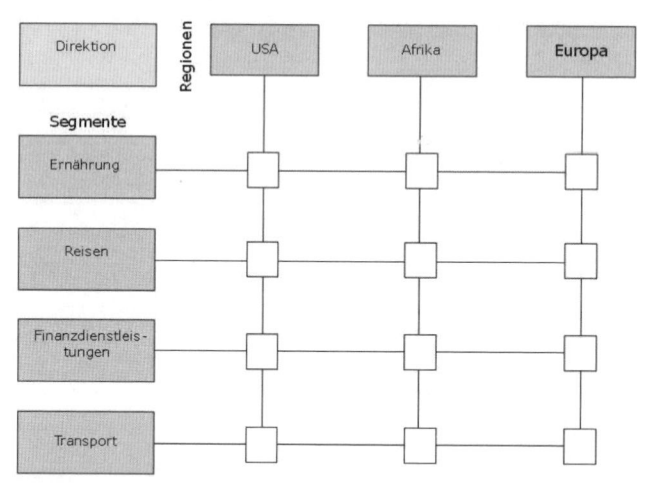

Abbildung 10.6: Matrixorganisation

10. Diese Antwort wird in *Abschnitt 10.3.3 LB* behandelt. Die Aufgaben des Produktmanagers (PM) sind umfassend und vielseitig. Seine Tätigkeiten lassen sich grob in *fünf Funktionen* unterteilen:

   – **Analyse:** Die Analysefunktion ist eine zentrale Tätigkeit des PM. Es gilt die Analyse bezüglich der Marktdaten, der Kennzahlen und der Stärken wie Schwächen durchzuführen, ohne deren Resultat keine fundierten Entscheidungen getroffen und bei den Linieninstanzen umgesetzt werden können.

- **Innovation:** Der PM muss stets bestrebt sein, das betreute Produkt weiterzuentwickeln und nach neuen Anwendungsmöglichkeiten zu suchen (Innovationsfunktion). Vor allem innerhalb des Marketing kommt ihm große Verantwortung zu: Es werden konkrete Vorschläge zu neuen Marketinginitiativen erwartet, die dementsprechend durch einen größeren Personenkreis umgesetzt werden.
- **Planung:** Eine weitere zentrale Aufgabe stellt die Planung dar. Zu den wichtigsten Planungsaufgaben des PM gehört die Absatzplanung, zu welcher beispielsweise die Bestimmung der Zielgruppe, die konkrete Definition des Angebots, die Budgetplanung, die Verkaufsförderung sowie die Preiskalkulation gehören.
- **Koordination:** Zudem koordiniert der PM sämtliche produktspezifische Aktivitäten in einem Unternehmen (Koordinationsfunktion). Dazu gehören Produktionsplanung und Verfahren, Corporate Identity und Brand-Management, Abstimmung der Werbemaßnahmen, Betreuung des Außendienstes und kontinuierliche Fortschrittskontrolle.
- **Kontrolle:** Die getroffenen Maßnahmen müssen gemäß der Richtigkeit und Zweckmäßigkeit überprüft werden (Kontrollfunktion). Die Analyse der Soll-Ist-Situation bietet die Grundlage für Maßnahmenpläne der nächsten Phase.

11. Die Antwort wird in *Abschnitt 10.1.3 LB* behandelt.
    a) Bei der aktuellen Organisationsform der *Essmalwas AG* handelt es sich um eine funktionale Organisationsform, welche wie in Abbildung 10.7 dargestellt werden kann.

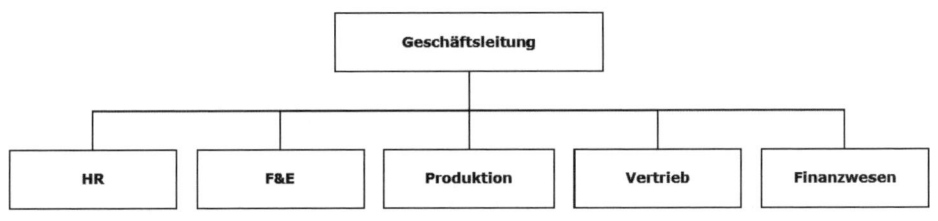

Abbildung 10.7: Aktuelle Organisationsform der Essmalwas AG

In Bezug auf diese Organisationsform stellt man oft eine mangelnde Anpassung an bestimmte Produktbereiche fest, da sich diese Organisationsform vor allem auf die funktionalen Aufgaben einer Organisation konzentriert. Wie in Tabelle 10.6 aufgelistet, existieren darüber hinaus bestimmte Vor- und Nachteile in Bezug auf die aktuelle Organisationsform.

Vorteile	Nachteile

Tabelle 10.6: Vor- und Nachteile der funktionalen Organisation

einfache, überschaubare Strukturen	viele Schnittstellen und Interdependenzen können zu Koordinationsproblemen führen
maximale Nutzung von Spezialisierungseffekten	Gefahr von Bereichsegoismen
klar definierte und abgegrenzte Aufgaben und Kompetenzen	Überlastung der Unternehmensführung (Nicht-Routine Aufgaben und Kamineffekt)
funktionale Aufteilung	Überbetonung des Spezialistentums
bereichsinterne Kommunikation und Koordination wird begünstigt	eingeschränkte Möglichkeit der Personalentwicklung
	geringe Motivationskraft bedingt durch den fehlenden Sinnbezug der einzelnen Aufgaben

Tabelle 10.6: Vor- und Nachteile der funktionalen Organisation

b) Ein Reorganisationsvorschlag würde im vorliegenden Fall typischerweise eine divisionale Organisationsform darstellen. Die einzelnen Divisionen wären Milchprodukte, Fleischprodukte, Süßwaren und Teigwaren. In Tabelle 10.7 werden die wesentlichen Vor- und Nachteile aufgezählt.

Vorteile	Nachteile
Entlastung der Unternehmensführung	Gefahr des Spartenegoismus und der kurzfristigen Gewinnorientierung
bessere Koordination und Entscheidungen in den Divisionen	Mehrbedarf an Leitungsstellen
ganzheitliche Delegation von Aufgaben, Verantwortung und Kompetenzen	erforderliche Zentralfunktionen (Personal, Logistik etc.)
weitgehende unternehmerische Selbstständigkeit der Spartenleiter erhöht die Motivation	Aufgaben werden zum Teil doppelt bewältigt (beschränkte Synergieeffekte)
kleinere Organisationseinheiten sind flexibler gegenüber Veränderungen der Umwelt	hoher administrativer Aufwand
vielfältige Möglichkeiten der Unternehmensentwicklung	
schnelle Entscheidung und kurze Kommunikationswege	
maximale Nutzung des spartenspezifischen Know-hows	

Tabelle 10.7: Vor- und Nachteile der divisionalen Organisation
Quelle: Nauer (1993), S. 237ff.

Lösung zu BWL praxisnah

1. Diese Antwort bezieht sich auf die *Abschnitte 10.3 LB* und *10.5 LB*.

   Ziel dieser Aufgabe ist es, einen Bezug zur direkten und täglichen Umgebung und der Funktion *Organisation* herzustellen. Sie sollen sensibilisiert werden für die strukturellen Unterschiede und für deren Auswirkungen auf die Leistung sowie für die Governance einer Organisation. Eine direkte Anwendung der Organisationsmodelle soll hier nicht stattfinden.

a) In der Regel werden Sie einen Unterschied in der *Organisationsstruktur* feststellen.

- **Bäckerei:** In der Bäckerei stellt das Gebäck den wesentlichen Teil der Organisation dar. Häufig gibt es für das Gebäck eine extra Kasse. Es kann ebenso vorkommen, dass Sie von zwei unterschiedlichen Personen bedient werden. Dies hat zur Folge, dass Sie eventuell zweimal bestellen oder sogar selbst das Gebäck an der Ladentheke abholen müssen. Weitere Unterschiede sind durchaus möglich.

- **Café:** Da im klassischen Café eher der Verkauf von Getränken im Mittelpunkt steht, haben Sie auch meist, im Vergleich zur Bäckerei, eine eher geringe Auswahl an Gebäck. In der Regel werden Sie von nur einer Person bedient. Auch müssen Sie nicht an die Theke, um das Gebäck zu bestellen und zu bezahlen. Das Gebäck wird auf demselben Kassenbeleg abgerechnet wie das Heißgetränk. Aus Kundensicht entspricht dies einer effizienteren Struktur, da der Kunde ein Heißgetränk und ein Gebäck kaufen und auch vor Ort konsumieren möchte.

b) In der Regel fühlt man sich als Kunde im Café zuvorkommender bedient, da sowohl die Bestellung als auch die Bezahlung schneller und unkomplizierter vonstatten geht.

In einer Bäckerei wird der klassische Kunde, welcher ausschließlich Gebäck einkauft, auf diese Art und Weise besser und schneller bedient. Aus diesem Grunde sollte sich auch stets eine Person hinter der Ladentheke befinden und nicht damit beschäftigt sein, Café zu servieren.

c) In der Regel bekommen Sie in einer Bäckerei zwei Belege: Einerseits von der „Bäckerei" und andererseits vom „Café". Der Umsatz wird getrennt verbucht und beinahe jede Bedienung hat ihre eigene Kasse. Aufgrund von eventuell auftretenden Koordinationsproblemen besteht ein größeres Risiko, dass in der Bäckerei ein Kunde ohne zu bezahlen das Lokal verlässt.

2. Diese Antwort bezieht sich auf die *Abschnitte 10.1.3 LB* und *10.2 LB*.

Ziel dieser Aufgabe ist es, die Strukturen innerhalb einer Organisation nachzuzeichnen und die verschiedenen Spannungsfelder zu illustrieren. Hierbei werden der Zusammenhang und der Einfluss einer nicht optimalen Organisation auf die Leistungsfähigkeit deutlich.

a) Die Fussballnationalmannschaft der Herren (und ihre Spielerposition)[2]:

1. Manuel Neuer (Stamm-Torwart, Führungspersönlichkeit)
2. Tim Wiese (Ersatz-Torwart – erfahrener Spieler)
3. Ron-Robert Zieler
   (dritter Torwart – Nachwuchs-Torwart mit Perspektive)
4. Holger Badstuber (Innenverteidiger)
5. Jerome Boateng (Außenverteidiger)

---

[2] Diese Beschreibung soll als Beispiel verstanden werden. Die einzelnen Spieler oder Positionen ändern sich ständig.

6. Benedikt Höwedes (Innenverteidiger; kann aber auch die Position des Außenverteidigers ausfüllen)
7. Mats Hummels (Innenverteidiger)
8. Philipp Lahm (erfahrener Außenverteidiger, Führungsspieler und erster Kapitän der Mannschaft)
9. Per Mertesacker (erfahrener Innenverteidiger; spielt im Ausland)
10. Marcel Schmelzer (Außenverteidiger mit viel Potenzial)
11. Lars Bender (defensiver Mittelfeldspieler mit viel Potenzial)
12. Mario Götze (kreativer Mittelfeldspieler mit viel Potenzial)
13. Illkay Gündogan (Mittelfeldspieler mit wenig Erfahrung)
14. Sami Khedira (defensiver Mittelfeldspieler mit internationaler Erfahrung, Führungspersönlichkeit; taktisch herausragend und kann seine Mitspieler führen; spielt im Ausland)
15. Toni Kroos (defensiver Mittelfeldspieler mit Erfahrung)
16. Thomas Müller (Flügelspieler mit Erfahrung)
17. Mesut Özil (kreativer Mittelfeldspieler mit viel Erfahrung; kann aus zugespielten Bällen schnell etwas machen; spielt im Ausland)
18. Lukas Podolski (erfahrener Flügelspieler; spielt im Ausland)
19. Marco Reus (talentierter Flügelspieler mit viel Potenzial)
20. André Schürrle (talentierter Flügelspieler)
21. Bastian Schweinsteiger (erfahrener Mittelfeldspieler, Führungsfigur, Taktgeber und zweiter Kapitän der Mannschaft)
22. Mario Gomez (Mittelstürmer mit guter Technik)
23. Miroslav Klose (spielender Mittelstürmer, spielt im Ausland)

b) Die hierarchische Position ergibt sich meist aus der Erfahrung (Leistung in der Vergangenheit), aus dem Leistungspotenzial sowie der Persönlichkeit der einzelnen Person im Vergleich zum Rest der Gruppe. Folgende Einteilung ist denkbar:

- **Absolute Führungsspieler:** Philipp Lahm, Bastian Schweinsteiger, Sami Khedira und Manuel Neuer
- **Erweiterter Führungskreis:** Mesut Özil, Per Mertesacker, Tim Wiese, Lukas Podolski und Miroslav Klose
- **Gestandene Nationalspieler:** Toni Kroos, Thomas Müller, Mario Gomez, Benedikt Höwedes, Jerome Boateng, Holger Badstuber, Mats Hummels
- **Talentierte Neulinge:** Mario Götze, Lars Bender, Marco Reus, André Schürrle, Illkay Gündogan, Ron-Robert Zieler

c) Eine Hierarchie ist für verschiedene Einsatzbereiche der Organisation vonnöten. Sie stellt sicher, dass der Prozess und der Ablauf in bestmöglichster Weise abgewickelt werden können. Eine klare Struktur führt zu einer besseren Kommunikation und dadurch zu weniger Missverständnissen, so dass das Ziel klarer und besser erreicht werden kann. Eine Hierarchie unterstützt zudem, den Verantwortungsbereich des Einzelnen zu umgrenzen und stellt somit die Führbarkeit und Lenkungsfähigkeit der Organisation (hier: der Mannschaft) sicher. Der Spielführer stellt hierbei nicht nur zwischen den Mannschaftskollegen, sondern auch in der Beziehung nach außen ein besonders wichtiges Bindeglied

dar. Zumeist führt er nicht nur formal die Mannschaft, sondern auch informell (attribuierter Anführer).
- **Situation 1:** Auf dem Spielfeld entsteht eine außergewöhnliche Situation. Es kommt zu Unruhen und zu unübersichtlichen Handgreiflichkeiten zwischen den Spielern beider Teams. Für den Schiedsrichter ist es in diesem Fall wichtig, mindestens einen Spieler einer jeden Mannschaft zu haben, den er ansprechen kann und der genügend Einfluss auf seine Mitspieler besitzt, um sie zu beschwichtigen und um somit Probleme zu lösen.
- **Situation 2:** Sollte es eine grundsätzliche Unzufriedenheit mit dem Trainer geben, zum Beispiel zu wenig Freizeit oder gar Unzufriedenheit bezüglich der taktischen Vorgaben, so wird in der Regel der Spielführer damit beauftragt, an den Trainer heranzutreten, um das vorliegende Problem zu äußern und zu lösen.

d) Diese Antwort wird in *Abschnitt 10.2 LB* behandelt. Folgende Spannungsfelder werden im Lehrbuch genannt:

Sachorientierung		Personenorientierung
Formalisierung		Symbolorientierung
Effizienzorientierung		Effektivitätsorientierung
Organisation	**versus**	Organisation auf Zeit
monolithische Orientierung		polyzentrische Orientierung
steile Konfiguration		flache Konfiguration
Identitätsentwicklung		kontextuelle Anpassung
Fremdgestaltung		Eigengestaltung

Tabelle 10.8: Spannungsfelder in der Organisation
Quelle: Bleicher (1991), S. 60.

Auch bei einer Mannschaft steht die Organisation in verschieden Spannungsfeldern. Dies hängt von verschieden Faktoren ab: Neben der Struktur innerhalb der Mannschaft (Selbstorganisation, flache vs. steile Konfiguration), gibt es den Trainer (Fremdorganisation), der die Spieler auswählt und aufstellt, gibt es den Verband, der eine besondere Spielphilosophie und -art vorgibt (Sachorientierung vs. Personenorientierung) und natürlich spielt auch Zeit eine wichtige Rolle. So ist es wichtig, wie oft neue Spieler dazukommen und folglich Spieler die Mannschaft verlassen müssen oder auch wie lange sich die Spieler schon untereinander kennen und zusammengespielt haben (mechanische vs. organische Struktur).

e) Als Lösung kann die folgende Begründung angeführt werden, doch sind weitere Begründungen denkbar, da Hierarchien unterschiedlich ausgeprägt (orientiert u. konfiguriert) sein können:
- **Steile versus flache Konfiguration:** Eine steile Konfiguration ist oft die Folge der Arbeitsteilung in Organisationen (z. B. im Sinne von Bandarbeit). Zahlreiche organisatorische Bereiche werden gebildet und auf verschiedene Hierarchieebenen verteilt. Enge Leitungsspannen sind ein offensichtliches

Merkmal steiler Konfiguration. Als Leitungspanne wird die Anzahl der Mitarbeiter verstanden, die sich hierarchisch unter einer Person oder Organisation befindet.

Im Gegensatz dazu versucht eine flache Konfiguration, wenige Bereiche mit geringer Aufgabengliederung zu bilden. Ein Beispiel dafür ist die Gruppenarbeit. Breite Leitungsspannen und eine kleine Anzahl von Leitungsstufen sind prägend für eine flache Konfiguration. Die flache Konfiguration ist häufig bei kleinen Unternehmen sowie bei Unternehmen in einem dynamischen und innovativen Marktumfeld vorzufinden.

Wissensmanagement und Informationssysteme

11.1 Hauptthema des Kapitels........................ 180

11.2 Aufgaben 181
    11.2.1 Aufgaben aus dem Lehrbuch.................... 181
    11.2.2 Ergänzende Aufgaben 181
    BWL praxisnah.. 184

11.3 Lösungen....................................... 185
    11.3.1 Lösungen zu den Aufgaben aus dem Lehrbuch 185
    11.3.2 Lösungen zu den ergänzenden Aufgaben 190

11

ÜBERBLICK

11.1 Hauptthema des Kapitels

Heute lässt sich mit Sicherheit sagen, dass wir uns inmitten der dritten industriellen Revolution befinden. Die gegenwärtige Revolution hat ihren Ursprung in der raschen Entwicklung von sechs wichtigen Kerntechnologien: Der Mikroelektronik, den Computern, der Telekommunikation, dem Industriedesign (Produktdesign), der Robotertechnik und schließlich der Biotechnologie. Die Gemeinsamkeit der wichtigen Kerntechnologien besteht in der Wissensintensität, welche wir auch als Wissenskapital bezeichnen. In diesem Kontext ermöglicht das Internet oder die Informationstechnologie (IT) eine schnellere, weltweite Verbreitung von Wissen und Information innerhalb und zwischen Unternehmen. In Firmen stellt Wissen das Kapital von Kompetenzen dar, das Individuen in unterschiedlichen Unternehmensbereichen besitzen. Ist die Rede von *Wissen*, sollte dieser Begriff klar von den Begriffen *Information* und *Daten* abgegrenzt werden.

Im Sinne des Human Ressource Managements (Personalmanagements) überdenken moderne Unternehmen ihre Art und Weise zu arbeiten, indem sie die Charakteristiken ihrer Mitarbeiter unter dem Wissensaspekt wahrnehmen. Somit nimmt das Wissensmanagement in vielen Unternehmen einen zentralen Stellenwert ein: Es kann dezentral, sprich durch jeden einzelnen Mitarbeiter, oder zentral, sprich durch die Geschäftsleitung, gesteuert werden. In großen Organisationen zeichnet sich zunehmend eine Entwicklung hin zu zentralen Abteilungen ab, welche sich ausschließlich mit Wissensmanagement beschäftigen. Auch wenn innerhalb einer Organisation keine solche Abteilung existiert, stellt das Managen von Wissen dennoch ein wichtiges Element der Geschäftsleitung, aber auch eines jeden einzelnen Mitarbeiters dar. Mitarbeiter in Unternehmen können somit als Wissensträger gesehen werden. Häufig wird in diesem Kontext auch von Knowledge Workern gesprochen.

Sofern optimal umgesetzt, kann Wissensmanagement den Unternehmenserfolg messbar steigern, beispielsweise indem Mitarbeiter Erkenntnisse aus herausragenden Projekten und lokalen Innovationen global nutzen können. Die Wissensbildung ist intrinsisch mit der Wissens(ver)teilung innerhalb eines Unternehmens verbunden. Dieses neue Wissen sollte in die tägliche Arbeit der Mitarbeiter einfließen und genutzt werden. Die Wissensbildung ist das Ergebnis eines menschlichen Prozesses, der aus zwei unterschiedlichen Arten von Wissen besteht: Aus dem impliziten und dem expliziten Wissen. Im Unternehmenskontext ist es deshalb einfacher, explizites Wissen von einer individuellen auf eine kollektive Ebene, beispielsweise auf die Ebene einer Gruppe oder Abteilung, zu transferieren. Im Gegensatz dazu ist implizites Wissen im kognitiven Bereich von Mitarbeitern verankert und dadurch schwieriger zu teilen beziehungsweise zu verteilen oder von der individuellen auf die Gruppenebene zu transferieren.

Den Entstehungs- beziehungsweise Bildungsprozess von Wissen in einer Organisation kann man sich in Form einer Spirale vorstellen. Die Autoren *Prahalad* und *Hamel* nutzten den Begriff *Kernkompetenzen*, um zu beschreiben, auf welche Art von Wissen sich Unternehmen zur Erzielung eines Wettbewerbsvorteils konzentrieren sollten. Der Begriff der Kernkompetenzen floss durch den im Jahr 1990 in der *Harvard Business Review* erschienenen Artikel von *Prahalad* und *Hamel* in die Management-Theorien ein. Spricht man von Kernkompetenzen und von deren Bedeutung für die Wettbewerbsfähigkeit von Unternehmen, so handelt es sich darum, wie Unternehmen tagtäglich Wissen leiten und managen.

> Wissensmanagement sollte im Zentrum des organisatorischen Ökosystems und sämtlicher Unternehmensaktivitäten stehen, um einem Unternehmen zu helfen, nachhaltige Gewinne zu erzielen. Wissensmanagement ist eine junge Disziplin, bei der systematisch versucht wird, Wissen in Bezug auf die Kernkompetenzen einer Organisation, eines Organisationsverbunds, von Gruppen oder Mitarbeitern zu identifizieren, zu erwerben, zu schaffen, zu verteilen beziehungsweise zu teilen, zu speichern und anzuwenden, um dadurch die Leistungsziele dieser Organisation besser zu erreichen. Der Austausch von Informationen und von explizitem Wissen innerhalb eines Unternehmens stellt dabei eine große Herausforderung dar, mit der Manager täglich konfrontiert sind. Als Antwort auf diese Problematik hat sich in vielen Organisationen eine besondere, institutionalisierte Form von intra- und interorganisatorischen Netzwerken, sprich von Netzwerken innerhalb von Firmen oder zwischen Firmen entwickelt: Die Community of Practice (CoP).
>
> Informationssysteme bilden häufig die Grundlage für die erfolgreiche Umsetzung von Wissensmanagement. Für ein erfolgreiches organisationales Wissensmanagement bedarf es einer virtuellen und auf Informationstechnologie basierten Unterstützung im Unternehmen. Diese wird durch spezielle IT-Abteilungen sichergestellt.

11.2 Aufgaben

11.2.1 Aufgaben aus dem Lehrbuch

1. Erklären Sie anhand eines konkreten Beispiels die Unterschiede zwischen den Begriffen *Daten*, *Information* und *Wissen*.
2. Wählen Sie eine beliebige Branche aus und erklären Sie, wie der Übergang von physischem und greifbarem Kapital zu immateriellem und geistigem Kapital stattgefunden hat. Bedienen Sie sich weiterer konkreter Beispiele, um diese Frage zu beantworten.
3. Wählen Sie drei Organisationen aus. Versuchen Sie für jede dieser Organisationen zu erklären, welche deren jeweilige Kernkompetenzen sind. Begründen Sie, weshalb es sich hierbei um Kernkompetenzen für die entsprechende Organisation handelt.
4. Beschreiben Sie anhand eines Beispiels Ihrer Wahl den Wissensbildungsprozess innerhalb einer Organisation.
5. Erklären Sie den Begriff *Communities of Practice* und dessen Nutzen für die betriebliche Praxis.
6. Versuchen Sie zu erklären, worin der Nutzen eines Informationssystems liegt.

11.2.2 Ergänzende Aufgaben

1. Die Anwendung von Kernkompetenzen hat einen positiven Einfluss auf die Leistungsfaktoren.
    a) Erklären Sie diesen Prozess und beziehen Sie sich dabei auf Abbildung 11.1.
    b) Welche Rolle spielt Wissensmanagement und Informationsmanagement bei diesem Prozess?

11 Wissensmanagement und Informationssysteme

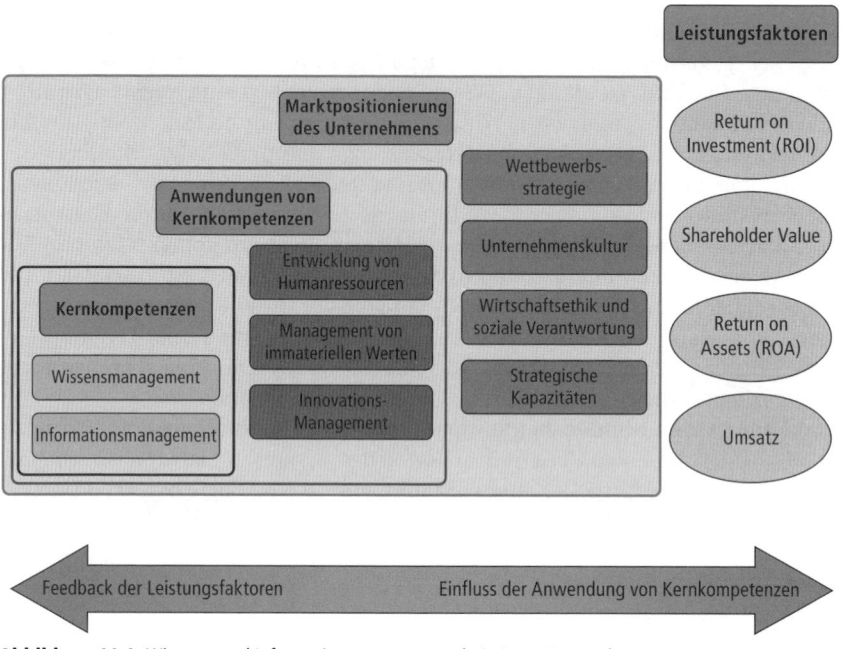

Abbildung 11.1: Wissens- und Informationsmanagement bei einem Unternehmen

2. Welche Aussage ist am zutreffendsten?

   a) Informatik ist eine Form von Wissensmanagement und befasst sich vorwiegend mit dem Transfer von Kernkompetenzen.

   b) Informatik ist die Wissenschaft von den elektronischen Datenverarbeitungsanlagen und den Grundlagen ihrer Anwendung.

   c) Informatik und Wissensmanagement ist dasselbe.

   d) Informatik ist ein System, das stets Daten zu Information und anschließend zu Wissen verwandelt.

3. Welche Aussage ist am zutreffendsten?

   Eine Kernkompetenz bezeichnet …

   a) eine Ressource, auf welche ein Unternehmer stolz ist.

   b) einen sehr komplexen Vermögenswert.

   c) den immateriellen Vermögenswert, sprich *Know-how*, welches Unternehmen ausschöpfen, um im Markt erfolgreich zu sein.

   d) Keine der genannten Antworten ist richtig.

4. Welche Aussage ist am zutreffendsten?

   Wissen ist …

   a) anwendungsorientiert.

   b) konzeptuell.

   c) nichts anderes als Information.

   d) nichts anderes als Daten.

5. Welche der folgenden Antworten beschreibt kein Beispiel für einen geistigen Vermögenswert?

   a) Copyright

   b) Patente

   c) eingetragene Warenzeichen

   d) Maschinen

6. Welche der folgenden Aussagen trifft zu?

   Die Abkürzung *ERP-System* bedeutet ...

   a) Enterprise Resource Planning-System.

   b) Enter Reply Print-System.

   c) Emergency Record Planning-System.

   d) Keine der genannten Antworten ist richtig.

7. Nennen Sie drei Eigenschaften von Informations- und Kommunikationstechnologien. Begründen Sie Ihre Antwort.

8. Nennen Sie drei wesentliche Herausforderungen von Informations- und Kommunikationssystemen in Bezug auf die Übertragung von Informationen und Wissen. Begründen Sie Ihre Antwort.

9. Beschreiben Sie den Unterschied zwischen einer *Communities of Practice (CoP)* und einem *Projektteam* in Bezug auf deren ...

   a) Zweck.

   b) Art der Mitglieder.

   c) Grundlage der Zusammenarbeit.

   d) Dauer.

Quelle: Fotolia 35609972.

10. Stellen Sie sich vor, Sie arbeiten in einem Unternehmen, welches noch kein Wissensmanagement-System besitzt. Was müssten Sie bei der Einführung von einem solchen System beachten, um potenziellen Hindernissen vorzubeugen. Begründen Sie Ihre Antwort.

BWL praxisnah

1. Im Fokus stehen die Möglichkeiten und Grenzen der Übertragung von Wissen: Sofern möglich bilden Sie Gruppen von jeweils maximal vier Personen. Ansonsten können Sie versuchen die folgende Aufgabe auch alleine zu lösen.
   a) Jedes Gruppenmitglied soll sich nun für eine bestimmte Eigenschaft identifizieren, welche relativ selten ist und die es beherrscht. Dies kann eine bestimmte Bewegung sein, eine Grimasse oder eine Technik, etwas zu bauen (z.B. ein Papierflugzeug) oder gar etwas zu malen oder zu zeichnen (z.B. ein Gesicht oder eine Komikfigur).
   b) Jedes Gruppenmitglied soll nacheinander die besondere Eigenschaft vorführen.
   c) Wählen Sie nun eine der vorgeführten Eigenschaften aus.
   d) Der Besitzer dieser Eigenschaft soll nun versuchen eine schriftliche Anleitung für die anderen zu erstellen, damit diese seine Eigenschaft nachahmen können, indem das Vorgehen exakt beschrieben wird.
   e) Die Gruppenmitglieder sind nun, jeder für sich, auf der Basis der bisherigen Schritte zum Nachahmen animiert.
   f) Identifizieren Sie nun das implizite und explizite Wissen in Bezug auf die jeweilige Eigenschaft.
   g) Beschreiben Sie die Möglichkeiten und Grenzen des Wissenstransfers dieser beiden Wissensarten.
   h) In welcher Form könnten die Informations- und Kommunikationstechnologien für den Wissenstransfer unterstützend wirken?
   i) Worin liegen die Grenzen der Informations- und Kommunikationstechnologien für den Wissenstransfer?

2. Sie sind *Chief Knowledge Officer (CKO)* eines Unternehmens und für dessen Wissensmanagement zuständig. Ein wichtiger Mitarbeiter, welcher bereits schon lange Zeit im Unternehmen beschäftig ist, wird demnächst in den verdienten Ruhestand gehen. Welche Maßnahmen können Sie ergreifen, um sein Wissen im Unternehmen zu behalten?

11.3 Lösungen

11.3.1 Lösungen zu den Aufgaben aus dem Lehrbuch

1. Diese Antwort wird in *Abschnitt 11.1.2 LB* behandelt.

   Der Unterschied zwischen den Begriffen *Daten*, *Information* und *Wissen* soll am Beispiel der Lektüre eines Artikels der *Financial Times Deutschland* erklärt werden. Leser der *Financial Times Deutschland* können einen Artikel dieser Wirtschaftszeitung auf unterschiedliche Art wahrnehmen:

   Ein Leser, der über keine beziehungsweise kaum über Finanz- und Wirtschaftskenntnisse verfügt, wird wohl aufgrund der Menge an Daten (Grafiken, Statistiken, Bilder, Zahlen etc.) die Übersicht verlieren. Diese Daten tragen kaum zu einem umfangreichen Verständnis eines Artikels bei.

   Für einen Leser, der hingegen ein Mindestmaß an Finanz- und Wirtschaftskenntnissen aufweist, stellen die kombinierten Daten des Wirtschaftsartikels diejenige Information dar, die der Autor des Artikels ursprünglich vermitteln wollte.

   Schließlich wird ein Fondsmanager als Experte in der Lage sein, denselben Artikel auf eine gänzlich andere Art und Weise zu lesen. Dieser kann in der Regel die im Artikel vorhandenen Informationen mit seinem eigenen, bereits bestehenden Wissen kombinieren. Diese Erfahrung befähigt den Fondsmanager, erfolgversprechendere Investitionsentscheidungen als andere zu treffen, die ohne das Wissen aus dem Artikel nicht zustande gekommen wären.

   Für denjenigen Leser, der keine Finanz- und Wirtschaftskenntnisse besitzt, stellt der Wirtschaftsartikel lediglich *Daten* dar; für denjenigen Leser, der im Besitz von Finanz- und Wirtschaftskenntnissen ist, stellt der Inhalt des Artikels eine *Information* dar. Für den Fondmanager stellt schließlich der Inhalt des Wirtschaftsartikels *Wissen* dar.

2. Diese Antwort wird in *Abschnitt 11.1.3 LB* behandelt.

   Die Weltwirtschaft unterliegt seit den 1990er Jahren verstärkt einem Wandel, der weg von der industriellen und hin zur Informations- und Wissensgesellschaft führt. Dieser Wandel charakterisiert sich vor allem durch eine starke Zunahme von Information und Wissen. Unternehmen sind daher zunehmend mit der neuen Herausforderung konfrontiert, Information und Wissen zu managen. Zur Beantwortung dieser Frage soll als Beispiel der Antiquitätenhandel beziehungsweise die Internet-Auktionsplattform *eBay* dienen.

   Die Summe des Wissens eines Unternehmens stellt dessen geistige beziehungsweise immaterielle Vermögenswerte dar. Diese sind geistig beziehungsweise immateriell, da sie im Vergleich zu materiellen Vermögenswerten nicht physisch greifbar sind (geistiges Kapital).

   Die wesentlichen Vermögenswerte eines Unternehmens bestehen immer weniger aus physischen beziehungsweise aus materiellen Vermögenswerten (z.B. Maschinen, Lager, Immobilienwerte, Land) oder aus anderen greifbaren Werten (physisches Kapital). Abbildung 11.2 veranschaulicht diese Entwicklung.

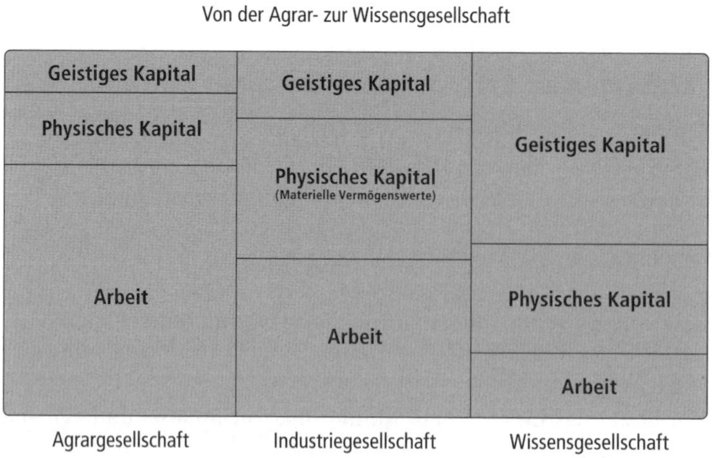

Wissensmanagement und Informationssysteme

Von der Agrar- zur Wissensgesellschaft

Agrargesellschaft	Industriegesellschaft	Wissensgesellschaft
Geistiges Kapital	Geistiges Kapital	Geistiges Kapital
Physisches Kapital	Physisches Kapital (Materielle Vermögenswerte)	Physisches Kapital
Arbeit	Arbeit	Arbeit

Abbildung 11.2: Von der Agrar- zur Wissensgesellschaft

In der Vergangenheit besaß ein typischer Antiquitätenhandel im Wesentlichen einen Verkaufsladen, einen Verkäufer und ein Lager. Das Geschäft bestand darin, Objekte zu kaufen und sie physisch bestmöglich auszustellen oder Werbung in Printmedien zu betreiben.

Nach und nach hat sich in diesem Markt eine Art der virtuellen Versteigerung über das Internet entwickelt, wie es das Beispiel *eBay* zeigt. Der physisch existierende Verkaufsladen wurde somit von einer virtuellen Versteigerungsplattform abgelöst. Viele klassische Antiquitätenhändler haben sich an die neue Art zu verkaufen angepasst. Der wirklich neue Händler ist jedoch vor allem *eBay*.

3. Diese Antwort wird in *Abschnitt 11.2.2 LB* behandelt.

   Diese Frage soll am Beispiel von *BMW*, *Xerox* und *Apple* beantwortet werden. Da anzunehmen ist, dass die jeweiligen Unternehmen über weitaus mehr Kernkompetenzen verfügen, soll die Lösung nur beispielhaften Charakter besitzen.

   – **BMW:**

   Kernkompetenz: Die Kernkompetenz liegt in der Fachkenntnis bezüglich der Entwicklung der Technologien von Motoren und Triebwerken.

   Begründung: Diese Kernkompetenz erlaubt es *BMW*, sich von der Konkurrenz abzuheben und bessere Motoren und Triebwerke zu entwickeln und zu produzieren.

   – **Xerox:**

   Kernkompetenz: Die Kernkompetenz liegt in der Fachkenntnis bezüglich der Optik und des Drucks.

   Begründung: Diese Kernkompetenz erlaubt es *Xerox*, sich von der Konkurrenz abzuheben und bessere Kopierer, Scanner oder Drucker zu entwickeln und zu produzieren als die Konkurrenz.

   – **Apple:**

   Kernkompetenz: Die Kernkompetenz liegt in der Fachkenntnis bezüglich des Designs, der Digitalisierung und Miniaturisierung sowie des Marketing.

Begründung: Diese Kernkompetenz erlaubt es *Apple*, sich von der Konkurrenz abzuheben und bessere Mobiltelefone *(iPhones)* und Laptops *(iBook)* zu entwickeln und zu produzieren als die Konkurrenz. Abbildung 11.3 soll dies illustrieren.

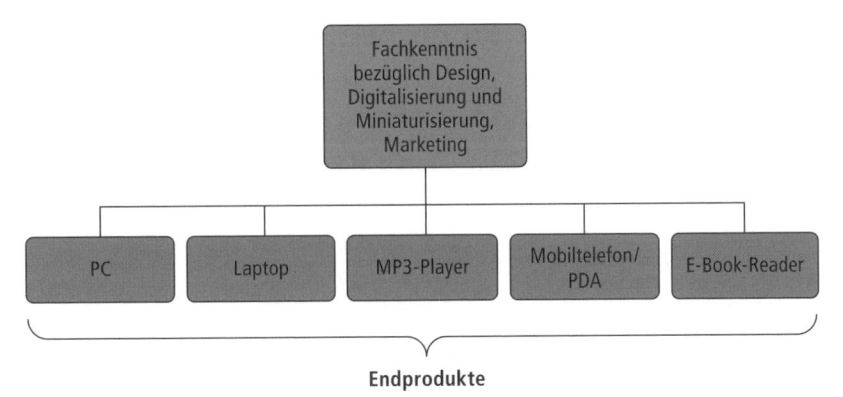

Abbildung 11.3: Kernkompetenzen bei einem PC-Unternehmen

4. Diese Antwort wird in *Abschnitt 11.2.1 LB* behandelt.

Wie in Abbildung 11.4 dargestellt kann der Wandelprozess von neuem zu kollektivem Wissen anschaulich anhand eines neuen Rhabarber-Sorbets eines großen Restaurants verdeutlicht werden:

Die Frage soll am Beispiel des Starkochs *Paul Bocuse*, welcher in Lyon ein Drei-Sterne-Restaurant und außerdem mehrere Brasserien (franz. Restaurants) besitzt, erklärt werden. Das Rhabarber-Sorbet ist in unserem Fall nur ein fiktives Beispiel.

Zu Beginn solch eines Prozesses entsteht die Idee, überhaupt ein neuartiges Rhabarbersorbets zuzubereiten, welche in diesem Fall durch die Kreativität und durch die Erfahrung (implizites Wissen) eines Starkochs wie *Paul Bocuse* veranlasst ist. Dieser wird sodann die anderen Köche seines Restaurants über seine Kreation informieren, damit das Sorbet in der Küche zubereitet werden kann. Diese erste Phase nennt man *Sozialisierung* und kann als Austausch von implizitem Wissen, beispielsweise in Form von Erfahrung, Know-how und Geschichten über die Zubereitung eines Sorbets, beschrieben werden.

Im Anschluss an die Phase der Sozialisierung folgt die Phase der *Externalisierung*. Der Starkoch und seine Köche versuchen nun, das implizite Wissen explizit zu formulieren. Dies erfolgt, indem sie die Zutaten, die Mengen und den Prozess der Zubereitung des Sorbets in Form eines Rezepts niederschreiben.

Die dritte Phase nennt man *Kombination*. Während dieser Phase übermitteln die Köche das Rezept an ihre jeweiligen Arbeitsgruppen. Schließlich sind es jene, welche tagtäglich das Sorbet zubereiten werden. Man spricht von Kombination, da die Köche und die Arbeitsgruppen dieses neue Kochrezept mit ihren üblichen Arbeitsprozessen, die sie stets anwenden, und schließlich auch den Arbeitsressourcen, die zur Verfügung stehen, verbinden.

Mit der Zeit kann es zu einer Verbesserung der Zubereitung des Sorbets kommen, da das Know-how der Arbeitsgruppen diesbezüglich zunimmt. Man spricht hierbei von *Internalisierung*, da sich neues Wissen in dem mentalen Wissensrepertoire der Beteiligten (Arbeitsgruppen und Köche) bildet. Aufgrund der wiederholten

Zubereitung des Sorbets nimmt die Erfahrung der Beteiligten zu und sie beginnen, mit dem ursprünglichen Rezept zu experimentieren. Dies führt häufig zu einer Verbesserung des Rezepts, indem beispielsweise eine neue Zutat hinzugefügt wird. Im Fall des Rhabarber-Sorbets könnte dies durch Zugabe von etwas Zwetschgenlikör der Fall sein. Ab diesem Zeitpunkt tritt eine neue Phase der Sozialisierung ein und eine neue Schleife der *Wissensbildungsspirale* erfolgt.

Die Spirale der Wissensbildung in einem Unternehmen zielt einerseits darauf ab, kollektives und nutzbares Wissen einer großen Anzahl an Mitarbeitern zugänglich zu machen. Andererseits erlaubt sie eine ständige Verbesserung des Wissens. Ein Unternehmen generiert insbesondere durch diesen Prozess häufig das Wissen, das man Kernkompetenz nennt.

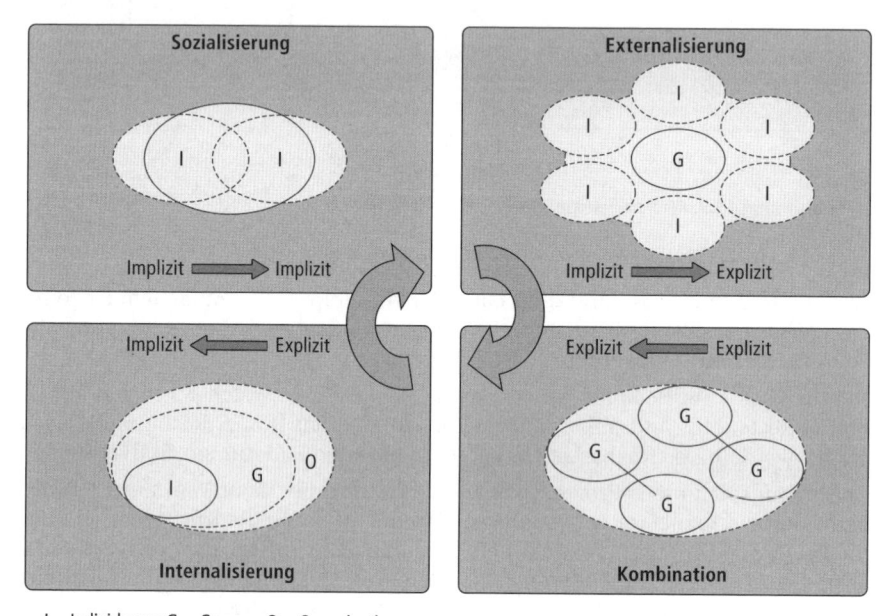

I = Individuum; G = Gruppe; O = Organisation

Abbildung 11.4: Die Wissensspirale
Quelle: Straub (2011) in Anlehnung an Nonaka (1994).

5. Diese Antwort wird in *Abschnitt 11.3.2 LB* behandelt.

Der Austausch von Informationen und explizitem Wissen innerhalb eines Unternehmens stellt eine große Herausforderung dar, mit der Manager täglich konfrontiert sind. Als Antwort auf diese Problematik hat sich in vielen Organisationen eine besondere, institutionalisierte Form von intra- und interorganisatorischen Netzwerken, sprich von Netzwerken innerhalb oder zwischen Firmen entwickelt.

Die *Community of Practice (CoP)* ist ein Wissensmanagement-Tool, das eine Netzwerkstruktur beschreibt, welche sich durch den Austausch von Informationen, Wissen und Lernen zwischen den einzelnen Netzwerkmitgliedern auszeichnet. Eine *Community of Practice* besteht in der Regel aus einer Gruppe von Personen, die ihre Interessen und Probleme zu einem bestimmten Thema teilen. Dadurch wird ihr eigenes Wissens- und *Know-how*-Niveau zu diesem Thema durch die Interaktion mit anderen auf kontinuierlicher Basis vertieft. Der Austausch von spezifischem Wissen quer über die organisatorischen Grenzen hinweg stellt somit den intrinsischen zentralen Motivationsvektor dar, welcher die Mitglieder dazu bewegt, Informationen und Wissen zu teilen, um dadurch gemeinsam zu lernen. In einigen Communities erfolgt ein großer Teil dieses Austauschs mittels *Face-to-Face*-Kommunikation zwischen den Teilnehmern. In anderen Communities kann es durchaus vorkommen, dass der Austausch überwiegend virtuell stattfindet. Dies ist typischerweise der Fall bei *Communities of Practice*, die geografisch sehr weit verstreut sind. Die langfristige Aufrechterhaltung stellt hierbei eine Herausforderung dar.

Es müssen daher geeignete Maßnahmen ergriffen werden, um eine dauerhafte Zusammenarbeit in diesen sogenannten intra- oder interorganisatorischen Netzwerken langfristig aktiv zu fördern. Abbildung 11.5 veranschaulicht die Konfiguration einer *Community of Practice* eines multinationalen Unternehmens, deren Mitglieder auf verschiedenen Kontinenten verstreut sind.

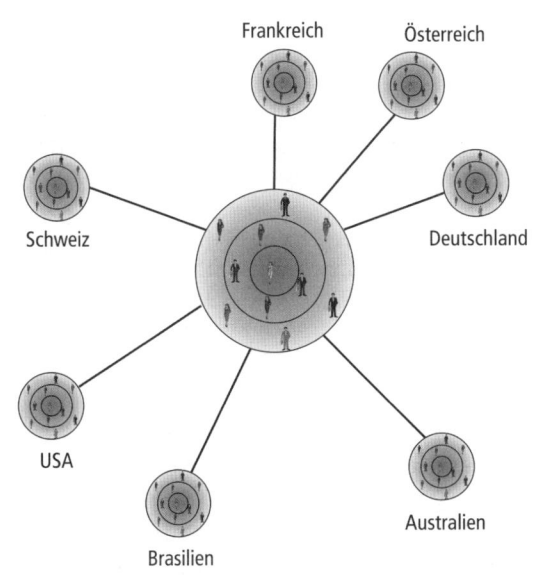

Abbildung 11.5: Konfiguration einer Community of Practice
Straub (2011) in Anlehnung an Borzillo (2007).

6. Diese Antwort wird in *Abschnitt 11.4 LB* behandelt.

   Der Nutzen eines Informationssystems (IS) kann folgendermaßen erklärt werden:

   Informationssysteme bilden häufig die Grundlage für die erfolgreiche Umsetzung von Wissensmanagement. Für ein erfolgreiches organisationales Wissensmanagement bedarf es einer virtuellen und auf Informationstechnologie basierten Unterstützung im Unternehmen. Diese wird durch spezielle IT-Abteilungen sichergestellt.

   Man spricht von Informationssystemen, sofern man sich auf Interaktionen zwischen Individuen, Technik, Daten und Prozessen bezieht. Informationssysteme erlauben es, technologische und menschliche Ressourcen zu kombinieren, um Informationen und explizites Wissen innerhalb einer Organisation zu speichern, zu schützen, zu bearbeiten, zu verteilen beziehungsweise zu teilen und schließlich, um über einen sicheren Zugang zu diesen Informationen zu verfügen. IS und Informatik sind zwei unterschiedliche Begriffe und nicht miteinander zu verwechseln.

11.3.2 Lösungen zu den ergänzenden Aufgaben

1. Diese Antwort wird in *Abschnitt 11.3.1 LB* behandelt.

   a) Kernkompetenzen werden in unterschiedlichen Unternehmensaktivitäten wie in der Entwicklung von Humanressourcen, im Management von immateriellen Werten sowie im Innovationsmanagement angewandt und umgesetzt. Diese Maßnahmen sollen helfen, ein Unternehmen durch seine Wettbewerbsstrategie, durch dessen Unternehmenskultur, durch dessen Wirtschaftsethik, durch soziale Verantwortung und schließlich durch dessen strategische Kapazitäten am Markt gewinnbringender zu positionieren. Eine gute Position am Markt garantiert in der Regel eine hohe und nachhaltige Rentabilität. Die gute Positionierung eines Unternehmens am Markt generiert in der Regel eine Erhöhung der Leistungsfaktoren, beispielsweise eine Erhöhung des *Return on Investment (ROI)*, des *Shareholder Value*, des *Return on Assets (ROA)* oder des Umsatzes. Neben dem privaten Sektor gelten hingegen im Non-Profit-Sektor meist andere Leistungs- beziehungsweise Performance-Faktoren. Hier könnten die *soziale Wirkung (Social Impact)* oder die *Gesundheitswirkung (Health Impact)* als wichtige Faktoren betrachtet werden. Beispiele hierfür sind die Bekämpfung von Armut, die Verbesserung von Gesundheit, die verstärkte Achtung vor Menschenrechten oder auch ein erhöhtes Bildungs- beziehungsweise Infrastrukturniveau.

   b) Sowohl beim Wissens- als auch beim Informationsmanagement wird systematisch versucht, Wissen beziehungsweise Informationen in Bezug auf die Kernkompetenzen einer Organisation, eines Organisationsverbunds, von Gruppen oder Mitarbeitern zu identifizieren, zu erwerben, zu schaffen, zu verteilen beziehungsweise zu teilen, zu speichern und anzuwenden, um dadurch die Leistungsziele dieser Organisation besser zu erreichen.

2. Siehe hierzu *Abschnitt 11.4.1 LB*. *Antwort b* ist richtig.

   Informatik wird definiert als die Wissenschaft von den elektronischen Datenverarbeitungsanlagen und den Grundlagen ihrer Anwendung.

3. Siehe hierzu *Abschnitt 12.2.2 LB*. *Antwort c* ist richtig. Eine Kernkompetenz bezeichnet den immateriellen Vermögenswert, sprich das Know-how, welches Unternehmen ausschöpfen, um im Markt erfolgreich zu sein.

4. Siehe hierzu *Abschnitt 12.1.2 LB*. *Antwort a* ist richtig. Wissen ist anwendungsorientiert.

5. Siehe hierzu *Abschnitt 12.1.3 LB*. *Antwort d* ist richtig.

   Beispiele für geistige Vermögenswerte eines Unternehmens sind Urheberrechte beziehungsweise Copyrights, Patente, eingetragene Warenzeichen und Marken oder der Goodwill des Firmenwertes.

6. Siehe hierzu *Abschnitt 12.4.2 LB*. *Antwort a* ist richtig.

   Die Abkürzung ERP-System bedeutet *Enterprise Resource Planning-System*. Ein ERP-System integriert alle Computersysteme für die Geschäftsplanung eines Unternehmens.

7. Siehe hierzu *Abschnitt 11.4.2 LB*.

   Die folgenden Eigenschaften für Informations- und Kommunikationssysteme werden im Buch genannt. Da jedoch weitere Aufzählungen denkbar sind, wurden aus der Vielzahl an Eigenschaften drei Beispiele gewählt. Diese werden wie folgt beschrieben:

   - **Sammlung von Informationen:** Ein Informationssystem (IS) unterstützt Interaktionen zwischen Individuen, Technik, Daten und Prozessen innerhalb einer Organisation, um Informationen zu sammeln, zu sortieren, zu speichern, zu verarbeiten, zu ordnen, zu verteilen beziehungsweise zu teilen und darüber hinaus einen sicheren Zugang zu diesen Informationen zu gewährleisten, sprich die Daten zu schützen.
   - **Koordination von Informationen:** Durch die im Informationssystem enthaltenen Informationen gelingt es, Tätigkeiten innerhalb von Unternehmen besser zu koordinieren. Dies unterstützt das Erreichen von Unternehmenszielen.
   - **Interaktionsfunktion:** Informationssysteme beziehen sich auf Interaktionen zwischen Individuen, Technik, Daten und Prozesse.
   - **Verwaltung von Information:** Die Informations- und Kommunikationstechnologien umfassen das Design und die Entwicklung von Computersystemen. Dies geschieht zur besseren Verwaltung von Informationen mittels entsprechender Software-Anwendungen und Hardware.
   - **Schutz von Informationen:** Informations- und Kommunikationstechnologien basieren neben der erforderlichen Hardware aus Software-Programmen, welche den Nutzern ermöglichen, Informationen zu speichern, zu schützen, zu bearbeiten, zu verteilen beziehungsweise zu teilen und schließlich einen sicheren Zugang zu diesen Informationen zu haben.
   - **Enterprise Resource Planning (ERP) Software:** Ein sehr bekanntes Beispiel von Informations- und Kommunikationstechnologien stellt das *Enterprise Resource Planning* dar. Der wohl bekannteste Vertreter dieser betriebswirtschaftlichen Standardsoftware ist das Unternehmen *SAP*. ERP-Systeme integrieren sämtliche Computersysteme, die die Geschäftsplanung und die Geschäftsabwicklung eines Unternehmens unterstützen. Ein ERP-System besteht aus Modulen, die verschiedenen Tätigkeitsbereiche der Organisation abdecken. Als Beispiele hierfür sind Produktionsmanagement, Customer Relationship oder auch das Rechnungs- und Personalwesen zu nennen.

8. Siehe hierzu *Abschnitt 11.4.2 LB*. Folgende Eigenschaften für Informations- und Kommunikationssysteme werden im Buch genannt. Weitere sind denkbar.

   - **Übertragung von implizitem Wissen:** Durch ihre digitale Schnittstelle erlauben Informations- und Kommunikationssysteme keine Übertragung von implizitem Wissen zwischen Mitarbeitern.
   - **Usability:** Informations- und Kommunikationssysteme stellen nach wie vor häufig ein Hindernis für einen erheblichen Teil der Arbeitnehmer dar, da diese solche Systeme nur ungenau zu nutzen und anzuwenden wissen. Dies wird auch mit dem Begriff *Usability (Anwenderfreundlichkeit)* in Verbindung gebracht.
   - **Vertrauen:** Informations- und Kommunikationssysteme werden von deren Nutzern oftmals als wesentliche Barriere für die Entwicklung von Vertrauen zwischen Mitarbeitern wahrgenommen.

9. Siehe hierzu *Abschnitt 11.3.2 LB*.

Die *Communities of Practice (CoP)* stellen ein Wissensmanagement-Tool dar, welches sich durch eine Netzwerkstruktur, die sich durch den Austausch von Informationen, von Wissen und Lernen zwischen den einzelnen Netzwerkmitgliedern auszeichnet. Eine CoP besteht in der Regel aus einer Gruppe von Personen, welche ihre Interessen und Probleme zu einem bestimmten Thema teilen. Dadurch wird ihr eigenes Wissens- und Know-how-Niveau zu diesem Thema durch die Interaktion mit anderen auf kontinuierlicher Basis vertieft. Folgende Antworten[1] sind denkbar:

a) Zweck

CoP	Projektteam
Fähigkeiten der Mitglieder weiterzuentwickeln Wissen zu entwickeln und auszutauschen	eine bestimmte Aufgabe zu lösen

b) Art der Mitglieder

CoP	Projektteam
Mitglieder wählen aus	die Direktion bestimmt die Mitglieder

c) Grundlage der Zusammenarbeit

CoP	Projektteam
Leidenschaft, Commitment (Engagement) und Identifikation mit der Erfahrung und Expertise der Gruppe	die Zielvorgaben und *Milestones (Meilensteine)* des Projektes

d) Dauer

CoP	Projektteam
solange Interesse darin besteht, die Gruppe aufrecht zu erhalten	bis das Projekt abgeschlossen ist

10. Siehe hierzu unter anderem *Abschnitt 11.3.1 LB*.

Folgende Schritte wären denkbar:
- Definieren Sie klare Ziele, welche Sie mit dem Wissensmanagement-System erreichen wollen.
- Stellen Sie sicher, dass Sie bei Ihrem Vorgehen von der Unternehmensleitung unterstützt werden.

---

1 In Anlehnung an: Wenger, E. C.; Snyder, W. M.: „Communities of Practice: The organizational frontier", Harvard Business Review, Jan-Feb 2000, S. 142.

– Ernennen Sie einen sogenannten *Chief Knowledge Officer (CKO)* oder vergeben Sie die Verantwortung an eine bestimmte Person. Der CKO ist für die Umsetzung und für die Überwachung des WM-Systems verantwortlich.
– Implementieren Sie das Wissensmanagement-System zuerst in einer Abteilung, um den Erfolg mit der Direktion zu teilen und um deren Unterstützung weiterhin sicherzustellen. Die Einführung von solch einem System ist ein relativ langwieriger Prozess, der schrittweise angegangen werden sollte.

Lösungen zu BWL praxisnah

1. Ziel dieser Aufgabe ist es, ein Gefühl für die Komplexität von Wissenstransfer zu entwickeln.

   a) Keine Anmerkung.

   b) Keine Anmerkung.

   c) Die Auswahl kann auf demokratische Weise stattfinden.

   d) Versuchen Sie den Prozess in möglichst keine Schritte zu unterteilen. Sie können hierbei auch kleine Zeichnungen verwenden, welche zum besseren Verständnis dienen. Orientieren Sie sich zum Beispiel an einer Ihnen bekannten und verständlichen Betriebsanleitung.

   e) Keine Anmerkung.

   f) Diese Antwort wird in *Abschnitt 12.2.1 LB* behandelt. Implizites und explizites Wissen kann folgendermaßen beschrieben und verstanden werden:
      – **Implizites Wissen** ist tief in den Köpfen der Mitarbeiter verankert und kann daher häufig schwer verbalisiert, kodifiziert oder niedergeschrieben werden. Implizites Wissen wurde entweder angeboren oder erworben. Man verbindet das implizite Wissen von Personen mit deren Know-how oder mit deren Erfahrung, da sie erlernte Regeln und Prinzipien je nach Kontext anwenden, ohne dabei zwingend erklären zu können, weshalb sie diese anwenden.
      – **Explizites Wissen** kann im Gegensatz dazu artikuliert, sprich leicht zwischen Personen schriftlich oder verbal übertragen werden. Typischerweise kann explizites Wissen in Form eines Dokuments, einer Software oder der Programmierung einer Maschine kodifiziert werden.

   g) Es ist einfacher, explizites Wissen von einer individuellen auf eine kollektive Ebene, beispielsweise auf die Ebene einer Gruppe oder einer Abteilung, zu transferieren. Im Gegensatz dazu ist implizites Wissen im kognitiven Bereich von Menschen verankert und dadurch schwieriger zu teilen beziehungsweise zu verteilen oder von der individuellen Ebene auf die Gruppenebene zu transferieren.

   h) Siehe hierzu *Abschnitt 11.4.2 LB*. Weitere Eigenschaften für Informations- und Kommunikationssysteme sind denkbar, doch folgende Eigenschaften werden auch im Buch genannt und können unterstützend wirken:
      – **Sammlung von Informationen:** Ein Informationssystem (IS) unterstützt Interaktionen zwischen Individuen, Technik, Daten und Prozessen innerhalb einer Organisation, um Informationen zu sammeln, zu sortieren, zu speichern, zu verarbeiten, zu ordnen, zu verteilen beziehungsweise zu teilen und darüber hinaus einen sicheren Zugang zu diesen Informationen zu gewährleisten, sprich die Daten zu schützen.

- **Koordination von Informationen:** Durch die im Informationssystem enthaltenen Informationen gelingt es, Tätigkeiten innerhalb von Unternehmen besser zu koordinieren. Dies unterstützt das Erreichen von Unternehmenszielen.
- **Interaktionsfunktion:** Informationssysteme beziehen sich auf Interaktionen zwischen Individuen, Technik, Daten und Prozessen.
- **Verwaltung von Information:** Die Informations- und Kommunikationstechnologien umfassen das Design und die Entwicklung von Computersystemen. Dies geschieht zur besseren Verwaltung von Informationen mittels entsprechender Software-Anwendungen und Hardware.
- **Schutz von Informationen:** Informations- und Kommunikationstechnologien basieren neben der erforderlichen Hardware aus Software-Programmen, welche den Nutzern ermöglichen, Informationen zu speichern, zu schützen, zu bearbeiten, zu verteilen beziehungsweise zu teilen und schließlich über einen sicheren Zugang zu diesen Informationen zu verfügen.
- **Enterprise Resource Planning (ERP) Software:** Ein sehr bekanntes Beispiel von Informations- und Kommunikationstechnologien stellt das *Enterprise Resource Planning* dar. Der wohl bekannteste Vertreter dieser betriebswirtschaftlichen Standardsoftware ist das Unternehmen *SAP*. ERP-Systeme integrieren sämtliche Computersysteme, die die Geschäftsplanung und die Geschäftsabwicklung eines Unternehmens unterstützen. Ein ERP-System besteht aus Modulen, die verschiedenen Tätigkeitsbereiche der Organisation abdecken. Als Beispiele hierfür sind Produktionsmanagement, Customer Relationship oder auch das Rechnungs- und Personalwesen zu nennen.

i) Siehe hierzu *Abschnitt 11.4.2 LB*. Weitere Grenzen der Informations- und Kommunikationstechnologien für den Wissenstransfer sind denkbar, doch folgende werden im Buch genannt:
- **Übertragung von implizitem Wissen:** Durch ihre digitale Schnittstelle erlauben Informations- und Kommunikationssysteme keine Übertragung von implizitem Wissen zwischen Mitarbeitern.
- **Usability:** Informations- und Kommunikationssysteme stellen häufig nach wie vor ein Hindernis für einen erheblichen Teil der Arbeitnehmer dar, da diese solche Systeme nur ungenau zu nutzen und anzuwenden wissen. Dies wird auch mit dem Begriff Usability (Anwenderfreundlichkeit) in Verbindung gebracht.
- **Vertrauen:** Informations- und Kommunikationssysteme werden von deren Nutzern oftmals als wesentliche Barriere für die Entwicklung von Vertrauen zwischen Mitarbeitern wahrgenommen.

2. Siehe hierzu *Abschnitt 11.3.1 LB*. Wie in *Abbildung 11.11 LB* dargestellt, ist es Ziel dieser Aufgabe, über den Wissensbaustein „Speicherung" beziehungsweise „Bewahrung" zu reflektieren.

Quelle: Fotolia 39787511[2].

Folgende Maßnahmen sind unter anderem sinnvoll:

- Schriftliche Beschreibung von Prozessen
- Erfassung von Kontaktpersonen außerhalb des Unternehmens und den entsprechenden Daten
- Kennenlernen dieser Kontaktpersonen und „Übertragung" an einen anderen Mitarbeiter
- eine *Hand-over*-Periode (Übergabephase), in welcher die betroffene Person sämtliche berufliche Tätigkeiten gemeinsam mit dem Nachfolger vollzieht. Diese Phase kann bis zu drei Monaten oder darüber hinaus dauern.

---

[2] in Anlehnung an Probst et al.: Probst, G.; Raub, S.; Romhardt, K.: „Wissen managen. Wie Unternehmen ihre wertvollste Ressource optimal nutzen", Gabler Verlag, 2010.

Human Resource Management

12.1 Hauptthema des Kapitels 198

12.2 Aufgaben 199
    12.2.1 Aufgaben aus dem Lehrbuch 199
    12.2.2 Ergänzende Aufgaben 200
    BWL praxisnah 201

12.3 Lösungen 205
    12.3.1 Lösungen zu den Aufgaben aus dem Lehrbuch 205
    12.3.2 Lösungen zu den ergänzenden Aufgaben 208

12

ÜBERBLICK

12.1 Hauptthema des Kapitels

Das **Human Resource Management (HRM)** bezeichnet denjenigen Bereich der Betriebswirtschaft, der sich mit dem Produktionsfaktor „Arbeit" und folglich mit dem Personal befasst. Die Unternehmensfunktion des Human Resource Managements besteht heutzutage in sämtlichen Unternehmen. Die klassischen Kernaufgaben bestehen in der Bereitstellung von Personal sowie in dessen zielorientiertem Einsatz.

Die Aufgabe des **Human Resource Managements** besteht somit darin, strategische Zielsetzungen, Visionen und Missionen von Organisationen mit dem derzeitigen und zukünftigen Bedarf an Personal und an Kompetenzen zu decken. Ebenso gilt es die Erwartungen und Interessen der Mitarbeiter und anderer Stakeholder unter Berücksichtigung der geltenden Normen zu erfüllen.

Leadership oder Führung bildet im Gegensatz zu Human Resource Management eine methodisch geplante und kontrollierte Einflussnahme auf die Geführten und auf deren Kompetenzen. Dennoch sind beide Begriffe eng miteinander verbunden.

Die Entstehung der Unternehmensfunktion „Personalwesen" durch die Zentralisierung von Tätigkeiten, welche das Personalmanagement betreffen, sollte zu dessen Professionalisierung führen. Zu Beginn dieses Prozesses ging es primär um administrative Belange, beispielsweise um Lohnzahlungen, um Personalbögen oder auch um gesetzliche Aspekte. Mit dem Aufkommen der ersten HR-Tools und der ersten HRM-Praktiken entwickelte sich die Unternehmensfunktion weiter: Als Beispiele sind Arbeitsplatz- und Funktionsbeschreibungen, Lohnskalen, Schulungspläne oder auch jährliche Beurteilungsgespräche, die in der gesamten Organisation einheitlich angewandt werden sollten, zu nennen.

Durch *Mayo's* Forschungsarbeit erkannten Organisationen, dass motivationsbezogene Faktoren die Produktivität der Mitarbeiter beeinflussen können. Von nun an war das Interesse auf die Menschen, auf ihre Kompetenzen, auf ihre Erfahrung, aber auch auf ihre Arbeitsbedingungen gerichtet. Zugleich ist heute eine Aufteilung der Zuständigkeiten zwischen der Unternehmensfunktion „Human Resource Management" und den operativen Managern zu beobachten. In der heutigen Zeit wird von der Unternehmensfunktion verlangt, dass sie sich auf die strategischen Aspekte konzentriert, beispielsweise darauf, Wettbewerbsvorteile zu schaffen. Das Profil der Unternehmensfunktion hat sich äußerst schnell und tiefgehend gewandelt. Es ist ein erheblicher Sprung von einer „traditionellen" Rolle hin zu einer „neuen" Rolle auszumachen, deren Konturen noch nicht eindeutig erkennbar sind. Der Leitgedanke dieser neuen Rolle ist jedoch, dass sich die Unternehmensfunktion „Human Resource Management" stärker in dem strategischen Bereich aufstellt und in diesem den Schwerpunkt setzt. Rein administrativen Aspekten soll weniger Bedeutung beigemessen werden.

Diese neue Rolle entspricht einer unvermeidlichen Weiterentwicklung der Unternehmensfunktion und wird nur durch eine Rationalisierung der administrativen Tätigkeiten möglich, beispielsweise durch die Nutzung von Datenverarbeitungssystemen oder durch Outsourcing bestimmter administrativer Tätigkeiten, um Freiräume für strategische Tätigkeiten zu schaffen.

In der beruflichen Praxis befindet sich das Human Resource Management häufig in einer komplexen Situation. Einerseits wird dem **Human Resource Director (HRD)** klassischerweise die Rolle des Dienstleisters zugeschrieben, andererseits übernimmt er zunehmend die Rolle eines Beraters und Business-Partners. Die mit der Unternehmensfunktion „HRM" verbundenen Aufgabengebiete umfassen erstens die **administrative Aufgabe**, die vorwiegend mit der Verwaltung von Personal verbunden wird; zweitens die **Befriedigung von** denjenigen **Ansprüchen**, die mit dem Management und der Entwicklung von Human Resource Management verknüpft sind; und schließlich drittens das **Kompetenzmanagement**, das die HRM-Politik und Strategie betrifft.

In Bezug auf die Funktionen und Handlungsfelder des Human Resource Managements liegen je nach Forschungsliteratur unterschiedliche Einteilungen vor. Im Lehrbuch wird folgende Auswahl von HRM-Funktionen und Handlungsfeldern behandelt: *Einstellungsprozess*, *Personalbewertung* und *Vergütung*.

Heute sieht sich Human Resource Management bei der Vergütung unterschiedlichen Trends gegenübergestellt: Das Vergütungssystem des Unternehmens und die für die Berechnung geltenden Regeln werden *zunehmend formalisiert*. Immer mehr Unternehmen entwerfen detaillierte Lohntabellen, genaue Regeln und elektronische Steuerinstrumente, um die Lohnmasse bezogen auf das Budget einerseits und auf die Anforderungen hinsichtlich Fairness und Gerechtigkeit andererseits streng kontrollieren zu können. Zugleich ereignet sich eine Individualisierung der Vergütung, die zuweilen mit einer Zunahme der Ungleichheiten im Unternehmen einhergeht. Als strategischer Partner besteht die Herausforderung für das HRM darin, eine konsequente Business- und Kundenorientierung zu entwickeln.

12.2 Aufgaben

12.2.1 Aufgaben aus dem Lehrbuch

1. Warum gewinnt Ihrer Meinung nach die Unternehmensfunktion HRM in einer Organisation an Bedeutung?
2. Beschreiben Sie die neue Rolle als strategischer Partner des HRM.
3. Welche Erwartungen haben die Mitarbeiter bezogen auf die administrativen Aufgaben der HRM-Abteilung?
4. Welche Ziele verfolgt das Kompetenzmanagement?
5. Wie sollte man sich auf ein Bewertungsgespräch vorbereiten?
6. Nennen Sie Komponenten einer fairen Vergütung.
7. Nennen Sie Risiken und Vorteile für einen Mitarbeiter, der aufgefordert wird, Bewerber für eine frei gewordene Stelle vorzuschlagen.

12.2.2 Ergänzende Aufgaben

1. Welche Aussage ist am zutreffendsten?
   a) HRM bezeichnet denjenigen Bereich der Betriebswirtschaft, der sich mit dem Produktionsfaktor *Arbeit* befasst.
   b) HRM bezeichnet denjenigen Bereich der Betriebswirtschaft, der sich mit dem Produktionsfaktor *Outsourcing* befasst.
   c) HRM bezeichnet denjenigen Bereich der Betriebswirtschaft, der sich mit dem Produktionsfaktor *Kompetenzen* befasst.
   d) HRM bezeichnet denjenigen Bereich der Betriebswirtschaft, der sich mit dem Produktionsfaktor *Soziales Kapital* befasst.

2. Das Kompetenzmanagement hat die Aufgabe, …
   a) Mitarbeiterkompetenzen zu beschreiben.
   b) Mitarbeiter zu entwickeln.
   c) Mitarbeiter zu visualisieren.
   d) *Antwort a, b* und *c* sind richtig.

3. Eine Stellenbeschreibung soll die folgenden Fragen in Bezug auf die Arbeitsstelle beantworten: Wer? Was? Zu welchem Ziel? Mit welcher Verantwortung? Und …
   a) weshalb?
   b) bis wann?
   c) wie?
   d) warum?

Quelle: Fotolia 30299427.

4. Welche sind die wesentlichen Personalbeschaffungsquellen?
   a) Interne und externe Personalbeschaffung
   b) Senior und Junior Personalbeschaffung
   c) Management und Technische Personalbeschaffung
   d) Inländische und Ausländische Personalbeschaffung
5. Worin besteht die Aufgabe des HRM?
6. Welches sind die vier Rollen des HRD?
7. Gilt HRM heutzutage eher als eine unterstützende oder als eine strategische Funktion?
8. Nennen und beschreiben Sie die vier Phasen des Einstellungsprozesses.

BWL praxisnah

1. Stellen Sie sich vor, Sie sind ein berühmter Schauspieler oder eine berühmte Schauspielerin geworden und möchten nun einen persönlichen Assistenten beziehungsweise eine Assistentin anstellen.

   a) Erstellen Sie zunächst eine Tabelle zur hierarchischen Ordnung der erwarteten Kompetenzen. Welche Kompetenzen sind für die Stelle unbedingt erforderlich? Ist ein späterer Erwerb möglich? (siehe Tabelle 12.1)

		späterer Erwerb möglich	
		nein	ja
		Feld 1	Feld 2
für die Stelle unbedingt erforderlich	ja	Feld 3	-
	nein	nein	ja

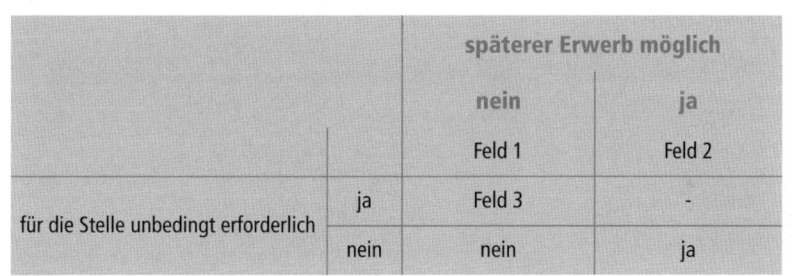

   Tabelle 12.1: Tabelle zur hierarchischen Ordnung der erwarteten Kompetenzen

   b) Teilen Sie nun die Rollen für ein Bewerbungsgespräch auf, wobei einer die Rolle des Personalers einnimmt und vorbereitet, der Partner die Rolle des Bewerbers.
      - *Personaler:* Formulieren Sie nun Fragen in Bezug auf die erwarteten und hierarchisch geordneten Kompetenzen. Darüber hinaus können Sie auch noch Fragen in Bezug auf Tabelle 12.2 formulieren (siehe nächste Seite).
      - *Bewerber:* Formulieren Sie Fragen, die für einen Bewerber von Bedeutung sind, wenn er sich um eine Stelle bewirbt.

Human Resource Management

Datum / Uhrzeit						
Stelle						
Name						
Alter						
Familienstand						
Bewertung	**1**	**2**	**3**	**4**	**5**	**6**
erster Eindruck						
Pünktlichkeit						
fachlich						
Ausbildung						
Berufserfahrung						
Fachkenntnisse						
Fortbildung						
Branchenkenntnisse						
persönlich						
Auffassungsgabe						
Flexibilität						
Mobilität						
Belastbarkeit						
Kreativität						
Verantwortungsbereitschaft						
Entscheidungsfähigkeit						
Verhandlungsgeschick						
Zuverlässigkeit						
Ehrgeiz						
Motivation						
Sympathie						
Umgangsformen						
Erscheinungsbild						
Gesamteindruck						

Tabelle 12.2: Muster eines Bewertungsbogens
Quelle: www.infoquelle.de/Management/Personalmanagement/Bewertungsbogen.php, vom 12.07.2012.

c) Führen Sie nun das Bewerbungsgespräch in Form eines Rollenspiels durch (siehe Tabelle 12.2).

d) Erörtern Sie gemeinsam wie sich jeder bei dem Interviewprozess (Rollenspiel) gefühlt hat: Was fiel Ihnen beim Interviewen schwer? Was fiel Ihnen schwer als Bewerber beziehungsweise als jemand, der interviewt wurde? Welche *gewonnenen Erkenntnisse (lessons learned)* können Sie daraus schließen?

e) Wechseln Sie nun die Rollen.

Quelle: Fotolia 33921239.

2. Stellen Sie sich vor, Sie haben Ihr Studium abgeschlossen und beginnen, sich um Stellen zu bewerben.

   a) Suchen Sie in einer Zeitung oder mittels einer Online Job-Suchmaschine eine Stellenanzeige, welche Sie interessant finden und welche zu Ihrem Profil passen würde.

   b) Identifizieren Sie die wesentlichen Elemente dieser Stellenanzeige.

   c) Versetzen Sie sich im nächsten Schritt in die Position des Verantwortlichen für die Stellenanzeige. Wie wird er Sie in Bezug auf das gesuchte Stellenprofil beurteilen beziehungsweise wahrnehmen? Orientieren Sie sich hierzu an Tabelle 12.2 und identifizieren Sie die einzelnen Punkte, bei denen Sie definitiv einen guten Eindruck machen würden. Identifizieren Sie ebenso die Punkte, bei denen Sie wohl eher einen weniger guten Eindruck machen würden.

d) Diskutieren Sie die gezogenen Schlüsse und Ergebnisse aus *Teilfrage c* mit einem Partner, der Sie relativ gut kennt. Würde er Sie auch derart einschätzen? Gibt es irgendwelche Elemente, bei denen Sie über sich selbst etwas Neues erfahren haben? Was könnten Sie persönlich unternehmen, um gewisse Defizite zu verbessern?

Quelle: Fotolia 32868572.

12.3 Lösungen

12.3.1 Lösungen zu den Aufgaben aus dem Lehrbuch

1. Die Antwort wird in *Abschnitt 12.1.1 LB* behandelt. Folgende Begründung kann zur Beantwortung dieser Frage verwendet werden:

   Lange Zeit galt die Unternehmensfunktion HRM in Unternehmen als unterstützende Funktion. Das Personal wurde als Produktionsfaktor gesehen. Heute hat sich durchgesetzt, dass das HRM eine entscheidende Komponente zur Sicherstellung der Wettbewerbsfähigkeit und der Nachhaltigkeit eines Unternehmens darstellt. Es ist daher notwendig, dass sich die Unternehmensfunktion weniger administrationsorientiert und passiv, sondern vielmehr proaktiv und strategisch verhält, um ihrer neuen Rolle gerecht zu werden. Indikatoren wie *Mehrwert*, *Nachhaltigkeit* und *Leistung* sind zunehmend von Interesse.

   Bei jeder Art von Organisationsform ist das Management des Personals notwendig. Unabhängig von der Größe oder dem Geschäftsbereich einer Organisation gilt zu jedem Zeitpunkt in der Geschichte wie folgt: Sobald Menschen zur Realisierung eines Geschäftes zusammenarbeiten, wird es unerlässlich, die Arbeit zu organisieren und Kompetenzen zu mobilisieren.

   Die Aufgabe des HRM besteht somit darin, strategische Zielsetzungen, Visionen und Missionen von Organisationen mit dem derzeitigen und zukünftigen Bedarf an Personal und an Kompetenzen zu decken. Ebenso gilt es, die Erwartungen und Interessen der Mitarbeiter und anderer Stakeholder unter Berücksichtigung der geltenden Normen zu erfüllen.

2. Diese Antwort wird in *Abschnitt 12.1.2* behandelt.

   Wie in Abbildung 12.1 dargestellt, stellt die Rolle des HRD als strategischer Partner eine von insgesamt vier Rollen des HRD dar. Die anderen drei Rollen sind *HRD als Verwaltungsexperte*, *HRD als Champion der Arbeitnehmer (Motivation)* und *HRD als Förderer des Wandels*. Die neue Rolle des *HRD als strategischer Partner* kann mittels des Modells von *Dave Ulrich* beschrieben werden.

Abbildung 12.1: Das Modell von Dave Ulrich

Dave Ulrich (1997) nennt die Rolle des **Business-Partners** den *„Seat at the management table"*. Der Business-Partner-Ansatz von *Dave Ulrich* wurde in den 1990er Jahren in den USA entwickelt. Ein wesentlicher Aspekt dieses Ansatzes ist die konsequente Business- beziehungsweise Kundenorientierung: Einem Kunden wird für personalrelevante Angelegenheiten eine direkte Kontaktperson zugewiesen, welche diesen als strategischer Partner berät. Der Ansatz ist in der strategischen Überlegung begründet, dass HRM näher mit dem Geschäft zusammenrücken sollte, um dadurch effektiver zu werden. So wie es bereits bei anderen Funktionen – etwa bei der Produktion, bei den Finanzen oder dem Sales (Verkauf) – der Fall ist.

Als strategischer Partner besteht die Rolle des HRD darin, die Unternehmensstrategie in den Alltag umzusetzen (für die Unternehmensfunktion HRM zu operationalisieren). Dazu muss er die HRM-Praktiken mit der allgemeinen Strategie der Organisation in Einklang bringen. Es ist für den HRD notwendig, die einzelnen Elemente des Strategischen Managements zu beherrschen. Nur so kann er sich als relevanter Partner der Generaldirektion behaupten und seine Zielsetzungen begründen und vertreten.

3. Diese Antwort wird in *Abschnitt 12.2.2 LB* behandelt.

    Die Befriedigung von Ansprüchen ist ein wichtiges Aufgabengebiet des HRM. Je nach Organisation lassen sich verschiedene Anspruchsgruppen unterscheiden, von denen jede einzelne bestimmte Erwartungen an die Unternehmensfunktion HRM hat. Eine wichtige Anspruchsgruppe bilden die Mitarbeiter beziehungsweise die Arbeitnehmer. Wesentliche Erwartungen beziehungsweise Ansprüche der Mitarbeiter bezogen auf die administrativen Aufgaben der HRM-Abteilung können wie folgt beschrieben werden:

    Mitarbeiter haben in diesem Zusammenhang in erster Linie einen Anspruch auf die Zuverlässigkeit der Lohnzahlungen. Der Lohn sollte korrekt berechnet und fristgerecht ausgezahlt werden. Eine weitere Forderung betrifft die Verfügbarkeit administrativer Daten der Mitarbeiter. Hierbei handelt es sich beispielsweise um Daten bezüglich der Rentenkasse, bestimmter anderer Zuwendungen oder bezüglich der Schulungen. Transparenz, beispielsweise in Bezug auf die Arbeitsbedingungen, kann ebenfalls ein Bedürfnis an das HRM darstellen. Führungskräfte der mittleren Ebene (z.B. Abteilungs- u. Teamleiter) benötigen, abgesehen von den Bedürfnissen als Arbeitnehmer, genaue Informationen (z.B. Urlaubsbewilligung, Ferienplanung der Mitarbeiter). Die Beachtung des gesetzlichen Rahmens und die Wahrung des Unternehmensimages sind für die Unternehmensleitung wichtig. Die Wirtschaftlichkeit des HRM stellt ebenfalls einen Anspruch der Unternehmensleitung dar. Gewerkschaften vertreten die Interessen ihrer Mitglieder gegenüber Unternehmen, welche in der Regel von den jeweiligen Human Resource Direktionen vertreten werden.

4. Diese Antwort wird in *Abschnitt 12.2.3 LB* behandelt. Die wesentlichen Ziele des Kompetenzmanagements können wie folgt beschrieben werden:

    Kompetenzmanagement hat die Aufgabe, Mitarbeiterkompetenzen zu beschreiben, zu visualisieren und transparent zu machen sowie diese zu entwickeln, zu verteilen beziehungsweise zu teilen, und deren Nutzung in Bezug auf die strategischen Unternehmensziele sicherzustellen. Wissensmanagement ist daher eng mit Kompetenzmanagement verbunden. Kompetenzmanagement ist das Aufgabengebiet, welches dem HRD seine neue Rolle als strategischer Partner verleiht. Unternehmen müssen der Art, in der sie ihre Ressourcen und Kompetenzen nutzen und entwickeln, notwendigerweise besondere Bedeutung beimessen, damit sie die erforderliche Flexibilität aufgrund der sich ständig verändernden Umwelt und des zunehmend schärferen Wettbewerbs aufrecht erhalten können.

Die Elemente des Kompetenzmanagements:

- **Identifizierung:** Eine eindeutige Identifizierung der Kompetenzen, welche gegenwärtig und künftig erforderlich sind, damit die Organisation die in der Strategie definierten Ziele erreichen kann;
- **Priorisierung:** Qualifizierung, Messung oder Hierarchisierung dieser Kompetenzen entsprechend ihrer Wichtigkeit oder ihrer strategischen Bedeutung;
- **Gestaltung und Entwicklung:** Management und Entwicklung dieser Kompetenzen entsprechend den strategischen Zielen des Unternehmens (z.B. durch Outsourcing, Lehrgänge, Jobrotation);

5. Diese Antwort wird in *Abschnitt 12.2.3 LB* behandelt.

Zur Vermeidung einer eventuell durch einen Bewertungsprozess entstehenden Unzufriedenheit ist die Vorbereitung der Bewertung enorm wichtig. Hierbei sollten vorab die Bewertungsmodalitäten festgelegt werden. Nachfolgend werden wesentliche Aspekte beschrieben, welche bei der Vorbereitung eines Bewertungsgespräches beachtet werden sollten:

- **Der Bewerter:** Das Bewertungsgespräch muss vorbereitet werden. Für den Bewerter gehört zu dieser Vorbereitung, dass er sich ausreichend Zeit freihält, um das Gespräch zu einem Erfolg zu führen. Der Bewerter sollte alle erforderlichen Unterlagen und Daten zur Hand haben, insbesondere den Aufgabenplan, die Stellen- oder Funktionsbeschreibung sowie die gesteckten Ziele. Der Termin des Gesprächs sollte dem Mitarbeiter rechtzeitig bekanntgegeben werden.
- **Der Bewertete:** Auch der zu bewertende Bewerber muss sich vorbereiten. Er reflektiert über seine Erfolge und Schwierigkeiten, über seinen Arbeitsplatz, über seine derzeitigen Tätigkeiten sowie über die Möglichkeiten und seine Wünsche hinsichtlich Mobilität oder auch Weiterbildung.

6. Diese Antwort wird in *Abschnitt 12.3.3 LB* behandelt.

In Bezug auf die Fairness ist festzuhalten, dass Mitarbeiter aller Ebenen unabhängig vom Wirtschaftszweig und von der Größe eines Unternehmens erwarten, dass ihre Arbeit gerecht und fair vergütet wird. Grundsätzlich stellen Mitarbeiter drei Forderungen an ihre Vergütung:

- **Interne Logik:** Interne Lohnvergleiche zwischen Kollegen müssen plausibel sein. Es wird erwartet, dass für die Festlegung der Lohnstufe der Schwierigkeitsgrad der Tätigkeiten, die individuellen Leistungen und die eingebrachte Erfahrung maßgebend sind.
- **Leistungsabhängigkeit:** Mit Blick auf unternehmerisches Denken und Handeln fordern Mitarbeiter zunehmend die Teilhabe an den Ergebnissen des Unternehmens – wohlwissend, dass damit gleichermaßen ein bestimmtes finanzielles Risiko verbunden ist.
- **Konkurrenzfähigkeit von Löhnen:** Speziell nach einer wettbewerbsfähigen Vergütung ist der Vergleich des eigenen Lohns mit dem der Konkurrenz die Basis der dritten Forderung.

7. Diese Antwort wird in *Abschnitt 12.3.1 LB* behandelt.

   Ist eine Stelle zu besetzen, bitten immer mehr Unternehmen ihre Mitarbeiter, ihre eigenen Netzwerke zu mobilisieren und Bewerber vorzuschlagen. In Bezug auf diese Frage wird in der beruflichen Praxis auch häufig von der Nutzung interner Netzwerke gesprochen. Nachfolgend werden wichtige Risiken und Vorteile für einen Mitarbeiter genannt, der aufgefordert wird, Bewerber für eine frei gewordenen Stelle vorzuschlagen.

   Wesentliches Risiko:
   – Der Mitarbeiter begibt sich gegebenenfalls in die Gefahr, sich selbst in Verruf zu bringen, einen ungeeigneten Kandidaten empfohlen zu haben, da er sich in der Kompetenz und Eignung des Kandidaten getäuscht hat.

   Wesentliche Vorteile:
   – In einigen Fällen ist diese Praktik an finanzielle Anreize, an sogenannte Incentives, gebunden.
   – Der Mitarbeiter kann sein eigenes Netzwerk (Freunde, Bekannte etc.) unterstützen. Es ist festzustellen, dass bestimmte atypische, aber dennoch positiv zu wertende Bewerbungsprofile, welche bei einer traditionelleren Ausschreibung keinen Erfolg gehabt hätten, auf diese Weise geschätzt und gesichtet werden können.
   – Diese Praktik wird von den angesprochenen Mitarbeitern häufig als aufwertend empfunden.

12.3.2 Lösungen zu den ergänzenden Aufgaben

1. Siehe hierzu *Abschnitt 12.1 LB*. *Antwort a* ist richtig.

   HRM bezeichnet denjenigen Bereich der Betriebswirtschaft, der sich mit dem Produktionsfaktor „Arbeit" und folglich mit dem Personal befasst. Die Unternehmensfunktion des HRM besteht heutzutage in sämtlichen Unternehmen. Die klassischen Kernaufgaben bestehen in der Bereitstellung von Personal sowie in dessen zielorientiertem Einsatz.

   Antwort c stellt zwar ein Aufgabengebiet von HRM dar, doch da dies jedoch *nur ein Aufgabengebiet* des HRM ist und die Unternehmensfunktion nicht im vollen Umfang beschreibt, ist *Antwort a* am zutreffendsten.

2. Diese Antwort wird in *Abschnitt 12.2.3 LB* behandelt. *Antwort d* ist richtig.

   Kompetenzmanagement hat die Aufgabe, Mitarbeiterkompetenzen zu beschreiben, zu visualisieren und transparent zu machen sowie diese zu entwickeln, zu verteilen beziehungsweise zu teilen, und deren Nutzung in Bezug auf die strategischen Unternehmensziele sicherzustellen. Wissensmanagement ist daher eng mit Kompetenzmanagement verbunden.

   Kompetenzmanagement ist das Aufgabengebiet, welches dem HRD seine neue Rolle als strategischer Partner verleiht. Unternehmen müssen der Art, in welcher sie ihre Ressourcen und Kompetenzen nutzen und entwickeln, notwendigerweise besondere Bedeutung beimessen, damit sie die erforderliche Flexibilität aufgrund der sich ständig verändernden Umwelt und des zunehmend schärferen Wettbewerbs aufrechterhalten können.

3. Diese Antwort wird in *Abschnitt 12.3.1 LB* behandelt. *Antwort c ist richtig.*

   Das Bewerberprofil lässt sich mithilfe von Unterlagen, beispielsweise mithilfe von Funktions- oder Stellenbeschreibungen oder denen des Aufgabenverzeichnisses, erarbeiten. Das Aufgabenverzeichnis beschreibt die Gesamtmenge der Aufgaben, die zu erledigen sind.

   Eine *Stellenbeschreibung*, häufig auch *Arbeitsplatzbeschreibung (job description)* genannt, bezeichnet eine objektive schriftliche Beschreibung einer Arbeitsstelle (Arbeitsplatz) in Bezug auf die Arbeitsziele, auf die Aufgaben und Kompetenzen sowie in Bezug auf das Verhältnis zu den Stakeholdern.

   Mit anderen Worten sollen folgende Fragen in Bezug auf die Arbeitsstelle beantwortet werden: Wer? Was? Wie? Zu welchem Ziel? Mit welcher Verantwortung?

   Diese Unterlagen sollten ständig aktualisiert sein, da sich die Anforderungen an den Arbeitsplatz im Laufe der Zeit ändern können.

4. Diese Antwort wird in *Abschnitt 12.3.1 LB* behandelt. *Antwort a ist richtig.*

   Die Wahl der Personalbeschaffungsquellen hat zum Ziel, einen Zustrom von Bewerbungen auszulösen, die den Anforderungen des festgelegten Bewerberprofils entsprechen. Die Personalbeschaffungsquellen können unterschiedlich sein.

   - **Interne Personalbeschaffung:** Eine Einstellung kann intern erfolgen. Hierbei geht es um Mitarbeiter eines Unternehmens, die an einem anderen Arbeitsplatz interessiert sind oder in den Genuss einer Beförderung kommen.
   - **Externe Personalbeschaffung:** Zudem kann eine Einstellung extern erfolgen. In diesem Fall können zeitweilige oder feste Arbeitsvermittlungsagenturen (z.B. regionale Arbeitsvermittlungsämter) eingeschaltet werden. Ebenso kann in der örtlichen oder nationalen Presse, auf spezialisierten Internetseiten (Jobbörsen) oder auf der Unternehmenswebsite ein Stellenangebot veröffentlicht werden. Darüber hinaus können verschiedene Netzwerke wie Absolventen- und Berufsvereinigungen und das Mitarbeiternetzwerk eingeschaltet werden. *Recruiting*-Veranstaltungen und Hochschulmarketing sind weitere Möglichkeiten, externe Bewerbungen zu fördern. Schließlich sollten auch Initiativbewerbungen oder Bewerbungen, die zu einer vorausgegangenen Ausschreibung eingegangen sind, berücksichtigt werden.

   Die Wahl der Personalbeschaffungsquellen sollte in Abhängigkeit von den Spezifika der Stelle getroffen werden.

5. Diese Antwort wird in *Abschnitt 12.1 LB* behandelt.

   Die Aufgabe des HRM besteht darin, strategische Zielsetzungen, Visionen und Missionen von Organisationen mit dem derzeitigen und zukünftigen Bedarf an Personal und an Kompetenzen zu decken. Ebenso gilt es, die Erwartungen und Interessen der Mitarbeiter und anderer Stakeholder unter Berücksichtigung der geltenden Normen zu erfüllen.

6. Diese Antwort wird in *Abschnitt 12.1.2 LB* behandelt.

   Die vier Rollen des Human Resource Directors (HRD) können wie folgt beschrieben werden:

   – **HRD als strategischer Partner:** Die Rolle des HRD besteht darin, die Unternehmensstrategie in den Alltag umzusetzen (für die Unternehmensfunktion HRM zu operationalisieren). Dazu muss er die HRM-Praktiken mit der allgemeinen Strategie der Organisation in Einklang bringen. Es ist für den HRD notwendig, die einzelnen Elemente des Strategischen Managements zu beherrschen. Nur so kann er sich als relevanter Partner der Generaldirektion behaupten und seine Zielsetzungen begründen und vertreten.

   – **HRD als Verwaltungsexperte:** Zwar ist die Rolle als Verwaltungsexperte ebenfalls auf die Prozesse ausgerichtet, doch ist sie eher operativ ausgerichtet, da sie auf eine kurze Zeitspanne bezogen ist. In dieser Rolle besteht die wesentliche Aufgabe des HRD darin, eine wirksame Infrastruktur zu schaffen, die es ermöglicht, Exzellenz und Qualität von existierenden administrativen Prozessen zu gewährleisten. Hier geht es vor allem darum, die Leistungsqualität sicherzustellen (z.B. die Kosten der Unternehmensfunktion HRM).

   – **HRD als Champion der Arbeitnehmer (Motivation):** Die Rolle des HRD als Champion der Arbeitnehmerschaft ist ebenfalls kurzfristig ausgerichtet. Der Fokus liegt hierbei auf den Mitarbeitern, deren Motivation durch den HRD gefördert und deren Kompetenzen durch diesen entwickelt werden. Die Herausforderung liegt darin, zwischen den Ansprüchen der Arbeitnehmer und denen des Arbeitgebers, sprich des Unternehmens, ein Gleichgewicht zu finden.

   – **HRD als Förderer des Wandels:** Die Rolle als Förderer des Wandels ist schließlich auf die Mitarbeiter ausgerichtet und orientiert sich langfristig. Es geht darum, den Wandel, welchem Organisationen ausgesetzt sind, zu begleiten. Die Aufgabe des HRD besteht darin, die Veränderung und Anpassung an die Umwelt zu fördern und so zur Maximierung der Erfolgschancen dieses Prozesses die Akteure bestmöglich einzubeziehen.

7. Siehe hierzu die *Abschnitte 12.1.1 LB.* und *12.1.2 LB.*

   HRM gilt heutzutage eher als eine strategische Funktion: Lange Zeit galt die Unternehmensfunktion HRM in Unternehmen als unterstützende Funktion. Das Personal wurde als Produktionsfaktor gesehen. Heute hat sich durchgesetzt, dass das HRM eine entscheidende Komponente zur Sicherstellung der Wettbewerbsfähigkeit und der Nachhaltigkeit eines Unternehmens darstellt. Es ist daher notwendig, dass sich die Unternehmensfunktion weniger administrationsorientiert und passiv, sondern vielmehr proaktiv und strategisch verhält, um seiner neuen Rolle gerecht zu werden. Indikatoren wie *Mehrwert*, *Nachhaltigkeit* und *Leistung* sind zunehmend von Interesse.

   Bei jeder Art von Organisationsformen ist das Management des Personals notwendig. Unabhängig von der Größe oder dem Geschäftsbereich einer Organisation gilt zu jedem Zeitpunkt in der Geschichte wie folgt: Sobald Menschen zur Realisierung eines Geschäftes zusammenarbeiten, wird es unerlässlich, die Arbeit zu organisieren und Kompetenzen zu mobilisieren.

   HRM kann als strategischer Akteur für ein Unternehmen beschrieben werden. Diese neue Rolle entspricht einer unvermeidlichen Weiterentwicklung der Unternehmensfunktion und wird nur durch eine Rationalisierung der administrativen Tätigkeiten möglich, beispielsweise durch die Nutzung von Datenverarbeitungssystemen oder durch Outsourcing bestimmter administrativer Tätigkeiten, um Freiräume für strategische Tätigkeiten zu schaffen. In der beruflichen Praxis befindet sich das HRM häufig in einer komplexen Situation. Einerseits wird dem Human Resource Director klassischerweise die Rolle des Dienstleisters zugeschrieben, andererseits übernimmt er zunehmend die Rolle eines Beraters und Business-Partners. *Dave Ulrich* (1997) nennt die Rolle des **Business-Partners** den *„Seat at the management table"*.

8. Diese Antwort wird in *Abschnitt 12.3.1 LB* behandelt.

   Wie in Abbildung 12.2 dargestellt, ist die Einstellungstätigkeit als Prozess zu betrachten, welcher sich in vier Phasen aufteilen lässt. Jede Phase besteht aus einer Reihe von Entscheidungen, welche maßgeblichen Einfluss auf den Erfolg des Prozesses ausüben.

   | Identifizierung des Bedarfs / Festlegung des Bewerberprofils | Wahl der Personalbeschaffungsquellen / Bewerbungsausschreibung | Selektion | Integration des Bewerbers |

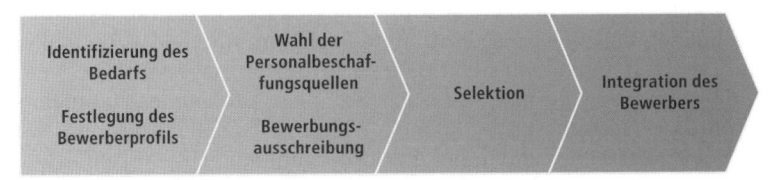

   Abbildung 12.2: Der Einstellungsprozess in vier Phasen

   - **Identifizierung des Bedarfs und Festlegung des Bewerberprofils:** Zu Beginn des Einstellungsprozesses lässt sich der Zeitpunkt festmachen, zu dem eine Stelle vakant wird. Diesbezüglich ist es unerheblich, ob die Vakanz zeitweilig (z.B. durch Krankheit), dauerhaft (z.B. durch Kündigung) oder im Rahmen einer Stellenneuschaffung erhoben wird. Um diese Vakanz zu bewerkstelligen, geht es letztlich darum, das Profil des Bewerbers festzulegen, sprich die Kompetenzen, die Erfahrung, letztlich alle Merkmale zu bewerten, welche von dem Bewerber aufgrund der bisherigen Stelle oder aufgrund der geschaffenen Stelle erwartet werden.

   - **Wahl der Personalbeschaffungsquellen und Bewerbungsausschreibung:** Die Wahl der Personalbeschaffungsquellen hat zum Ziel, einen Zustrom von Bewerbungen auszulösen, die den Anforderungen des festgelegten Bewerberprofils entsprechen.

   - **Selektion:** Obwohl die Selektion für Bewerber und Mitarbeiter die sichtbarste Phase ist, stellt diese nur eine der genannten vier Phasen innerhalb des Einstellungsprozesses dar. Im Allgemeinen erfolgt eine erste Auswahl auf Grundlage des Lebenslaufes und des Anschreibens. Die ausgewählten Bewerber werden folgend zu einem Vorstellungsgespräch oder zu mehreren Vorstellungsgesprächen eingeladen.

   - **Integration des Bewerbers:** Der Einstellungsprozess endet mit der Integrationsphase. Diese wichtige Phase müsste vor Antritt der Stelle durch die Mitarbeiter und Kollegen beginnen. Es geht hierbei darum, die Eingliederungskosten zu begrenzen – sprich die Zeit, die Schulungen, die Unterstützung, die der Arbeitnehmer benötigt, damit er operativ tätig werden kann. Die Integration des Mitarbeiters besteht in der Vorbereitung seines Eintreffens und in seinem Empfang, aber auch darin, sicherzustellen, dass ihm alle materiellen Mittel zur Verfügung stehen, die er benötigt.

Lösungen zu BWL praxisnah

1. Diese Antwort wird in *Abschnitt 12.3.1 LB* behandelt.

   a) Die für die Arbeitsstelle **erwarteten und erforderlichen Eigenschaften** (Kompetenzen, Persönlichkeitsmerkmale) sollten hierarchisch **geordnet** werden. Hierbei liegt die Schwierigkeit darin, dass sich die Beteiligten über den Stellenwert der einzelnen Merkmale einigen. Abbildung 12.1 kann als Auswertungstabelle für die Formulierung der Anzeige verwendet werden und bei der Suche des Bewerbers sowie als Leitfaden beim Sortieren eingegangener Bewerbungen helfen. Abbildung 12.1 dient als Beispiel dafür, auf welche Weise die von einem Bewerber erwarteten Kompetenzen hierarchisch geordnet werden können.

   Abbildung 12.1 zeigt, dass sich in *Feld 1* bestimmte Kriterien, welche für die zu besetzende Stelle ab dem ersten Arbeitstag unerlässlich sind, festhalten lassen. Dies können beispielsweise bestimmte Fachkenntnisse oder Sprachkenntnisse sein. Des Weiteren lassen sich in *Feld 2* Kompetenzen festhalten, welche zwar für die künftige Position erforderlich sind, aber problemlos zu einem späteren Zeitpunkt erworben werden können. Dies tritt beispielsweise auf, wenn sich der neue Mitarbeiter mit einer im Unternehmen eingesetzten, spezifischen Software vertraut machen soll. Schließlich gibt es Merkmale (*Feld 3*), welche für den Arbeitsplatz nicht unbedingt erforderlich, jedoch wünschenswert sind und von Vorteil wären (z.B. Fremdsprachenkenntnisse, bestimmte Verhaltenseigenschaften). Falls alle weiteren Kompetenzen verhältnismäßig ähnlich ausfallen, können diese Angaben helfen und ausschlaggebend für die Wahl eines Bewerbers sein.

   b) **Die Vorbereitung des Rollenspiels:**
      - Für den **Personaler**: Achten Sie darauf, dass tatsächlich ein Bezug zwischen Kompetenz und Tätigkeit besteht. Nehmen Sie gegebenenfalls auch Bezug auf Abbildung 12.2. Diese Tabelle zeigt ein Muster eines Bewertungsbogens.
      - Für den **Bewerber**: Achten Sie darauf, dass Sie bei den Fragen sowohl berufliche als auch persönliche Aspekte, die gegebenenfalls von Wichtigkeit sind, einbeziehen.

   c) **Das Bewerbungsgespräch in Form eines Rollenspiels:**
      - Für den **Personaler**: Als Orientierung soll hierfür Abbildung 12.2 und die formulierten Fragen und Kompetenzen von *Teilaufgabe a* und *b* dienen. Versuchen Sie den zeitlichen Rahmen einzuhalten und priorisieren Sie gegebenenfalls.
      - Für den **Bewerber**: Zur Orientierung sollen hierfür die in *Teilaufgabe b* formulierten Fragen dienen. Versuchen Sie den zeitlichen Rahmen einzuhalten und priorisieren Sie gegebenenfalls.

   d) Weitere Erkenntnisse sind denkbar, doch können folgende Erkenntnisse als **gewonnene Erkenntnisse (lessons learned)** angeführt werden:
      - Sowohl Personaler als auch Bewerber werden bezüglich der gestellten Fragen nicht sofort die Antworten erhalten, die sie sich beim Formulieren der Fragen vorgestellt haben.
      - Sie können aus zeitlichen Gründen nicht alles fragen, was Sie sich vorgenommen haben.
      - Die Körpersprache des Gesprächspartners sollte beachtet werden.

Worauf Sie achten sollten:
- Sie sollten darauf achten, dass Sie die Priorisierung der Themen, welche tatsächlich von Bedeutung sind, einhalten.
- Ebenso sollten Sie versuchen die Uhrzeit nicht aus den Augen zu verlieren.
- Versuchen Sie, als Bewerber positiv zu sein.

Generelle Anmerkung: Obwohl die **Phase der Selektion** für Bewerber und Mitarbeiter die sichtbarste Phase ist, stellt diese nur eine der vier Phasen innerhalb des Einstellungsprozesses dar. Im Allgemeinen erfolgt eine erste Auswahl auf Grundlage des Lebenslaufes und des Anschreibens. Die ausgewählten Bewerber werden folgend zu einem Vorstellungsgespräch oder zu mehreren Vorstellungsgesprächen eingeladen. Vorstellungsgespräche sind persönliche Gespräche zwischen einem Unternehmen und einem Bewerber, welche zwei Hauptziele verfolgen: Die von dem Bewerber gemachten Angaben zu bestätigen oder zu vervollständigen sowie die Art der Stelle und deren Anforderungen mit diesem zu besprechen. Einstellungen ohne Vorstellungsgespräche sind äußerst selten. Die Anzahl der Vorstellungsgespräche eines Bewerbers für eine Stelle ist je nach Unternehmen unterschiedlich.

Das Besondere des Gespräches liegt darin, dass Bewerber und Einstellender einander physisch direkt gegenüberstehen. Die Ergebnisse des Gespräches haben beträchtliches Gewicht, oft sind sie maßgebend für die Einstellungsentscheidung. Das Vorstellungsgespräch kann als Einzelgespräch oder als Gruppengespräch, mit mehreren Bewerbern oder mit mehreren Teilnehmern seitens des Unternehmens geführt werden. Schließlich kann der Bewerber, in der Gruppe oder einzeln, auf unterschiedliche Gesprächspartner treffen, beispielsweise auf einen HRM-Verantwortlichen oder auf den direkten Vorgesetzten.

2. Siehe hierzu *Abschnitt 12.3.1 LB*. Diese Frage hat zum Ziel, eine erste Erfahrung mit Stellenanzeigen zu machen und sich über deren Inhalt und Anforderungsmerkmal bewusst zu werden.

Generelle Anmerkung: Obwohl die **Phase der Selektion** für Bewerber und Mitarbeiter die sichtbarste Phase ist, stellt diese nur eine der vier Phasen innerhalb des Einstellungsprozesses dar. Im Allgemeinen erfolgt eine erste Auswahl auf Grundlage des Lebenslaufes und des Anschreibens. Die ausgewählten Bewerber werden folgend zu einem Vorstellungsgespräch oder zu mehreren Vorstellungsgesprächen eingeladen. Vorstellungsgespräche sind persönliche Gespräche zwischen einem Unternehmen und einem Bewerber, welche zwei Hauptziele verfolgen: Die von dem Bewerber gemachten Angaben zu bestätigen oder zu vervollständigen sowie die Art der Stelle und deren Anforderungen mit diesem zu besprechen. Einstellungen ohne Vorstellungsgespräche sind äußerst selten. Die Anzahl der Vorstellungsgespräche eines Bewerbers für eine Stelle ist je nach Unternehmen unterschiedlich.

Das Besondere des Gespräches liegt darin, dass Bewerber und Einstellender einander physisch direkt gegenüberstehen. Die Ergebnisse des Gespräches haben beträchtliches Gewicht, oft sind sie maßgebend für die Einstellungsentscheidung. Das Vorstellungsgespräch kann als Einzelgespräch oder als Gruppengespräch, mit mehreren Bewerbern oder mit mehreren Teilnehmern seitens des Unternehmens geführt werden. Schließlich kann der Bewerber, in der Gruppe oder einzeln, auf unterschiedliche Gesprächspartner treffen, beispielsweise auf einen HRM-Verantwortlichen oder auf den direkten Vorgesetzten.

a) Keine Anmerkungen.
b) Eine übliche Stellenanzeige enthält in der Regel folgende wesentliche Elemente:
   - Kurze Beschreibung der Unternehmens
   - Kurze Beschreibung der Stelle
   - Nennung der Aufgaben und erwarteten Kompetenzen
   - Besondere Anforderungen an den Bewerber (z.B. Ausbildungsgrad)
c) Keine Anmerkungen.
d) Keine Anmerkungen.

Leadership

13.1 Hauptthema des Kapitels......................... 216
13.2 Aufgaben 218
    13.2.1 Aufgaben aus dem Lehrbuch..................... 218
    13.2.2 Ergänzende Aufgaben 219
    BWL praxisnah 220
13.3 Lösungen....................................... 222
    13.3.1 Lösungen zu den Aufgaben aus dem Lehrbuch 222
    13.3.2 Lösungen zu den ergänzenden Aufgaben 225

13

ÜBERBLICK

13 Leadership

13.1 Hauptthema des Kapitels

Warum wird Führung generell in einem Unternehmen benötigt? Wissen die Mitarbeiter nicht selbst, was sie zu tun haben? Der Mitarbeiter kennt sich in seinem Fachgebiet meist besser aus als sein Vorgesetzter: Ist der Vorgesetzte in diesem Fall nicht mehr Last als Unterstützung, mehr Bremse als Triebkraft? Die Antwort auf diese Fragen ist „nein". Auch wenn es im ersten Moment so erscheinen mag, als wäre es ohne eine vorgesetzte Stelle möglich, unternehmerische Pläne „zielgerichtet" zu verfolgen, so ist es ersichtlich, dass selbst eine Gruppe der schnellsten und besttrainierten Läufer nicht gemeinsam ans Ziel kommt, wenn nicht zumindest einer weiß, in welcher Richtung das Ziel liegt und die Gruppe dorthin führt. Betrachtet man Mitarbeiterführung im biologischen Sinn, so zeigt sich, dass es keiner ausgefeilten unternehmerischen Organigramme bedarf, um Führung notwendig zu machen. Jede Herde im Tierreich besitzt einen Anführer: Sei dies nun die „Leitkuh", das Alphatier einer Herde oder eines Rudels oder aber der vorausfliegende Schwan in der Flugformation, der den anderen vorübergehend den Weg weist und diesen die Möglichkeit gibt, mit weniger Energieaufwand in seinem Windschatten zu fliegen. Im unternehmerischen Sinn wird Führung dann notwendig, wenn Arbeitsteilung herrscht. Zumindest eine Person sollte die übergeordneten Abläufe kennen und koordinieren, damit ein Produkt fertiggestellt werden kann. Darunter gibt es meist noch jemanden, der Gruppen koordiniert, um flüssige Arbeitsabläufe zu schaffen, eventuelle Ausfälle zu kompensieren und die Zeiten zu überwachen. Der Bürgermeister ist beispielsweise im Rahmen der gesetzlich festgelegten Kompetenzen eine Führungsperson des Ortes. Historisch betrachtet war der Lehnsherr die Führungsperson seiner Vasallen, nicht ohne sie für sein Lehen und für die damit verbundene Führung bezahlen zu lassen. Menschliches Zusammenleben und Zusammenarbeiten ist ohne Führung nicht möglich. Wichtig in diesem Zusammenhang ist die psychologische Tatsache, dass Menschen Führung wollen. Wie sehr ist im Geschäftsleben ein „schwacher Vorgesetzter" verhasst, der seinen Mitarbeitern nicht „den Rücken freihält". Eltern führen ihre Kinder, Vorgesetzte ihre Mitarbeiter, Geschäftsführer ein Unternehmen.

Obwohl es von Natur aus gegeben scheint: Gute Führung will dennoch gelernt sein! Dies gilt für Personalführung ebenso wie für Unternehmensführung. Schätzungen zufolge mussten in den letzten Jahren vier von fünf Unternehmen aufgrund von Fehlentscheidungen des Managements, sprich aufgrund von Fehlern in der Unternehmensführung Konkurs anmelden. Abertausende Mitarbeiter wurden dadurch arbeitslos. Fehler in der Mitarbeiterführung sind meist nicht so leicht in Zahlen zu fassen wie Fehler in der Unternehmensführung. Ein demotivierter Mitarbeiter, der „Dienst nach Vorschrift" verrichtet und dem Unternehmen bereits innerlich gekündigt hat, wird zwar seine Zielvorgaben erfüllen, doch wird er darüber hinaus nichts leisten, um den Erfolg seines Unternehmens positiv zu beeinflussen. Demotivation von Mitarbeitern ist ein häufiger Fehler in der Mitarbeiterführung eines Vorgesetzten: Ein nicht den Fähigkeiten der Mitarbeiter entsprechender Arbeitsplatz, schlechte Arbeitsorganisation oder des Fehlen von Entwicklungsmöglichkeiten, das Fehlen eigener Arbeitsgestaltung oder auch Überlastung, um einige Beispiele zu nennen.

Auch schlechte Arbeitsplatzgestaltung und zu hoher Druck können zu zusätzlichen Problemen führen und in einen sogenannten **Burn-Out** führen. Der Krankenstand in der Schweiz aufgrund von Burn-Out ist in den letzten Jahren stark angestiegen und kostete die Schweiz 18 Mrd. Franken im Jahr 2005. In Deutschland waren letztes Jahr fast zehn Millionen Krankheitstage aufgrund von Burnout-Symptomen aufgelaufen. Damit fehlten im Büro oder an der Werkbank rund 40.000 Arbeitskräfte über das ganze Jahr, weil sich diese ausgebrannt fühlten. Besonders beunruhigend dabei ist, dass die Zahl der Burnout-Krankschreibungen innerhalb der letzten fünf Jahre um 17 Prozent angestiegen ist. Dies geht zu Lasten von Krankenversicherungen, Unternehmen und letztlich auch Arbeitnehmern durch ihre Beiträge. Ein großer Teil dieser Kosten ist auf schlechte und unsachgemäße Mitarbeiterführung zurückzuführen. Man kann daher nicht genug betonen: Mitarbeiterführung will und muss gelernt sein! Zum Begriff der Führung gibt es unterschiedliche Konzepte und Definitionen. Führung ist kein gegebener formaler Umstand, sondern bedarf der Akzeptanz des Geführten. Nur im Zusammenspiel gegenseitiger Akzeptanz zwischen Führendem und Geführtem ist ein gemeinsames zielgerichtetes Arbeiten möglich. *Weibler* definiert daher wie folgt:

> *Führung heißt andere durch eigenes, sozial akzeptiertes Verhalten so zu beeinflussen, dass dies bei den Beeinflussten mittelbar oder unmittelbar ein intendiertes Verhalten bewirkt.*
>
> Quelle: Weibler, J.: „Personalführung", Vahlen 2001, S. 29.

Erst durch das Merkmal der sozialen Akzeptanz lässt sich Führung von einer formalen Weisung abgrenzen. Eine beliebige Person kann zwar formal *Vorgesetzter (headship)* eines Mitarbeiters sein, wird jedoch erst im Zusammenspiel mit dessen Akzeptanz zu einer *Führungskraft (leadership)*.

Die Mitarbeiterführung findet nicht in luftleerem Raum statt. Unternehmen strukturieren *formell*, beispielsweise durch Organigramme, oder auch *informell*, beispielsweise durch Verhaltensnormen, um Führenden und Geführten einen Rahmen zu setzen.

Was motiviert Personen, einem bestimmten Unternehmen beizutreten und dort zu bleiben? Was motiviert Mitarbeiter, einen produktiven Beitrag für das „Unternehmensziel" zu leisten? Der „richtige" Führungsstil ist hierbei vom Kontext abhängig und besitzt einen entscheidenden Einfluss auf Motivation und Arbeitsleistung der Geführten. Innerhalb der Führungsforschung unterscheidet man nach *eindimensionalen*, *zweidimensionalen* und *dreidimensionalen* Führungsstilen.

13.2 Aufgaben

13.2.1 Aufgaben aus dem Lehrbuch

1. Nennen Sie zwei Führungsstile und beschreiben Sie diese.
2. Beschreiben Sie die Vorteile der mehrdimensionalen Führungsstile gegenüber den eindimensionalen.
3. Erklären Sie, in welchen Situationen ein autoritärer Führungsstil trotz seiner Nachteile zielführend und notwendig werden kann.
4. Warum ist Führung in Unternehmen wichtig?
5. Erklären Sie in eigenen Worten die Rolle der Akzeptanz als Bindeglied zwischen Führendem und Geführtem.

Quelle: Fotolia 32035522.

6. Beschreiben sie Bedürfnispyramide nach *Maslow*.
7. Beschreiben Sie kurz, was die Situations- und Interaktionstheoretiker annehmen und erörtern Sie, inwiefern sich diese Ansätze von den anderen unterscheiden.

13.2.2 Ergänzende Aufgaben

1. Welche Aussage ist am zutreffendsten? In einem Orchester ...
   a) ist der demokratische Führungsstil dominant.
   b) gibt es unterschiedliche Führungsstile.
   c) ist der kooperative Führungsstil dominant.
   d) gibt es keine Führung.

2. Welche Aussage ist am zutreffendsten? Das Verhaltensgitter (Managerial Grid) von *Blake* und *Mouton* konzentriert sich auf die Dimensionen ...
   a) Arbeitsorientierung und Führungsorientierung.
   b) Arbeitsorientierung und Personenorientierung.
   c) Sachorientierung und Personenorientierung.
   d) Sachorientierung und Führungsorientierung.

3. Welche sind die vier Führungsmethoden laut des situativen Reifegradmodells?
   a) unterweisen, vertreiben, beteiligen, delegieren
   b) ablehnen, vertreiben, beteiligen, aufdrängen
   c) ablehnen, verkaufen, beteiligen, delegieren
   d) unterweisen, verkaufen, beteiligen, delegieren

4. Welche Aussage ist am zutreffendsten? Führung ist ...
   a) eine methodisch ungeplante und unkontrollierte Einflussnahme auf die Geführten.
   b) eine methodisch geplante und temporäre Einflussnahme auf die Geführten.
   c) eine methodisch geplante und kontrollierte Einflussnahme auf die Geführten.
   d) eine spontane und temporäre Einflussnahme auf die Geführten.

5. Diskutieren Sie die 3D-Theorie von *Reddin* und beschreiben Sie mindestens zwei Grundstile der Führung.

6. Nennen Sie vier sachbezogene und vier personenbezogene Führungstechniken.

7. Beschreiben und diskutieren Sie die Führungstechnik *Managing by Objectives*.

8. Nennen und beschreiben Sie die zwei Funktionen der Führung.

13 Leadership

BWL praxisnah

1. Wie wir in diesem Kapitel gesehen haben, findet Leadership nicht nur auf der Ebene des Unternehmens, sondern beispielsweise auch im Orchester oder gar im Klassenzimmer statt.

   a) Beobachten Sie (individuell) zwei Ihrer Professoren unter dem Gesichtspunkt der Führung. Notieren Sie sich, wie diese Dozenten ihre Kurse organisieren, wie sie mit Studenten interagieren, wie sie vortragen, sich mit dem Kurs austauschen und wie sie schließlich führen.

   b) Vergleichen Sie anschließend Ihre Notizen mit…
      1. den eindimensionalen Führungsstilen (siehe *Abschnitt 13.4.1 LB*).
      2. dem zweidimensionalen Führungsstil (siehe *Abschnitt 13.4.2 LB*).
      3. den dreidimensionalen beziehungsweise den situativen Führungsstilen (siehe *Abschnitt 13.4.3 LB*).

   c) Haben die beiden Professoren unterschiedliche Führungsstile? Kombinieren sie mehrere Führungsstile miteinander? Welcher der beiden Führungsstile ist wohl der bessere und erfolgreichste im Klassenzimmer?

   d) Vergleichen Sie Ihre Ergebnisse mit denen anderer Gruppenmitglieder (Kommilitonen): Diskutieren Sie die unterschiedlichen Auffassungen und Wahrnehmungen in Bezug auf Führungsstile.

Quelle: Fotolia 15344467.

Szenario

1. Möchte man führen, so sollte man sich zuvor über seine eigenen Führungsfähigkeiten bewusst sein. Die Kernfrage hierbei lautet: *Wie werde ich ein „guter" Vorgesetzter?*

    a) Identifizieren Sie die wesentlichen Gebiete, mit denen sich ein Leader befasst. Orientieren Sie sich hierbei sowohl am Inhalt des Lehrbuches (*Abschnitt 13.5.1 LB*) als auch an Ihrer persönlichen Erfahrung mit diesem Thema. Denken Sie beispielsweise an Leadership in Arbeitsgruppen, im Sport, in einer Band, in Vereinen und Verbänden oder auch in Projekten.

    b) Führen Sie ein *Self-Assessment (Selbsteinschätzung)* in Bezug auf Ihre Leadership-Eigenschaften durch: *Was sind Ihre Stärken? Was sind Ihre Schwächen? Welchen Führungsstil würden Sie bevorzugen (Abschnitt 13.4 LB)? Was gefällt Ihnen am Führen und was nicht?*

    c) Diskutieren Sie mit den Gruppenmitgliedern, die Sie gut kennen, folgende Fragen: *Wie werde ich von anderen als potentieller Leader gesehen? Bei welchen Punkten haben Sie eine unterschiedliche Auffassung und weshalb?*

Quelle: Fotolia 32576238.

13.3 Lösungen

13.3.1 Lösungen zu den Aufgaben aus dem Lehrbuch

1. Diese Antwort wird in *Abschnitt 13.4.1 LB* behandelt.

   Der „richtige" Führungsstil besitzt einen entscheidenden Einfluss auf die Motivation und auf die Arbeitsleistung der Geführten. Die klassischen Führungsstile gehen auf *Kurt Lewin* (1890-1947), einen der bedeutendsten und einflussreichsten Sozialpsychologen seiner Zeit, zurück. Er untersuchte in den Jahren 1937 und 1938 am Beispiel von Jugendgruppen die Wirkungen unterschiedlicher Führungsstile in Bezug auf Gruppenatmosphäre, Produktivität, Zufriedenheit, Gruppenzusammenhalt sowie auf Effizienz der Jugendlichen bei der Erfüllung gemeinsamer Aufgaben. *Lewin* unterscheidet in seinen Untersuchungen drei unterschiedliche Führungsstile: Den *autoritären* beziehungsweise *hierarchischen Führungsstil*, den *demokratischen* beziehungsweise *kooperativen Führungsstil* und den *Laissez-Faire-Führungsstil*. Nachfolgend werden beispielhaft der autoritäre beziehungsweise hierarchische sowie der demokratische beziehungsweise kooperative Führungsstil beschrieben.

   Der **autoritäre Führungsstil** ist geprägt von einer klaren Trennung zwischen der Entscheidung durch den Vorgesetzten sowie der Ausführung der Entscheidungen durch die Mitarbeiter. Die Mitarbeiter werden an der Entscheidungsfindung nicht beteiligt, die Führung erfolgt streng hierarchisch. Dieser Führungsstil hat ein distanziertes Verhältnis zwischen Vorgesetztem und Mitarbeitern zur Folge.

Vorteile	Nachteile
schnelle Entscheidungen	Demotivation der Mitarbeiter
schnelle Handlungsfähigkeit	Verlust von Eigeninitiative der Mitarbeiter
klare Verantwortlichkeiten	Überforderung des Vorgesetzten
hohe Produktivität der Mitarbeiter bei Routinetätigkeiten	Tendenz zu häufigeren Fehlentscheidungen, da die Erfahrung der Mitarbeiter nicht berücksichtigt wird
gute Kontrollmöglichkeiten der Mitarbeiter	Einschränkung der persönlichen Freiheit der Mitarbeiter
kurzfristige Leistungssteigerung der Mitarbeiter	bei Abwesenheit des Vorgesetzten keine Entscheidungsfähigkeit

Tabelle 13.1: Vor- und Nachteile des autoritären Führungsstils

Bei der Ausübung des **kooperativen Führungsstils** werden die Mitarbeiter in den Entscheidungsprozess einbezogen. Eine Übertragung von (Teil-)Entscheidungen ist möglich und wird in der betrieblichen Praxis häufig, vor allem im Bereich von Expertenwissen, an die Mitarbeiter übertragen. Die innerhalb des autoritären Führungsstils gelebte Fremdkontrolle durch den Vorgesetzten wird im kooperativen Führungsstil weitestgehend durch Eigenkontrolle ersetzt. Fehler beziehungsweise Fehlentscheidungen werden als normale Prozesse betrachtet, die zu minimieren, aber nicht zu sanktionieren sind.

Vorteile	Nachteile
Förderung der Motivation der Mitarbeiter	langsamere Entscheidungsprozesse durch Einbeziehen der Mitarbeiter (nicht bei Delegation von Entscheidungen!)
Entlastung des Vorgesetzten durch Delegation	Gefahr unklarer Entscheidungen
Förderung der Mitarbeiterintegration	Machtverlust des Vorgesetzten
angenehmes Arbeitsklima	reduzierte Effizienz bei geringer Selbstdisziplin
fachgerechte Entscheidungen	
Förderung von Kreativität und Engagement	

Tabelle 13.2: Vor- und Nachteile des demokratischen Führungsstils

2. Diese Antwort wird in *Abschnitt 13.4 LB* behandelt.

   Wichtige eindimensionale Führungsstile sind die **klassischen Führungsstile** nach *Kurt Lewin* (1890-1947) und das **eindimensionale Führungskontinuum** von *Robert Tannenbaum* und *Warren H. Schmidt* (1958). Wichtige mehrdimensionale Führungsstile sind unter anderem das **Verhaltensgitter („Managerial Grid")** von *Blake* und *Mouton* (1964) und die **3D-Theorie** von *William J. Reddin* (1977). Nachfolgend werden die wesentlichen Vorteile der mehrdimensionalen Führungsstile gegenüber den eindimensionalen erklärt.

   Während die eindimensionalen Führungsstile ausschließlich den Grad der Mitbestimmung durch die Mitarbeiter fokussieren, beziehen die mehrdimensionalen Führungsstile weitere Unterscheidungsmerkmale in ihr Kalkül ein. So konzentriert sich beispielsweise das Verhaltensgitter („Managerial Grid") von *Blake* und *Mouton* auf die Dimensionen der Sachorientierung und der Personenorientierung.

3. Diese Antwort wird in *Abschnitt 13.4.1 LB* behandelt.

   Der autoritäre Führungsstil ist geprägt von einer klaren Trennung zwischen der Entscheidung durch den Vorgesetzten und der Ausführung der Entscheidungen durch die Mitarbeiter. Er kann zielführend und notwendig sein in einer Situation, in der schnelle Entscheidungen und Handlungsfähigkeit benötigt werden, beispielsweise bei Naturkatastrophen. Häufig wird der autoritäre Führungsstil auch in Großküchen angewandt und das Sprichwort *„Zu viele Köche verderben den Brei"* kommt dabei deutlich zur Geltung. Bei Operationen in Krankenhäusern ist dies ebenso der Fall.

4. Diese Antwort wird in *Abschnitt 13.1 LB* behandelt. Folgende Gründe unterstreichen die Wichtigkeit von Führung und Leadership:

   Auch wenn es im ersten Moment so erscheinen mag als wäre es ohne eine vorgesetzte Stelle möglich, unternehmerische Pläne „zielgerichtet" zu verfolgen, so ist es ersichtlich, dass selbst eine Gruppe der schnellsten und besttrainierten Läufer nicht gemeinsam ans Ziel kommt, wenn nicht zumindest einer weiß, in welcher Richtung das Ziel liegt und die Gruppe dorthin führt. Betrachtet man Mitarbeiterführung im biologischen Sinn, so zeigt sich, dass es keiner ausgefeilten unternehmerischen Organigramme bedarf, um Führung notwendig zu machen. Jede Herde im Tierreich besitzt einen Anführer: Sei dies nun die „Leitkuh", das Alphatier einer Herde oder eines Rudels oder aber der vorausfliegende Schwan in der Flugformation, der den anderen vorübergehend den Weg weist und diesen die Möglichkeit gibt, mit weniger Energieaufwand in seinem Windschatten zu fliegen.

Im unternehmerischen Sinn wird Führung dann notwendig, wenn Arbeitsteilung herrscht. Zumindest eine Person sollte die übergeordneten Abläufe kennen und koordinieren, damit ein Produkt fertiggestellt werden kann. Darunter gibt es meist noch jemanden, der Gruppen koordiniert, um flüssige Arbeitsabläufe zu schaffen, eventuelle Ausfälle zu kompensieren und die Zeiten zu überwachen.

Der Bürgermeister ist beispielsweise im Rahmen der gesetzlich festgelegten Kompetenzen eine Führungsperson des Ortes. Historisch betrachtet war der Lehnsherr die Führungsperson seiner Vasallen, nicht ohne sie für sein Lehen und für die damit verbundene Führung bezahlen zu lassen. Menschliches Zusammenleben und Zusammenarbeiten ist ohne Führung nicht möglich. Wichtig in diesem Zusammenhang ist die psychologische Tatsache, dass Menschen Führung wollen. Wie sehr ist im Geschäftsleben ein „schwacher Vorgesetzter" verhasst, der seinen Mitarbeitern nicht „den Rücken freihält". Eltern führen ihre Kinder, Vorgesetzte ihre Mitarbeiter, Geschäftsführer ein Unternehmen. Obwohl es von Natur aus gegeben scheint: Gute Führung will dennoch gelernt sein! Dies gilt für Personalführung ebenso wie für Unternehmensführung.

5. Diese Antwort wird in *Abschnitt 13.2.1 LB* behandelt und kann folgendermaßen beantwortet werden:

Führung ist kein gegebener formaler Umstand, sondern bedarf der Akzeptanz des Geführten. Nur im Zusammenspiel gegenseitiger Akzeptanz zwischen Führendem und Geführtem ist ein gemeinsames zielgerichtetes Arbeiten möglich. Nach *Weibler* (2001) bedeutet dies:

Führung heißt andere durch eigenes, sozial akzeptiertes Verhalten so zu beeinflussen, dass dies bei den Beeinflussten mittelbar oder unmittelbar ein intendiertes Verhalten bewirkt.

Quelle: Weibler, J.: „Personalführung", Vahlen 2001, S. 29.

Erst durch das Merkmal der sozialen Akzeptanz lässt sich Führung von einer formalen Weisung abgrenzen. Eine beliebige Person kann zwar formal *Vorgesetzter (headship)* eines Mitarbeiters sein, wird jedoch erst im Zusammenspiel mit dessen Akzeptanz zu einer *Führungskraft (leadership)*.

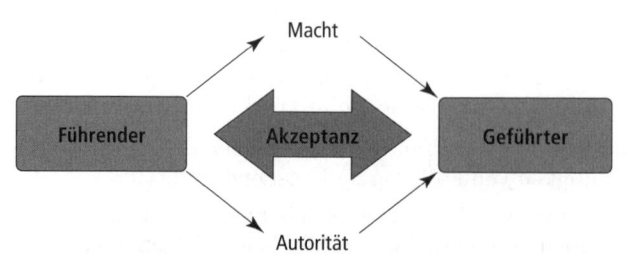

Abbildung 13.1: Akzeptanz als Bindeglied zwischen Führendem und Geführtem

6. Diese Antwort wird in *Abschnitt 13.3 LB* behandelt.

Im Jahr 1954 entwickelte der bekannte amerikanische Psychologe *Abraham Harold Maslow* die **Bedürfnispyramide**, welche den einzelnen menschlichen Bedürfnissen Hierarchiestufen zuweist. Nachfolgend soll diese beschrieben werden:

Die einzelnen Stufen der *Maslow'schen* **Bedürfnispyramide** sind von unten nach oben hierarchisch geordnet. Die jeweils nächsthöhere Stufe kann erst nach Befriedigung der unteren Stufe erreicht werden. Soll sich ein Mitarbeiter innerhalb eines Unternehmens bis hin zur Selbstverwirklichung entwickeln können, müssen alle darunterliegenden Bedürfnisse erfüllt sein.

Es ist eine Frage der Unternehmensführung, die Grund- und Sicherheitsbedürfnisse des Mitarbeiters in Form von Arbeitsplatzsicherheit und „gerechter" Entlohnung zu erfüllen. Ab der dritten Stufe, den sozialen Bedürfnissen, tritt zunehmend die Mitarbeiterführung in den Vordergrund. Indem der Vorgesetzte seine Lokomotionsfunktion und seine Kohäsionsfunktion erfüllt, schafft er für den Mitarbeiter einen Rahmen, der bis hin zur Selbstverwirklichung führen kann. Im Gegenzug führt dies wiederum bei einem Mitarbeiter, der sich in seiner Arbeit verwirklichen kann, zu einer Steigerung seiner Arbeitsleistung.

7. Diese Antwort wird in *Abschnitt 13.4 LB* behandelt. Zu den Situations- und Interaktionstheoretischen Ansätzen gehören das situative Reifegrad-Führungsmodell nach *Paul Hersey* und *Kenneth H. Blanchard* (1969). Es unterscheidet vier verschiedene Führungsmethoden:

   – *Unterweisen bzw. Anweisen (telling)*
   – *Verkaufen (selling)*
   – *Beteiligen (partizipating)*
   – *Delegieren (delegating)*

   Als Variable, die die „Situation" beschreibt, verwenden *Hershey* und *Blanchard* die Fähigkeiten der Mitarbeiter hinsichtlich der zu realisierenden Aufgaben, sprich deren Maß an Erfahrung, Fachwissen, Fertigkeiten sowie deren Bereitschaft und Motivation zur Aufgabenbewältigung.

   Der wesentliche Unterschied zu anderen Ansätzen ist demnach, dass die Situations- und Interaktionstheoretiker die Situation, sprich die Fähigkeiten der Mitarbeiter sowie deren Bereitschaft und Motivation zur Aufgabenbewältigung, berücksichtigen und in Abhängigkeit davon den entsprechenden Führungsstil auswählen.

13.3.2 Lösungen zu den ergänzenden Aufgaben

1. Antwort b ist richtig. Siehe hierzu auch die *Fallstudie: Der Herrscher mit Taktstock, S. 507-511 LB*. Wie überall gibt es auch in einem Orchester sehr unterschiedliche Führungsstile und -auffassungen.

2. Zur Beantwortung dieser Frage sei auf *Abschnitt 13.4.2 LB* verwiesen. Antwort c ist richtig.

   Während die eindimensionalen Führungsstile ausschließlich den Grad der Mitbestimmung durch die Mitarbeiter fokussieren, beziehen die mehrdimensionalen Führungsstile weitere Unterscheidungsmerkmale in ihr Kalkül mit ein. So konzentriert sich das **Verhaltensgitter (Managerial Grid)** von *Blake* und *Mouton* auf die Dimensionen der Sachorientierung und der Personenorientierung. Dieses Verhaltensgitter spiegelt die Wechselbeziehung zwischen den beiden Führungsdimensionen *Sachorientierung (concern for production)* und *Personenorientierung (concern for people)* wieder. Jede Dimension ist gekennzeichnet durch neun Ausprägungsgrade, bei denen 1 die geringste und 9 die höchste Ausprägung bezeichnen. Es lassen sich somit insgesamt 81 Führungsstile unterscheiden.

3. Zur Beantwortung dieser Frage sei auf *Abschnitt 13.4.3 LB* verwiesen. *Antwort d* ist richtig.

Das situative **Reifegrad-Fu?hrungsmodell** nach *Paul Hersey* und *Kenneth H. Blanchard* (1969) unterscheidet vier verschiedene Führungsmethoden:

- **Unterweisen bzw. Anweisen (telling):** Der Mitarbeiter wird durch Anweisungen und Vorschriften geführt. Der Vorgesetzte definiert die Rollen, die von den Mitarbeitern eingenommen werden sollen und gibt Zeit, Art und Ort der Tätigkeiten vor. Dieser Führungsstil ist gekennzeichnet durch eine geringe Beziehungs- und Aufgabenorientierung.
- **Verkaufen (selling):** Dieser Führungsstil ist durch eine niedrige Beziehungsorientierung bei gleichzeitig hoher Aufgabenorientierung gekennzeichnet. Der Vorgesetzte bietet seinen Mitarbeitern rationale Argumente an, um sie sowohl zur Akzeptanz der Aufgabenstellung als auch zu Leistung zu bewegen.
- **Beteiligen (partizipating):** Hier herrscht eine hohe Beziehungsorientierung bei zugleich niedriger Aufgabenorientierung vor. Der Vorgesetzte bindet seine Mitarbeiter in Prozesse der Zielfindung und der Implementierung ein. Entscheidungen werden gemeinsam getroffen, Lösungen gemeinsam erarbeitet. Der Vorgesetzte hält jedoch weitmöglichst die Fäden in der Hand.
- **Delegieren (delegating):** Der Vorgesetzte definiert die Ziele, überlässt jedoch die konkrete Aufgabenerfüllung den Mitarbeitern und beschränkt die Ausübung seiner Führung auf gelegentliche Kontrollen. Sowohl die Beziehungs- als auch die Aufgabenorientierung sind hoch ausgeprägt.

Als Variable, die die „Situation" beschreibt, verwenden *Hershey* und *Blanchard* die Fähigkeiten der Mitarbeiter hinsichtlich der zu realisierenden Aufgaben, sprich deren Maß an Erfahrung, Fachwissen, Fertigkeiten sowie deren Bereitschaft und Motivation zur Aufgabenbewältigung. Der Reifegrad des Mitarbeiters wird dabei bestimmt durch:

- Seine **fachliche Fähigkeit**, die sich aus Kenntnissen und Fertigkeiten zusammensetzt und die aufgrund von Ausbildung, Übung und Erfahrung erworben wurde.
- Seine **Motivation**, die als eine Kombination aus Selbstvertrauen und Engagement angesehen wird, wobei sich Engagement aus Interesse und Begeisterung für die gestellten Aufgaben ergibt.

4. Diese Antwort wird in *Abschnitt 13.2.2 LB* behandelt. *Antwort c* ist richtig.

Die Mitarbeiterführung findet nicht in luftleerem Raum statt. Unternehmen strukturieren formell, beispielsweise durch Organigramme, oder auch informell, beispielsweise durch Verhaltensnormen, um Führenden und Geführten einen Rahmen zu setzen. Innerhalb dieses Rahmens findet Führung im Sinne einer beabsichtigten und zielorientierten Verhaltensbeeinflussung von Mitarbeitern zur Erreichung der Unternehmensziele statt.

Führung ist eine methodisch geplante und kontrollierte Einflussnahme auf die Geführten und auf deren künftige Kompetenzgestaltung unter gleichzeitiger Legitimierung der leitenden Interessen.

5. Die Antwort zu dieser Frage wird in *Abschnitt 13.4.3 LB* behandelt.

Die **3D-Theorie** von *William J. Reddin* (1977) umfasst acht verschiedene Formen von Führungsstilen, die sich hinsichtlich ihrer Effektivität voneinander unterscheiden. Die

3D-Theorie der Führung ist eine **Weiterentwicklung des Ansatzes** von *Blake* und *Mouton*. *Reddin* unterscheidet in seinem Modell drei Dimensionen der Führung:

1. *Aufgabenorientierung (task orientation)*
2. *Beziehungs- bzw. Kontaktorientierung (relationship orientation)*
3. *Effektivität (effectiveness)*

Im Gegensatz zu *Blake* und *Mouton* postuliert *Reddin* in seiner 3D-Theorie der Führung nicht die Existenz eines universal gültigen und optimalen Führungsstils, sondern fordert vielmehr einen der jeweiligen Situation angepassten Stil. Das Kernstück der 3D-Theorie ist eine sehr einfache Idee. Sie wurde in einer langen Reihe von Forschungsstudien entdeckt, die von Psychologen in den Vereinigten Staaten durchgeführt wurden. Diese stellten fest, dass die beiden Hauptelemente im Verhalten von Führungskräften mit der zu erledigenden Aufgabe und mit den Beziehungen zu anderen Menschen zu tun hatten.

Laut *Reddin* lassen sich vier Grundstile der Führung unterscheiden, von denen mindestens zwei zu beschreiben sind.

1. Der **Aufgabenstil** entspricht einer hohen Aufgabenorientierung und einer geringen Beziehungsorientierung.

   Der Aufgabenstil-Manager neigt dazu, andere zu beherrschen. Er gibt seinen Mitarbeitern viele mündliche Anweisungen. Seine Zeitperspektive liegt in der unmittelbaren Gegenwart. […] In Ausschüssen spielt er gerne eine sehr aktive Rolle, initiiert, bewertet und leitet. […] Stresssituationen löst er durch Dominanz.

   Quelle: Reddin (1977), S. 50.

2. Der **Integrationsstil** ist das ausgleichende, kommunikative Element zwischen verschiedenen Meinungen und Interessen von Einzelnen und Gruppen innerhalb des Unternehmens. Dieser Stil weist in beiden Orientierungsdimensionen, sprich in der Aufgabenorientierung und Beziehungsorientierung hohe Werte auf.

   Der Integrationsstil-Manager wird gerne zu einem integrierten Teil der Dinge. Grundsätzlich möchte er gerne dabei sein und gibt sich große Mühe, zu Einzelpersönlichkeiten oder Gruppen bei der Arbeit besten Kontakt zu finden. Kommunikation mit anderen pflegt er gerne im Rahmen von Gruppen oder in häufigen Konferenzen und Besprechungen. Hier kann er die von ihm bevorzugte Zweiweg-Kommunikation verwirklichen.

   Quelle: Reddin (1977), S. 51.

3. Der **Beziehungsstil** zeichnet sich durch hohe Beziehungsorientierung und niedrige Aufgabenorientierung aus.

   Der Beziehungsstil-Manager akzeptiert andere so wie sie sind. Er hat Freude an langen Gesprächen als Möglichkeit, andere besser kennenzulernen. […] Er sieht Organisationen primär als soziale Systeme und beurteilt seine Mitarbeiter danach, wie gut sie andere verstehen. Er beurteilt Vorgesetzte nach der Wärme, die sie Mitarbeitern zeigen. In Ausschusssitzungen unterstützt er andere, gleicht Differenzen aus und hält andere dazu an, ihr Bestes zu geben.

   Quelle: Reddin (1977), S. 47.

4. Zuletzt bleibt noch der **Verfahrensstil**, der sich sowohl in Aufgabenorientierung als auch in Beziehungsorientierung durch ein niedriges Niveau auszeichnet und daher den passivsten Charakter darstellt.

   Dem Verfahrensstil-Manager liegt viel an der Korrektur von Abweichungen. Er bevorzugt die schriftliche gegenüber der mündlichen Kommunikation. [...] Von der Zeitperspektive ist er vergangenheitsorientiert und richtet sich danach, „wie wir es das letzte Mal schon gemacht haben." [...] In Ausschusssitzungen verfolgt er gern einen unterkühlten parlamentarischen Stil, versucht Positionen abzuklären, andere bei Erledigung der Tagesordnung zu lenken und alle Beiträge über den Vorsitzenden zu leiten. Er ist offensichtlich gut geeignet für Positionen in der Verwaltung, im Rechnungswesen, in der Statistik oder in der Konstruktion. [...] Wenn Dinge falsch laufen, reagiert er meistens mit dem Vorschlag strengerer Kontrollen.

   Quelle: Reddin (1977), S. 48.

6. Diese Antwort wird in *Abschnitt 13.4.4 LB* behandelt.

   In der Literatur werden eine Vielzahl verschiedener sogenannter *Management-by-Techniken* als Führungskonzeptionen beschrieben, welche wie in Tabelle 13.3 in die Gruppe der sachbezogenen Führungstechniken und in die Gruppe der personenbezogenen Führungstechniken eingeteilt werden können.

Sachbezogene Führungstechniken	Personenbezogene Führungstechniken
Management by Alternatives	Management by Conflicts
Management by Breakthrough	Management by Control and Direction
Management by Crisis	Management by Communication
Management by Exception	Management by Delegation
Management by Innovation	Management by Information
Management by Objectives	Management by Motivation
Management by Results	Management by Participation
Management by Systems	Management by Communication and Participation

   Tabelle 13.3: Sach- und personenbezogene Führungstechniken

7. Siehe hierzu *Abschnitt 13.4.4 LB*. Das Modell *Management by Objectives* nach *Peter Drucker* gehört zu den bekanntesten Führungsmodellen weltweit. Auch hier liegt das Ziel in der Entlastung der Vorgesetzten, da sie bei der Zielerreichung im Einzelnen nicht mehr beteiligt sind. Die Mitarbeiter haben hinsichtlich des gewählten Weges, der zum vereinbarten Ziel führt, große Freiheiten, wodurch die Identifikation mit der Arbeit und Kreativität gefördert wird.

Die Voraussetzung dieses Management-Modells stellt eine klare Definition der von den Mitarbeitern zu erreichenden Ziele dar. Diese Ziele werden gemeinsam mit den Mitarbeitern festgelegt, weswegen man von Zielvereinbarung und nicht von Zielvorgabe spricht. Eine regelmäßig wiederkehrende Kontrolle der Ziele mit einer eventuellen Neufestlegung durch den Vorgesetzten muss gegeben sein, weswegen auch ein funktionierendes Kontrollsystem festgelegt werden muss. Auch innerhalb der Festlegung der Kontrollmechanismen ist der Input der Mitarbeiter gefragt. Die Kontrollmechanismen werden nicht von dem Vorgesetzten allein festgelegt. *Management by Objectives* ist ein rein ergebnisorientiertes und nicht verfahrensorientiertes Führungsmodell.

Die Vorteile dieser ergebnisorientierten Führung liegen vor allem in der Anpassungsfähigkeit und der Zukunftsorientierung sowie in der erhöhten Aufgaben- und Leistungsorientierung durch die Mitarbeiterpartizipation. Auch die Entlastung der Führenden von operativen Entscheidungen sowie die Erleichterung der unternehmenspolitischen Steuerungsfunktion und Koordination (Integration) aller Unternehmensteile und -ziele stellen Vorteile dar.

Obwohl dieses Konzept einen sehr hohen Bekanntheitsgrad genießt, steht diesem auch eine Vielzahl von kritischen Aspekten entgegen: Es lassen sich kaum Beispiele für eine konsequente praktische Umsetzung des *Management by Objectives* finden. In der Realität sind meist Mischmodelle anzutreffen. Zudem wird der hohe organisatorische Aufwand als besonders problematisch eingestuft. Vor allem bei der Zurechenbarkeit der Zielerreichung hinsichtlich der Interdependenz der Einzelleistungen verschiedener Mitarbeiter ergibt sich ein Problem: *Wem ist das Erreichen beziehungsweise das Nicht-Erreichen einer Zielvereinbarung anzurechnen? Kann der Mitarbeiter jede Zielvereinbarung durch seine persönliche Aktivität tatsächlich hundertprozentig beeinflussen?*

8. Siehe hierzu *Abschnitt 13.2.2 LB*. Die Mitarbeiterführung findet nicht in luftleerem Raum statt. Unternehmen strukturieren formell, beispielsweise durch Organigramme, oder auch informell, beispielsweise durch Verhaltensnormen, um Führenden und Geführten einen Rahmen zu setzen. Innerhalb dieses Rahmens findet Führung im Sinne einer beabsichtigten und zielorientierten Verhaltensbeeinflussung von Mitarbeitern zur Erreichung der Unternehmensziele statt. **Führung** ist eine methodisch geplante und kontrollierte Einflussnahme auf die Geführten und auf deren künftige Kompetenzgestaltung unter gleichzeitiger Legitimierung der leitenden Interessen. Führung besitzt zwei Funktionen:

   – **Lokomotionsfunktion zur Erreichung der Ziele (aufgabenorientiert):** Unter der Lokomotionsfunktion einer Führungskraft wird die Erfüllung bestimmter Aufgaben verstanden.

     – Informationen zur rechten Zeit und am rechten Ort bereitstellen;
     – Die zur Aufgabenerfüllung für die Mitarbeiter erforderlichen Ressourcen zur Verfügung stellen;
     – Sorge dafür tragen, dass Entscheidungen gefällt werden, die die Aufgabenerfüllung der Mitarbeiter unterstützen und nicht blockieren;
     – Sorge dafür tragen, dass die richtigen Mitarbeiter mit den richtigen Kompetenzen zur richtigen Zeit am richtigen Ort vorhanden sind und mit den richtigen Aufgaben betraut werden können;

Leadership

- **Kohäsionsfunktion innerhalb einer Gruppe, um diese zu erhalten und zu stärken (personenorientiert):** Unter der Kohäsionsfunktion einer Führungskraft versteht man die Aufgabe, mittels der Führung einen Zusammenhalt zwischen den Geführten als Gruppe zu bewirken. Das Ergebnis der Kohäsionsfunktion wird durch den Zusammenhalt des Teams und durch andere Merkmale, beispielsweise durch eine gute Arbeitsatmosphäre, deutlich.
    - Ansprechen eventueller Spannungen und Wahrnehmen der Klärungs-, Ausgleichs- und Vermittlungsfunktion des Führenden;
    - Diagnose und Steuerung von Gruppenprozessen;
    - Schaffen und Erhalt einer entspannten und vertrauensvollen Arbeitsatmosphäre;
    - Integration neuer Mitarbeiter in das Team;
    - Schaffen eines Klimas der gegenseitigen Akzeptanz und Unterstützung;

Lösung zu BWL praxisnah

1. Diese Frage bezieht sich auf *Abschnitt 13.4 LB*.

   Laut *Klaus Birker* ist ein *„Führungsstil (...) die Grundhaltung und das sich daran orientierende Verhaltensmuster, mit denen jemand seine Führungsaufgaben – bezogen auf Gruppen oder Einzelpersonen – wahrnimmt."*[1]

   Es kann in der Tat vorkommen, dass es einen Unterschied zwischen dem beabsichtigten Führungsstil des Professors – er möchte schließlich ein guter Professor sein – und des tatsächlich wahrgenommenen Führungsstils gibt.

   a) Keine Anmerkungen.
   b) Diese Antwort wird in *Abschnitt 13.4 LB* behandelt.
      1. *Lewin* unterscheidet in seinen Untersuchungen **drei unterschiedliche Führungsstile**: Den *autoritären* beziehungsweise *hierarchischen Führungsstil*, den *demokratischen* beziehungsweise *kooperativen Führungsstil* und den *Laissez-Faire-Führungsstil*.

         Der **autoritäre Führungsstil** ist geprägt durch eine klare Trennung zwischen der Entscheidung durch den Vorgesetzten und der Ausführung der Entscheidungen durch die Mitarbeiter. Die Mitarbeiter werden an der Entscheidungsfindung nicht beteiligt, die Führung erfolgt streng hierarchisch.

         Bei der Ausübung des **kooperativen Führungsstils** werden die Mitarbeiter in den Entscheidungsprozess einbezogen. Eine Übertragung von (Teil-)Entscheidungen ist möglich und wird in der betrieblichen Praxis häufig, vor allem im Bereich von Expertenwissen, an die Mitarbeiter übertragen. Die innerhalb des autoritären Führungsstils gelebte Fremdkontrolle durch den Vorgesetzten wird im kooperativen Führungsstil weitestgehend durch Eigenkontrolle ersetzt. Fehler beziehungsweise Fehlentscheidungen werden als normale Prozesse betrachtet, die zu minimieren, aber nicht zu sanktionieren sind.

---

1 Birker, K.: „Führung und Entscheidung", Lehrbuchreihe Praktische Betriebswirtschafts, Cornelsen Verlag, 1997, S. 1.

Der Begriff **Laissez-Faire** stammt aus dem Französischen und bedeutet übersetzt *„lässt machen"*. Dieser sogenannte Führungsstil zeichnet sich aus durch die Übertragung der vollen Entscheidungsgewalt auf die Mitarbeiter. Die Mitarbeiter selbst bestimmen demnach Art und Inhalt ihrer Arbeit, ihre Organisation und das „Wann" und „Wie" der zu erledigenden Aufgaben. Die Entscheidungen und die Kontrolle obliegen alleine der Gruppe. Der Informationsfluss ist im Grunde dem Zufall überlassen und nicht institutionalisiert. Der Vorgesetzte greift keineswegs in das Geschehen ein – weder lobend noch tadelnd.

Das **eindimensionale Führungskontinuum** ist eine von *Tannenbaum* und *Schmidt* (1958) entwickelte Führungstheorie, die die von *Lewin* entwickelten Führungsstile autoritär und demokratisch an beide Pole ihres Kontinuums stellt.

Entscheidungsspielraum des Vorgesetzten						Entscheidungsspielraum der Mitarbeiter
autoritär	patriarchalisch	informierend	beratend	kooperativ	delegativ	demokratisch
Vorgesetzter entscheidet alleine und ordnet an.	Vorgesetzter entscheidet; er versucht aber die Mitarbeiter von seiner Entscheidung zu überzeugen, bevor er anordnet.	Vorgesetzter entscheidet; er gestattet jedoch Fragen zu seiner Entscheidung, um dadurch Akzeptanz bei den Mitarbeitern zu erhalten.	Vorgesetzter informiert Mitarbeiter über beabsichtigte Entscheidungen; Mitarbeiter können ihre Meinung äußern, bevor der Vorgesetzte die endgültige Entscheidung trifft.	Mitarbeiter/ Gruppe entwickelt Vorschläge; Vorgesetzter entscheidet sich für die von ihm favorisierte Alternative.	Mitarbeiter/ Gruppe entscheidet, nachdem der Vorgesetzte die Probleme aufgezeigt und die Grenzen des Entscheidungsspielraumes festgelegt hat.	Mitarbeiter/ Gruppe entscheidet; Vorgesetzter fungiert als Koordinator nach innen und außen.

Abbildung 13.2: Führungskontinuum nach Tannenbaum und Schmidt
Quelle: Tannenbaum und Schmidt (1958), S. 96.

2. Zur Beantwortung dieser Frage sei auf *Abschnitt 13.4.2 LB* verwiesen. Während die eindimensionalen Führungsstile ausschließlich den Grad der Mitbestimmung durch die Mitarbeiter fokussieren, beziehen die mehrdimensionalen Führungsstile weitere Unterscheidungsmerkmale in ihr Kalkül ein. So konzentriert sich das **Verhaltensgitter (Managerial Grid)** von *Blake* und *Mouton* auf die Dimensionen der Sachorientierung und der Personenorientierung. Dieses Verhaltensgitter spiegelt die Wechselbeziehung zwischen den beiden Führungsdimensionen *Sachorientierung (concern for production)* und *Personenorientierung (concern for people)* wieder. Jede Dimension ist gekennzeichnet durch neun Ausprägungsgrade, bei denen 1 die geringste und 9 die höchste Ausprägung bezeichnen. Es lassen sich somit insgesamt 81 Führungsstile unterscheiden. In der Wissenschaft werden nur die *fünf wichtigsten Schlüssel-Führungsverhalten* Typ 1.1, Typ 1.9, Typ 9.1, Typ 5.5 und Typ 9.9 beschrieben (siehe Abbildung 13.3). Die übrigen Führungsstile befinden sich je nach Ausprägung zwischen den Graden.

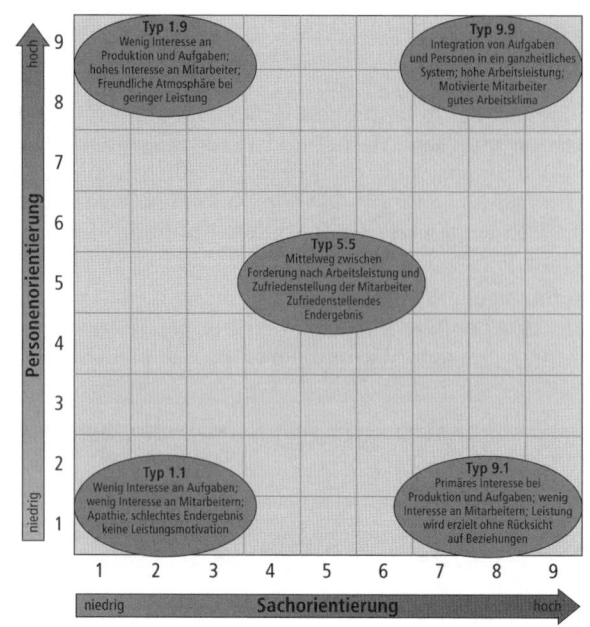

Abbildung 13.3: Managerial Grid nach Blake und Mouton
Quelle: Blake und Mouton (1964).

3. Die **3D-Theorie** von *Reddin* (1977) umfasst *acht verschiedene Formen* von Führungsstilen, die sich hinsichtlich ihrer *Effektivität* voneinander unterscheiden. Die 3D-Theorie der Führung ist eine *Weiterentwicklung des Ansatzes von Blake* und *Mouton*. *Reddin* unterscheidet in seinem Modell **drei Dimensionen der Führung**: *Aufgabenorientierung (task orientation), Beziehungs- bzw. Kontaktorientierung (relationship orientation), Effektivität (effectiveness).*

Im Gegensatz zu *Blake* und *Mouton* postuliert *Reddin* in seiner 3D-Theorie der Führung nicht die Existenz eines universal gültigen und optimalen Führungsstils, sondern fordert vielmehr einen der jeweiligen Situation angepassten Stil.

Laut *Reddin* lassen sich **vier Grundstile der Führung** unterscheiden.

- Der **Aufgabenstil** entspricht einer hohen Aufgabenorientierung und einer geringen Beziehungsorientierung.
- Der **Integrationsstil** ist das ausgleichende, kommunikative Element zwischen verschiedenen Meinungen und Interessen von Einzelnen und Gruppen innerhalb des Unternehmens. Dieser Stil weist in beiden Orientierungsdimensionen, sprich in der Aufgabenorientierung und Beziehungsorientierung hohe Werte auf.
- Der **Beziehungsstil** zeichnet sich durch hohe Beziehungsorientierung und niedrige Aufgabenorientierung aus.
- Zuletzt bleibt noch der **Verfahrensstil**, der sich sowohl in Aufgabenorientierung, als auch in Beziehungsorientierung durch ein niedriges Niveau auszeichnet und daher den passivsten Charakter darstellt.
- Das **situative Reifegrad-Führungsmodell** nach *Paul Hersey* und *Kenneth H. Blanchard* (1969) unterscheidet **vier verschiedene Führungsmethoden**:

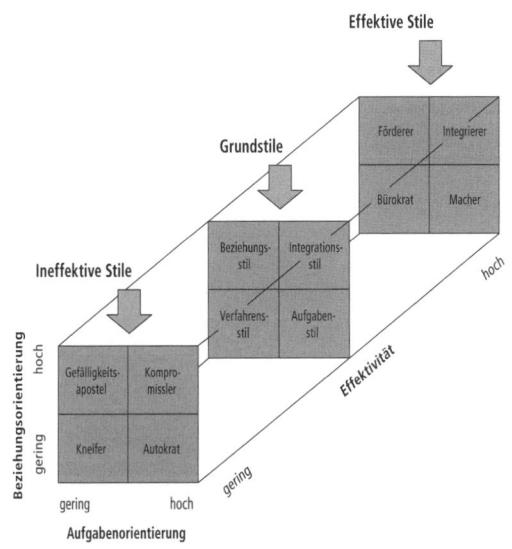

Abbildung 13.4: Führungsstile nach der 3D-Theorie von Reddin
Quelle: Reddin (1977), S. 28.

- **Unterweisen bzw. Anweisen (telling):** Der Mitarbeiter wird durch Anweisungen und Vorschriften geführt. Der Vorgesetzte definiert die Rollen, die von den Mitarbeitern eingenommen werden sollen und gibt Zeit, Art und Ort der Tätigkeiten vor. Dieser Führungsstil ist gekennzeichnet durch eine geringe Beziehungs- und Aufgabenorientierung.
- **Verkaufen (selling):** Dieser Führungsstil ist durch eine niedrige Beziehungsorientierung bei gleichzeitig hoher Aufgabenorientierung gekennzeichnet. Der Vorgesetzte bietet seinen Mitarbeitern rationale Argumente an, um sie sowohl zur Akzeptanz der Aufgabenstellung, als auch zu Leistung zu bewegen.
- **Beteiligen (partizipating):** Hier herrscht eine hohe Beziehungsorientierung bei zugleich niedriger Aufgabenorientierung vor. Der Vorgesetzte bindet seine Mitarbeiter in Prozesse der Zielfindung und Implementierung ein. Entscheidungen werden gemeinsam getroffen, Lösungen gemeinsam erarbeitet. Der Vorgesetzte hält jedoch weit möglichst die Fäden in der Hand.
- **Delegieren (delegating):** Der Vorgesetzte definiert die Ziele, überlässt jedoch die konkrete Aufgabenerfüllung den Mitarbeitern und beschränkt die Ausübung seiner Führung auf gelegentliche Kontrollen. Sowohl Beziehungs- als auch Aufgabenorientierung sind hoch ausgeprägt.

Als Variable, die die „Situation" beschreibt, verwenden Hershey und Blanchard die Fähigkeiten der Mitarbeiter hinsichtlich der zu realisierenden Aufgaben, sprich deren Maß an Erfahrung, Fachwissen, Fertigkeiten sowie deren Bereitschaft und Motivation zur Aufgabenbewältigung. Der Reifegrad des Mitarbeiters wird dabei bestimmt durch: Seine fachliche **Fähigkeit**, die sich aus Kenntnissen und Fertigkeiten zusammensetzt und die aufgrund von Ausbildung, Übung und Erfahrung erworben wurde; durch seine **Motivation**, die als eine Kombination aus Selbstvertrauen und Engagement angesehen wird, wobei sich Engagement aus Interesse und Begeisterung für die gestellten Aufgaben ergibt. Ausgehend vom Entwicklungsstand des Mitarbeiters wird der geeignete Führungsstil definiert.

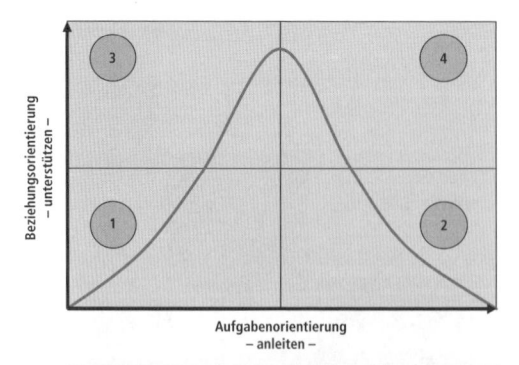

Abbildung 13.5: Wahl des Führungsstils in Abhängigkeit vom Reifegrad des Mitarbeiters
Quelle: Hershey und Blanchard (1969).

c) Der „richtige" Führungsstil ist von dem jeweiligen Kontext abhängig und besitzt einen entscheidenden Einfluss auf Motivation und Arbeitsleistung der Geführten.
   - **Eindimensionale Führungsstile:** In Bezug auf die eindimensionalen Führungsstile lässt sich in den letzten Jahren infolge einer veränderten Wertehaltung gegenüber den Geführten (in unserem Falle Kursteilnehmer) eine Verstärkung kooperativer und delegativer Modellansätze beobachten. Die Rolle der Kursteilnehmer hat sich dabei häufig von einer abhängigen hin zu einer mitgestaltenden Rolle gewandelt. Die Vor- und Nachteile in Bezug auf die Klasse sind hierbei zu erörtern.
   - **Zweidimensionaler Führungsstil:** In Bezug auf den zweidimensionalen Führungsstil betrachten *Blake* und *Mouton* den Führungsstil Typ 9.9 „Integration von Aufgaben und Personen in ein ganzheitliches System" als erstrebenswertes Ziel für die Vorgesetzten jedes Unternehmens und propagieren somit die Existenz eines optimalen Führungsstils für jede unternehmerische Situation. Um dieses Ziel zu erreichen, bedarf es einer zielgerichteten Schulung der Führungskräfte.
   - **Dreidimensionalen bzw. situativen Führungsstile:** In Bezug auf die **3D-Theorie** vertritt *Reddin* die Meinung, dass in unterschiedlichen Arbeitsumgebungen unterschiedliche Führungsstile eingesetzt werden müssen und dass Führungskräfte damit ihren persönlichen Führungsstil an unterschiedliche Verhältnisse anpassen müssen. Eine effektive Führungskraft nach *Reddin* braucht daher Situationsgespür, Flexibilität in der Anwendung von Führungsstilen und die Fähigkeit zur Situationsbeeinflussung.

In Bezug auf das situative Reifegradmodell hängt die Wahl des geeigneten Führungsstils ab von der Fähigkeit und Motivation des Mitarbeiters hinsichtlich der zu erfüllenden Aufgabe.

d) Auffassungen und Wahrnehmungen sind häufig sehr individuell.[2]

Szenario

Lösung

1. Diese Antwort bezieht sich auf die *Abschnitte 13.5.1 LB* und *13.4 LB*.

   a) Um eine „gute" Führungskraft zu werden, müssen Wille und Können vorhanden sein. Ist der Wille vorhanden, muss das Können, sprich das Führungspotenzial, aufgebaut werden: Ein guter Vorgesetzter fällt nicht vom Himmel. Führungskräfteentwicklung ist ein Muss – in jedem Unternehmen. Eine Führungskraft muss sich ihrer Verantwortung – sowohl gegenüber den Mitarbeitern, als auch gegenüber dem Unternehmen – bewusst sein und Selbstkritik zulassen.

   Tipp: Ein guter Führer stellt oft die Gruppe in den Mittelpunkt und benutzt den Begriff „wir" anstellen des Begriffs „ich". Dies fordert den Zusammenhalt und die Motivation aller.

   Regelmäßige Schulungen zur Weiterentwicklung sind unerlässlich. Folgende Themen stehen innerhalb von Schulungen zur Führungskräfteentwicklung im Vordergrund:
   - Mitarbeiterführung
   - Zeit- und Selbstmanagement
   - Veränderungsmanagement
   - Teambildung
   - Kommunikationstraining

   b) Zur Beantwortung dieser Frage sei auf die beiden *Abschnitte 13.4 LB* und *13.5.1 LB* verwiesen.

   Bei dieser Aufgabe kommt es vorwiegend darauf an, dass Sie sich nicht nur darüber Gedanken machen, wie Sie wohl andere führen, sondern vielmehr auch darüber, wie Sie sich selber führen. Wie würden Sie sich beispielsweise für solch eine Aufgabe vorbereiten? Was würden Sie persönlich als Leader von anderen erwarten? Dieses *Self-Assessment* kann Ihnen helfen zu evaluieren, ob Sie daran interessiert sind, eine Führungsrolle einzunehmen. Ebenfalls soll Sie diese Übung zum Nachdenken über den für Sie wohl am geeignetsten Führungsstil animieren und darüber, wieso dieser für Sie in Frage kommt.

   Laut *Klaus Birker* ist ein *„Führungsstil (...) die Grundhaltung und das sich daran orientierende Verhaltensmuster, mit denen jemand seine Führungsaufgaben – bezogen auf Gruppen oder Einzelpersonen – wahrnimmt."*[2]

   Der „richtige" Führungsstil besitzt einen entscheidenden Einfluss auf Motivation und Arbeitsleistung der Geführten. Der „richtige" Führungsstil ist jedoch auch von dem jeweiligen Kontext abhängig.

---

[2] Birker, K.: „Führung und Entscheidung", Lehrbuchreihe Praktische Betriebswirtschafts, Cornelsen Verlag, 1997, S. 1.

Innerhalb der Führungsforschung unterscheidet man nach *eindimensionalen*, *zweidimensionalen* und *dreidimensionalen* Führungsstilen, je nachdem, wie viele unabhängige „Einflussfaktoren" über die Wahl des „richtigen" Führungsstils bestimmen. Die einzelnen Führungsstile werden im *Abschnitt 13.4 LB* detailliert beschrieben.

c) Es kann in der Tat vorkommen, dass es einen Unterschied zwischen Ihrer Selbsteinschätzung und der tatsächlich wahrgenommenen Leadership-Eigenschaften besteht. Um Konformität zwischen der Selbsteinschätzung und der von anderen wahrgenommenen Leadership-Eigenschaften herbeizuführen, besteht der erste und wichtige Schritt darin, sich darüber bewusst zu sein und Selbstkritik zuzulassen. Die Frage *Wie werde ich von anderen als potentieller Leader gesehen?* ist durchaus auch für die eigene Karriereplanung von Bedeutung sein.

Die Autoren

Thomas Straub

Thomas Straub ist Professor für Strategisches Management an der Hochschule für Wirtschaft (HSW) Freiburg, Schweiz. Ebenso ist er Associate Professor am UNESCO Department der Universität Bukarest, Rumänien. Er unterrichtet den Kurs *„Einführung in die Allgemeine Betriebswirtschaftslehre"* am HEC *(Hautes Edutes Commerciales)* der Universität Genf und ist dort Direktor des *Certificate of Advanced Studies (CAS) Modern Management for NPOs*. Professor Straubs Forschungen und Publikationen befassen sich mit den Themen Strategisches Management und *Organizational Behavior*, insbesondere mit Performance-Management, Fusionen und Akquisitionen (M&A), Knowledge Management und *Social Entrepreneurship*. Er ist Autor zahlreicher Publikationen und unabhängiger Berater. Professor Straub promovierte in Wirtschafts- und Sozialwissenschaften an der Universität Genf, Schweiz.

Stefano Borzillo

Stefano Borzillo ist Associate Professor of Knowledge Management und Strategy an der SKEMA Business School in Paris. Er erhielt seinen Doktortitel vom *HEC* der Universität Genf. Er arbeitete als Post-Doc an der Stern School of Business der New York University, USA. Seine Forschungsschwerpunkte sind Wissensmanagement und Innovation, die strategische Balance von Autonomie und Kontrollmechanismen innerhalb von Communities of Practice, Prozesse der Wissensgenerierung und des Wissenstransfers und das Management von organisatorischen Krisen. Professor Borzillo ist darüber hinaus Berater für Wissensmanagement.

Christian Gahm

Christian Gahm ist wissenschaftlicher Assistent am Lehrstuhl für *Production & Supply Chain Management* an der Wirtschaftswissenschaftlichen Fakultät der Universität Augsburg. Er studierte Angewandte Informatik an der Fakultät für Angewandte Informatik der Universität Augsburg und promovierte in Wirtschaftswissenschaften, ebenfalls an der Universität Augsburg. Seine Forschung und seine Publikationen fokussieren den Bereich Produktionsmanagement und dabei insbesondere die Anwendung von Konzepten und Verfahren des *Operations Research* in der betrieblichen Praxis und deren informationstechnische Umsetzung. In diesen Bereichen ist er auch als unabhängiger Berater tätig. Seine Lehrtätigkeiten konzentrieren sich auf die Bereiche Operations Management und Supply Chain Management.

Olaf Meyer

Olaf Meyer ist Direktor und Professor für Finanzwirtschaft der Hochschule für Wirtschaft (HSW) in Freiburg, Schweiz. Zuvor leitete er das Institut für Finanzen und Vorsorge. Professor Meyer studierte an der Helmut Schmidt Universität in Hamburg Wirtschafts- und Organisationswissenschaften und promovierte im Gebiet der Finanzen. Er verfügt über eine langjährige und internationale Erfahrung als Führungskraft im Finanzmanagement eines börsenkotierten Reifenkonzerns. Sein Leitmotiv ist die Verbreitung und praktische Anwendung von Finanzwissen im Unternehmensalltag. Zu seinen Tätigkeitsschwerpunkten zählen vor allem die Optimierung von Investitionsentscheidungen, das *Treasury (Cash-Management)* und die Optimierung von Finanzanlagen im Rahmen der Altersvorsorge. Professor Meyer ist weiterhin als Berater oder Verwaltungsratsmitglied von Firmen, Finanzinstituten und Pensionskassen tätig und nimmt Lehraufträge an Universitäten und Hochschulen im In- und Ausland war. Er ist Autor zahlreicher Publikationen.

Jürg Rösti

Jürg Rösti ist diplomierter Wirtschaftsprüfer und Dozent für Rechnungswesen, Finanzierung und Steuerrecht an der Fachhochschule für Wirtschaft HSW in Freiburg, sowie Lehrbeauftragter an der Berner Fachhochschule Wirtschaft. Er unterrichtet unter anderem in den Lehrgängen *„Fachausweis Finanz- und Rechnungswesen"*, *„Steuerexperte"*, *„Experte in Rechnungslegung und Controlling"* und in diversen Weiterbildungsprogrammen (CAS, DAS, EMBA). Zudem engagiert er sich bei der Erstellung von mehreren Eidgenössischen Prüfungen. Er war mehrere Jahre als Wirtschaftsprüfer für KMPG in Neuchâtel und Bern für mehrheitlich Industrieunternehmungen und Institutionen aus dem Gesundheitswesen tätig. Herr Rösti studierte an der HSG St Gallen und hat dort sein Studium als lic. oec. HSG abgeschlossen. Darüber hinaus hat er ein Zweitstudium an der Universität beziehungsweise an der Pädagogischen Hochschule Bern als mag. rer. pol. abgeschlossen.

Ramin Sahamie

Ramin Sahamie ist wissenschaftlicher Assistent am Lehrstuhl für *Production & Supply Chain Management* an der Wirtschaftswissenschaftlichen Fakultät der Universität Augsburg. Er studierte an der Universität zu Köln Wirtschaftsinformatik mit den Schwerpunkten Produktionswirtschaft, Informationsmanagement und *Operations Research*. Seine Forschung und seine Publikationen fokussieren den Bereich der Prognose von Produktrückflüssen in *Closed-Loop Supply Chains* und Bestandsmanagement. Seine Lehrtätigkeiten konzentrieren sich auf die Bereiche Produktion und Logistik sowie Bestandsmanagement.

Die Autoren

Walid Shibib

Walid Shibib promoviert am Lehrstuhl für Organisation und Strategie am *HEC* der Universität Genf. Er arbeitet dort als Assistent für Forschung und Lehre. Herr Shibib ist Diplom Betriebswirt und studierte an der Universität Sankt Gallen, Schweiz und an der Freien Universität Berlin, Deutschland Betriebswirtschaftslehre mit den Schwerpunkten Organisation und Marketing. Er sammelte Berufserfahrung im *Investment-Banking* und im *Social-Investment*. Seine Forschungsinteressen liegen in den Bereichen Koordination & Führung von Netzwerken und Wissens- & Innovationsmanagement mit Schwerpunkt auf neue Medien. Er ist außerdem Managing Editor für das Journal „M@n@gement".

Florence Villesèche

Florence Villesèche ist wissenschaftliche Mitarbeiterin am Lehrstuhl für Organisation und Strategie der Universität Genf (Schweiz), Gastforscherin an der *Copenhagen Business School* (Dänemark) und Gastdozentin in Strategie an der *EDHEC Business School* in Lille (Frankreich). Sie erhielt ihren Doktortitel in Wirtschafts- und Sozialwissenschaften am *HEC* der Universität Genf und verfügt darüber hinaus über einen Master of Science in Englischer Philologie sowie über einen Master in Französisch als Fremdsprache. Ihre Forschungsinteressen liegen in den Bereichen Netzwerke und Soziales Kapital, Geschlechterforschung, und Diskursanalysemethoden.